魏晉清談

唐翼明 著

東大圖書公司

國家圖書館出版品預行編目資料

魏晉清談／唐翼明著. ——二版二刷. ——臺北市: 東大, 2019

面； 公分.

ISBN 978-957-19-3150-0 (平裝)

1. 魏晉南北朝哲學

123　　106022010

© 魏晉清談

著作人	唐翼明
發行人	劉仲傑
著作財產權人	東大圖書股份有限公司
發行所	東大圖書股份有限公司
	地址　臺北市復興北路386號
	電話　(02)25006600
	郵撥帳號　0107175-0
門市部	(復北店) 臺北市復興北路386號
	(重南店) 臺北市重慶南路一段61號
出版日期	初版一刷　1992年10月
	二版一刷　2018年4月
	二版二刷　2019年5月
編號	E 120400

行政院新聞局登記證局版臺業字第〇一九七號

ISBN 978-957-19-3150-0 (平裝)

http://www.sanmin.com.tw 三民網路書店

《魏晉清談》序

余英時

《魏晉清談》是唐翼明先生（以下簡稱「作者」）費了好幾年研究工夫所寫成的一部專著。作者對於這一專題在現代的研究狀態，包括中國的、日本的和西方的，作了一番通盤的檢查。他很驚奇地發現，儘管現代研究者涉及這一題旨的文獻汗牛充棟，我們還是沒有一部專書全面地論述「魏晉清談」的形成和演變。由於作者的辛勤努力，中國學術思想史上這一空白點現在即將因本書的出版而填補上了。

作者是非常富於分析力和批判力的。他很不滿以前人的著作往往把「清談」和魏晉思潮、玄學，以至政治和社會的關係等混而不分。因此他決定把「清談」從這種種藤葛中抽離出來，當作一個獨立的歷史現象來處理。這是禪家所謂「截斷眾流」的本領。他自己經過一番慎思明辨之後，給「魏晉清談」下了一個十分簡明的界說。他說：

> 所謂「魏晉清談」，指的是魏晉時代的貴族知識分子，以探討人生、社會、宇宙的哲理為主要內容，以講究修辭與技巧的談說論辯為基本方式而進行的一種學術社交活動。（頁四

四）

他曾列舉了六條理由，說明他為什麼對「魏晉清談」作如此的界定。我覺得他的理由都是足以成立的。從這一觀點看，清談的重要性不僅在它的思想內容，而更在它的表現的方式。作者在本書一再強調「清談」是一種「智力遊戲」，是一種「社交活動」，而不能看作是純粹的學術研究（見第二章）。這是一個十分準確的觀察。先師錢賓四先生〈略論魏晉南北朝學術文化與當時門第之關係〉一文（見錢穆【中國學術思想史論叢】㈢，臺北，東大圖書公司，一九七七年）正是從這一角度來解釋「清談」的。錢先生論「諸名士共至洛水戲」一條（即本書所引〈言語〉二三條）說：

此事尚在渡江前，已見時人以談作戲。……各標風致，互騁才鋒，實非思想上研覈真理探索精微之態度，而僅為日常人生中一種遊戲而已。

又論「謝胡語庾道季」條（〈言語〉七九條）曰：

此故事在渡江後。益見時人以談作戲，成為社交場合之一種消遣與娛樂。謝道蘊為小郎解圍，一時傳為佳話，亦只是騁才情見機敏而已。故知當時名士清談，特如鬥智。其時又好圍棋，稱之曰坐隱，又曰手談。正因圍棋亦屬鬥智，故取擬清談也。

又評「殷中軍為庾公長史」條（〈文學〉二二條）云：

此是殷浩新出，將有遠行，王導作集，為之邀約諸賢，共作一夕之懽也。此如法國十八世紀有沙龍，亦略如近人有雞尾酒會，自是當時名士一種風流韻事。既不作灌夫之使酒，亦不效謝安之携妓，僅是清談玄理，豈不風雅之絕。英雄如桓宣武，席中尚不獲儳言插論。退席語人，猶以時復造心自喜自負。可見即是清談，亦猶有儒家禮法密意行乎其間。此乃當時人一種生活情調，即今想像，猶在目前。若認真作是一哲理鑽研，則誠如隔靴搔癢，終搔不到當時人癢處所在矣。

我特別引錢先生三條評語於此，以與本書主旨相互印證，是因為作者並沒有機會讀到此文，而所見大端相同。可見學術研究的客觀性是無法否認的。但本書是一詳盡的專題研究，與錢先生的觀其大略不同；後者的「孤明先發」因此對本書的學術價值祇是加強了，而不是削弱了。

依照這個理解，「清談」可以說是魏晉士大夫的生活方式的一個最重要的具體表現。用當時的語言說，即是士大夫的「風標」或「風操」；用現代的話說則是「精神」。那麼「清談」所表達的是一種什麼精神呢？傳統的說法都很重視以下這段記載：「魏晉之際，天下多故，名士少有全者，故阮嗣宗言必玄遠，而未嘗評論時事，臧否人物。」（《三國志・一八・魏書》引王隱《晉書》）並由此而推衍出「清談」是從漢末「清議」演變而來的結論。錢先生在上引文中也一再以「激於世變」或「時代苦悶」為清談的歷史背景。我決不否認「清談」確有「激於世變」的一面。不過我始終認為自漢末到魏晉，士大夫的精神還有其積極的、主動的、創造的新成分，不僅僅是因為在政治上受到壓迫和挫折才被動地走上了虛無放誕的道路。我認為這個新成分便是「個體自覺」（見《漢晉之際士之新自覺與新思潮》）或「自我發現」（"self-discovery" 見英文論文〈個人主義與魏晉的新道家運動〉"Individualism and the Neo-Taoist Movement in Wei-Chin China" 收在 Donald Munro, ed., *Individualism and Holism: Studies in Confucian and Taoist Values*, University of Michigan Press, pp. 121–155, 1985）。正因如此，我才要特別修正「清談」出於「清議」的傳統看法。在英文論文中，我認為「清談」在二世紀中葉事實上已開始出現，雖然當時尚無其名。除了《後漢書》中所記黨錮時代的故事外，我又補充了王符（九〇？—一六五？）《潛夫論・務本》中「今學問之士，好語虛無之事」一條證據。我特別看重蔡邕入吳得王充《論衡》，祕玩以為「談助」的傳說（《後漢書・王充傳》注引《袁山松書》）。「談助」這個名詞的出現說明「談」已正式成立了。而且漢末以來，以《論衡》為「談助」的證據不少，如孔融與禰衡的「放言」，阮籍叔侄之用《論衡》中的議論。這些都是以思想為主要內容的「談」了。

本書作者雖以「魏晉清談」為斷限，但是他在第四章討論清談的起源時也大致同意我的看法，這是我很高興的。但是他在名詞分析方面卻比我精密多了。第一章「清談名義考辨」不但把「清談」的原義和今義各析出三義，而且對「清議」一詞的古今沿革也作了儘可能詳盡的追溯。這也是作者的一個重要貢獻。

為了使這篇序不致於成為一種學術的應酬，我現在願意提出兩三個具體的問題和作者商榷。第一，作者的名義考辨在原則上是我們都必須接受的，因為這樣才可以避免「失之毫釐，差以千里」的危險。然而這種考辨也有它的限制。古語說：「寸寸而量之，至丈必差；銖銖而較之，至兩必失。」中國古人運用名詞一向不以謹嚴精密著稱，而現代的語義分析則又愈來愈細緻。我們是不是一定能把古人的言詞都完全分析得恰如其分，恐怕不能不是一個問題。尤其是這種名相辨析如果再和歷史的演變結合起來，以中國的歷史的長遠和文獻的浩瀚，恐怕誰也不能保證把追源溯流的工作做得正確無誤。例如作者在「『清議』詞義考」中考定「清議」一詞用以指漢末「處士橫議」之風始於趙翼的《廿二史劄記》。他還特別為了這問題檢查了《資治通鑑》和胡三省的注。他的結論是司馬光尚未用「清議」指「處士橫議」，而胡三省則仍以「清議」為「鄉論」（見頁五〇—五一）。但是我要請作者讀《通鑑・五三》質帝本初元年「自是遊學增盛，至三萬餘生」條的胡注：

> 遊學增盛，亦干名蹈利之徒，何足尚也！或問曰：太學諸子三萬人，漢末互相標榜，清議此乎出，子盡以為干名蹈利之徒，可乎？答曰：積水成淵，蛟龍生焉，謂其間無其人則不可；然互相標榜者，實干名蹈利之徒所為也。禍李膺諸人者，非太學諸生，諸生見

其立節，從而標榜，以重清議耳。不然，則郭泰、仇香亦遊太學，泰且拜香而欲師之，泰為八顧之首，仇香曾不預標榜之列，豈清議不足尚歟？抑香隱德無能名歟？（中華書局標點本，頁一七〇五—一七〇六）

在這一段長注中，胡三省三用「清議」，無不指漢末太學的「處士橫議」。胡三省（一二三〇—一三〇二）是南宋遺民，一二五六年與文天祥、謝枋得、陸秀夫同中進士。他有感於南宋末太學生和權相賈似道互相標榜，所以寫此長注（參看陳垣《通鑑胡注表微・出處篇》）。他的用法至少證明南宋人已有「漢末清議」的觀念，比趙翼要早五個世紀。但這不過是我們偶然看到的一例，並不表示這個觀念是從胡三省開始的。未見是一事，未有又是一事，我們不能以未見為未有。

第二個例子是「清談誤國」的問題。作者雖引《晉書・王衍傳》，定此說最早見於王衍臨死前的自責，但立刻又解釋王衍之說其實未必真指清談。他引了幾條晉人資料，都不曾直斥「清談誤國」，而且謝安還有明駁「清言致患」的話。因此作者最後引《日知錄》：「劉、石亂華本於清談之流禍」，而肯定顧炎武必須對「清談誤國」說負責（頁三二三—三二四）。我是完全同意作者的論斷的，「清談誤國」並不是一個有效的歷史解釋。而且作者此節有言外之意，更能博得我的同情。但是我們既然討論「清談誤國」的起源問題，便必須同時搜集正面的和反面的證據，不能因為主觀上同情「清談」便忽略指斥「清談」的材料。東晉南朝期間，難道便沒有人再說過「清談誤國」或「清談亡國」之類的話了嗎？《梁書・五六・侯景傳》說：

> 先是，丹陽陶弘景隱於華陽山，博學多識，嘗為詩曰：「夷甫任散誕，平叔坐談空，不意昭陽殿，化作單于宮。」大同末，人士競談玄理，不習武事；至是，景果居昭陽殿。
>
> （中華書局標點本，頁八六三）

不但陶弘景的詩斥責王衍、何晏，其言與顧炎武《日知錄》如出一轍，而且此詩在梁武帝時代又成讖語，再一次為當時的人證明了「清談亡國」的道理。至於「大同末，人士競談玄理」一語，則更是南朝「清談」史上的重要材料。

以上兩點都是小節，我不過是為作者做一點拾遺補闕的工作。這一類偶有未照之處是任何作者也不能完全避免的，此書的價值並不因此而稍有減損。我之所以不肯放過這些枝節問題，則是因為它們有警惕作用，可以加強我們對於方法的自覺。最後我要提出一個無關宏旨但是很有趣的考證問題，一方面向作者請教，一方面批評和改正我自己以前的一個疏失。

《南齊書・三三・王僧虔傳》的〈誡子書〉是有關「清談」的重要文獻，但其中尚多待發之覆，如「荊州『八袠』」究竟何指，便有爭議。我現在要討論的是下面這一句話：

設令袁令命汝言《易》，謝中書挑汝言《莊》，張吳興叩汝言《老》，端可復言未嘗看邪？

這裡的「袁令」、「謝中書」、和「張吳興」三人到底是誰呢？先師錢先生早年著《國學概論》「魏晉清談」章，以袁粲、謝朏、張緒三人當之（上海，商務，一九三一年，上冊，頁一六三）。最近周一良《魏晉南北朝史札記》則說「指尚書令袁粲、中書令謝莊、吳劭（按：「興」字之誤）太守張劭。」（北京，中華書局，一九八五年，頁二四五）兩家之說大不同，但都視為當然而沒有說明理由。本書作者對這個問題也有考訂。他在一條附注中（頁三一二，注一五七）說：

> 按傳中說此書作於宋世，書中「袁令」當指尚書令袁粲（四二〇—四七七），「謝中書」當指中書令謝莊（四二一—四六六），「張吳興」當指吳興太守張永（四一〇—四七五）。周一良《魏晉南北朝史札記》「王僧虔誡子書」條說「張吳興」指張劭，恐誤。張劭，《南史》、《宋書》並作「張邵」，卒於其兄張茂度之前，即四四一年前（參看《宋書・張茂度傳》及〈張敷傳〉），其時王僧虔（四二六—四八五）尚未成年也。

作者不從周一良的「張劭」說，以年代不合為據，足見讀書得間，考證入細。張茂度名裕，避宋武帝諱，以字行，見《南史・三一・張裕傳》。茂度卒於宋元嘉十九年（四四二），作者誤前一年耳。一九八〇年我寫英文論文，曾有一條長注考證這個問題，與上述三家都有異同。但其時周一良《札記》尚未屬稿，故僅能就《國學概論》的說法作商榷。我改子（謝朏，四四一—五〇六）為父（謝莊），也是因為年代不合。謝朏任中書令已入齊代，在四八九或四九〇年，其時王僧虔墓木已拱，所以他生前不可能以「中書」稱朏。剩下來的祇有「張吳興」是誰的問題還待解決。我在英文附注中討論張緒（四三三？—四九〇？）的可能性時犯了兩個錯誤：第一、我誤以張緒是吳興人；第二、我誤以為「張吳興」是指郡望，而不是官名。事實上，張緒是吳郡人，而此處「吳興」也必指官名，因為這是當時的習慣稱呼。周一良和作者分別以張邵、張永當之，這是因為此二人都曾任吳興太守。以時代言，張永自遠勝於張邵，但張姓任吳興太守而時代又符合者並不止張永一人。如張岱也在「泰始末（四七一），為吳興太守」（《南齊書・三二》本傳）。我們又怎麼能確定誰是〈誡子書〉中的「張吳興」呢？但我經過反覆推敲之後，仍然斷定「張吳興」指張緒的可能性最大。為什麼呢？試看原書中「設令……端可」之問辭，則此三人非是第一流清談名家不可。張邵、張永、張岱雖符合「吳興」的稱號，但詳讀三人傳記，其中沒有一個以清談著稱於世，因此也就不可能有資格與袁粲、謝莊鼎立而三。這是理解〈誡子書〉此語最為關鍵的所在。至於張緒，則情形不同。袁粲曾說他「有正始遺風」，其「風流」實為當世之冠。然則又何以解於「吳興」之稱？我現在傾向於相信「吳興」或是「吳郡」之訛。《南齊書》本傳說「時袁粲、褚淵秉政……出緒為吳郡太守。」這大概是四七四年到四七六年之間的事。（按：《資治通鑑・一三三》「元徽二年（四七四）九月」條載褚淵以褚澄為吳郡太守。但《南齊書・二三》及《南史・二八・褚澄傳》都說他建元（四七九－四八二）中為吳郡太守，《通鑑》此處若非繫年有誤，則是澄任期甚短。）我疑心《南齊書・王僧虔傳》〈誡子書〉中的「張吳興」原作「張吳郡」。可惜《南史・二二》本傳中的〈誡子書〉是節本，缺了這一段，我們已無法通過本子的對校來解決這個問題了。不過我們恰好碰到了一個校勘上的例子，至少可以證明我的推測不是完全沒有根據的。《南齊書・三三・張緒傳》：

> 復領中正。長沙王晃屬選用吳興聞人邕為州議曹，緒以資藉不當，執不許。晃遣書佐固請之，緒正色謂晃信曰：「此是身家州鄉，殿下何得見逼！」（頁六〇一）

《南史・三一・張緒傳》記此事的文字如下：

> 復領中正。長沙王晃屬選用吳郡聞人邕為州議曹，緒以資籍不當，執不許。晃遣書於緒固請之，緒正色謂晃信曰：「此是身家州鄉，殿下何得見逼。」乃止。（頁八一〇）

兩文基本相同而小有歧異。「藉」與「籍」的不同以《南齊書》於義為長。但最重要的是《南齊書》的「吳興」，《南史》恰作「吳郡」。那麼何以知道聞人邕必是「吳郡」人而不是「吳興」人呢？這是因為張緒此時領「中正」之職，即是「本郡中正」（見《南齊書》，頁六〇〇）。張緒雖然也曾一度領過「本州大中正」(同上)。但此時他領的是「中正」,而不是「大中正」。這就是說他是吳郡中正。因此長沙王晃想選用聞人邕為州議曹才不能不徵求他的同意。他的答語有「此是身家州鄉」更毫無可疑地證明這是吳郡的事。這一校勘工作使我們清楚地看到:在這段記載的原始史源裡,聞人邕的籍貫是「吳郡」而不是「吳興」。現存的《南齊書》大概由於唐以後輾轉傳抄之故,「吳郡」已誤成「吳興」,但《南史》在此處則沒有發生這個錯誤。錢大昕《廿二史考異・三六》「《南史・二・褚彥回傳》後為吳郡太守」條說:「吳郡當作吳興。《南齊書》本傳及王儉碑文俱無守吳郡事。蓋傳寫之譌。」(商務排印本,上冊,頁六八〇)尤可證「吳興」和「吳郡」在《南史》和《南齊書》中常發生互訛。所以我說《南齊書・王僧虔傳》中的「張吳興」很有可能是「張吳郡」之訛。如果此說成立,那麼張緒是最有資格被王僧虔提名的人,因為他在「清談」世界中的聲望是和袁粲、謝莊銖兩悉稱的。最初我也考慮過張緒的從弟張融(四四四—四九七),因為《老子》是他最嗜愛的三本書之一。但由於《南齊書・四一》本傳說他「非治民才」,一生「求郡不得」,無論如何都和〈誡子書〉上的稱謂合不上拍,最後衹好放棄了。

我為這一個小問題寫了兩千字的考證,並不是我有什麼「考據癖」,而是借這個機會為我自己補過。不用說,本書作者的細心考證也使我忍不住技癢。僅從結論看,我現在的看法和英文論文的附注毫無改變。但是十幾年前我獲得同一結論所持的理由和推理程序則是完全錯誤的。

我沒有經過考證和校勘的必要曲折便輕下斷語，這是不足為訓的。我把張緒寫成了吳興人，更是不可寬恕的疏忽。現在我恰好在作者的考證中遇到了這個老問題，如果我避而不談，那便等於有意掩飾自己的錯誤了。我必須感謝本書作者，因為他的好學深思才使我得到這個補過的機會。這是我在接受寫序的任務之前完全沒有想到的。但是由於史料的限制，我的結論仍然祇是一個待證的假設。作者的「張永」說和我前面提到的「張岱」說也沒有失去其假設的地位。我詳細記錄了我對於這個問題重新研究和思考的過程，我盼望本書的作者和讀者都能給我以切實的指教。

序於普林斯頓　一九九二年八月二十日

再版序言

唐翼明

《魏晉清談》是我在紐約哥倫比亞大學寫的博士論文，原文是英文，題爲 *The Voices of Wei-Jin Scholars: A Study of "Qingtan"*，寫於一九八九—一九九〇年間。一九九〇年秋，我到臺灣任教，次年把它整理爲中文，同時做了一點修改和增補，一九九二年由東大圖書公司出版，至今又是二十五年了。

二十五年來，中外學者對魏晉文化與思想的研究續有新績，但僅就魏晉清談而言，卻似乎沒有什麼新的進展。因此，東大圖書公司爲因應學術界的需求，決定再版此書，囑我寫幾句話。我只能說，既高興又遺憾。高興的是，我當年對魏晉清談的研究總算功不唐捐，余英時先生在爲此書初版寫的序言中嘉許我「填補了中國學術研究史上的一項空白」，已爲學術界所認可。遺憾的是，學術界對於魏晉清談這一重要學術文化現象仍然重視不夠，研究不夠。

現當代中國文化人每每豔羨十八、九世紀歐陸的文藝沙龍，殊不知早於歐陸沙龍一千多年的魏晉清談，無論就其形式之精美，內容之深湛，流傳之廣遠，都超過歐陸沙龍甚多，對人類學術與思想的貢獻也都更大。只要想想王弼、何晏等人天地萬物「以無爲本」、「始於無而後生」

的思想，竟然與當代物理學關於宇宙暗物質、暗能量的理論若合符節，僅此一端即可知魏晉清談及其玄學主題，實在不能等閒視之。

中國傳統文化中，類似魏晉清談及其玄學主題這樣未經充分發掘的寶藏尚多，有待我們刮垢磨光，去蕪存菁，給以現代性的詮解，並推動現代學術思想的進展。謹以此自勉，亦所望於來哲。

二〇一七年耶誕後一日

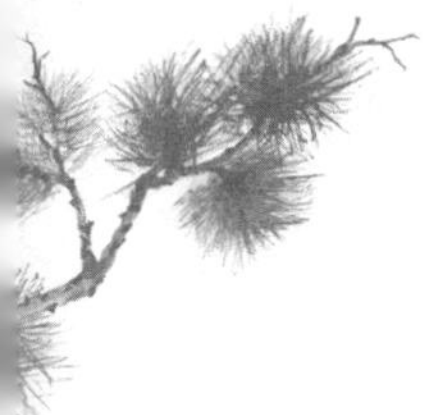

魏晉清談 目次

各章內容提要

緒　言

作者首先在「緒言」中回顧了迄今為止中外學者對魏晉清談所作的研究，並指出存在的問題。而本書之作，則是彌補這些缺陷的一個努力。

上篇　清談的名義、形式及其內容

第一章　清談名義考辨

此章討論「清談」一詞的原義與今義之起源及其演變，指出把魏晉談玄之風稱為清談其實是後世學者的誤用，若不考慮約定俗成的原則，「魏晉清談」實應正名為「魏晉清言」。作者同時指出現在為學術界廣泛接受的「初期清談與清議可以互稱」、「清談開始以人物批評為主，晉以後則專指玄虛之談」、「清談從清議的互稱轉變為玄談，就是玄學形成的過程」等論點都是值得商榷的。在第一章的最後一節，作者嘗試為魏晉清談下一個現代定義，使我們對魏晉清談的研究與討論有一個大家可以接受的科學基礎，而不致各言所是，互不交集。

在第一章的附錄「『清議』詞義考」中，作者討論了「清議」一詞的起源，指出以清議指漢末議論朝政之風也是後世學者的誤用。這種誤用對研究清談與清議的關係、清談的起源等問題也起了某種誤導的作用。

第二章　清談形式考索

此章討論魏晉清談在形式方面的特徵和要素。這是清談研究中最困難的部分，因為記載最少，也很少有前人的研究可資憑藉。作者在這一章裏利用《世說新語》裏的材料，嘗試從參與方式、程序、術語、準備、理想境界、遊戲與社交色彩等方面來勾畫出魏晉清談在形式方面的大致輪廓，指出清談雖不是很嚴肅的學術活動，但也絕非如一般所想像的那樣輕鬆與隨便。

第三章　清談內容考察

此章討論清談的內容或說清談的主題。作者在前人研究的基礎上，把這些主題作了新的分類與整理，使讀者對魏晉清談所涉及的內容有清楚而正確的了解。作者指出，魏晉清談固然以

「三玄」為主要談資，但它決不僅限於「三玄」。在清談中，當時的學者對儒、道、名、佛各家的理論進行了廣泛的研究與討論。更重要的是，在這些研究、討論的基礎上，他們提出了許多有理論價值的新的哲學命題，顯示他們對宇宙、社會、人生的哲理進行了廣泛的探索。

下篇　清談的起源、發展及其演變

第四章　清談的醞釀與成形

此章敘述魏晉清談的起源和早期發展。作者指出，魏晉清談起源於東漢末太學裏的「游談」之風，而非如目前學術界公認的起源於漢末的人物批評或議論時政（即所謂「清議」）。「游談」的內容雖然也有人物批評與議論時政的部分，但其中討論學理的成分才是後來清談的主要源頭。魏晉清談的成形在太和初，關鍵人物是荀粲；它在正始年間形成第一個高潮，領袖人物是何晏與王弼。王弼的作用尤其重要，作者從十個方面分析了他答裴徽關於孔、老對「無」的不同態度那段話，認為可視作整個魏晉玄學的思想策略與總綱領。以王、何為代表的「正始之音」成為後世清談的典範。

第五章　清談的將絕而復興

此章敘述魏末至西晉的清談。作者指出，竹林七賢只是清談中的變調，並非典型。竹林之後，莊學特別發達起來，而清談與放蕩合流之風亦由此肇端。清談在西晉初年幾乎歇絕，太康後經由樂廣而復興，在元康年間達到它的第二次高潮，王衍、裴頠、郭象等是其代表人物。

第六章　清談的重振與衰落

此章敘述清談在東晉及南朝的發展。作者指出清談在西晉末與東晉初因中原禍亂又經歷一次低谷而至咸康永和間卻又達到第三個高潮。在東西晉的清談傳統之間起承續作用的人物是王導，代表東晉清談最高成就的則是殷浩、孫盛、支遁等人。作者同時指出，名僧之加入談坐和佛理之進入清談是東晉清談的一大特色，也是整個清談發展中的一件大事，對後世學術影響甚大。清談至東晉太和以後漸趨式微，南朝雖然還有清談，但已是強弩之末，沒有什麼生命力了。

餘　論

作者最後在「餘論」中指出研究魏晉清談對研究魏晉學術及整個中國學術的重要意義。歷來對魏晉清談的忽視蓋來源於一種由來已久的誤解，即所謂「清談誤國」。作者在檢討「清談誤國」說後提出：政治的歸政治，學術的歸學術，現在是恢復魏晉清談之本來面目及其在學術史上的應有地位的時候了。

緒　言

魏晉之際，中國社會經歷了一次對後世影響深遠的思想解放與文藝復興。而這次解放與復興所憑借的學術手段就是清談。研究中國中古時代的社會、政治、思想與學術，無論哪一方面，都不能不涉及清談這個題目。它既引人入勝，又一向聚訟紛紜。它經常被研究者們提到，但對它的真面目我們至今所知甚少。

第一個對魏晉清談進行界定並加以描述的學者是清朝乾嘉年間的趙翼（一七二七－一八一四）。趙翼在他的《廿二史劄記》中撰有「六朝清談之習」及「清談用麈尾」兩條，文字雖不滿兩千，但對清談的源流卻有頗完整的敘述，史書中有關清談事跡的記載他也大致上都提到了。

現代開始注意到魏晉清談並進行較為仔細的研究的是幾位日本學者。市村瓚次郎在一九一九年發表了〈清談源流考〉一文（《史學雜誌》，三〇卷四、五、六、九、一一號連載），直接繼承趙翼的工作，拓而廣之，補充了若干史料。像王僧虔〈誡子書〉、顏之推《顏氏家訓・勉學》，這些在後來的清談研究中常常用到的重要資料，都是他首次提出來的。市村的文章，今天看來，學術價值不算高，其中有不少可議的看法，如把清談定義為「清新奇警的談論」之類。但他是第一個用現代方法來研究魏晉清談的人，其發軔之功自不可沒。文中談到清談的語源及起源，清談與七賢、八達的關係，清談與佛教的關係，當時人反對清談的言行等等。觀點雖大可商榷，但至少是把問題提出來了。

一九三四年，另一位日本學者青木正兒發表〈清談〉一文（載《東洋思潮》，四卷），可說把魏晉清談的研究推進了一大步。青木的貢獻在強調清談與道家思想的關係，並據此將清談家分為名理派與道家派，道家派中又分為析玄派與放達派，再以此分派為脈絡來觀察魏晉間清談之發展，從而對《世說新語》中的清談資料作了第一次有系統的整理。青木認為魏晉清談源於東漢之人物批評（精確地說，這是青木的朋友岡崎文夫之說，參看青木原文），始於魏太和間荀粲之論「性與天道」，這一觀點後來也廣為學術界所接受。

一九三九年，市村的學生板野長八在《史學雜誌》，五〇卷三號上發表了〈清談の一解釈〉，糾正了他老師的一些錯誤看法。板野的最大貢獻在於搜羅了大量（幾乎是全部）含有「清談」一詞的原始資料，相當細緻地探討了「清談」一詞的語源，指出「清談」一詞早期有基於儒家思想的正論，對哲理、學問的討論及超脫俗塵的談論等等含義，並不指貶義的虛無放誕之論，清談同放蕩也沒有必然的連繫。他還討論了清談、清議、清言的關係及清談詞義的變遷。

一九四六年，又一位日本學者宮崎市定在《史林》（三一卷一號）上發表了一篇也題為〈清談〉的文章。他在前三人的基礎上，進一步提出魏晉清談是漢末清議之延續的觀點，說清談與清議本是一道的，後來才漸漸脫離（按板野已有此意）。他把魏晉名士分為清議派與清談派兩種，又把清談的發展分為黃金時代（正始，二四〇—二四九）、白銀時代（七賢，二五〇—二六四）、西晉（二六五—三一六，後來美國學者馬瑞志（Richard B. Mather）代他稱為黃銅時代）、東晉（三一七—四二〇，馬瑞志代他稱為土泥時代）等四個階段，並說經由此四段之演變，清談逐漸與現實脫節而成為純理論的遊戲。宮崎清談出於清議及四階段分法，後來廣泛為中國學者及西方學者（如 Richard B. Mather, Étienne Balázs 和 Arthur Wright 等人）所複述。

在這幾位日本學者的影響下，中國學術界也開始對魏晉清談產生興趣。三、四〇年代出了好幾篇討論清談的文章，其中比較重要，後來頗有影響的有以下數種：

(1)范壽康〈魏晉的清談〉《武大文哲季刊》，五卷二期，一九三六年）；
(2)劉大杰《魏晉思想論》（上海，一九三九年），其中第七章為〈魏晉時代的清談〉；
(3)賀昌群〈清談之起源〉《文史哲季刊》，一卷一期，一九四三年）；
(4)賀昌群《魏晉清談思想初論》《圖書季刊》，新六卷一、二期，一九四五年）；
(5)唐長孺〈清談與清議〉《申報‧文史》，二二期，一九四八年二月二十八日）；
(6)杜國庠〈魏晉清談及其影響〉《新中華》，復刊六卷二一期，一九四八年）。

但是我不能不遺憾地指出，這幾篇論文，除賀昌群的〈魏晉清談思想初論〉自有新意（但賀文實際上是論魏晉思想而非論清談本身）外，其餘全是複述日本學者的觀點。

這些文章的功勞是引起了中國學術界對魏晉清談的注意。五、六〇年代，中國學者對魏晉思潮及學術的研究漸漸多起來，其中不少同清談有直接的關係。例如陳寅恪對才性論、支愍度學說、陶淵明思想的研究，湯用彤對人物志、言意之辨、王弼學說的研究，唐長孺對才性論、君父先後論的研究，牟宗三對魏晉名理的研究，余英時對魏晉士之新自覺與新思潮的研究等等，都從不同的角度對魏晉清談的研究作出了貢獻。論清談的專文則有牟潤孫的〈論魏晉以來之崇尚談辯及其影響〉，發表於一九六五年，對清談的起源及其對後世學術的影響有許多簡要而精闢的見解。專書有何啓民的《魏晉思想與談風》。何書之主旨在說明魏晉思想與談論的關係，值得稱道的是他開始接觸到清談在形式方面的一些問題。

七〇年代，臺灣有兩位研究生，分別以魏晉清談為自己的論文題目。一位是林顯庭，他的碩士論文題為《魏晉清談及其玄理究要》，完成於一九七四年；另一位是林麗真，她的博士論文題為《魏晉清談主題之研究》，完成於一九七八年。二書都偏重於研究清談之內容，前者取材失之過窄，後者又嫌稍寬。林麗真的論文搜羅的材料相當豐富，書後並附有「魏晉談士傳略表」，顯然下過相當的功夫。

美國學者馬瑞志 (Richard B. Mather) 六、七十年致力於《世說新語》的英譯（全書已於一九七六年出版），除陸續發表了〈文學〉及〈言語〉篇的譯文 (*Journal of the American Oriental Society*, 1964, No. 4; 1971, No. 2) 外，又於一九六四年發表了一篇專論清談的文章《國際東方學者會議紀要》九冊）。此文不長，主要是舉例說明宮崎的四階段論，但他同時警告不要把各個階段作不適當的比較，揚此抑彼。他說四階段表面上看起來是每下愈況，創造力越來越差，但實質上這是每種藝術形式都必經的歷程。他這種把清談視為一種藝術以及避免太多的價值判斷的看法是帶有啟發性的。

八〇年代似未見有分量的討論清談的文章或專書出現，但大陸青年學者王葆玹的《正始玄學》（濟南，齊魯書社，一九八七年）一書值得我們注意。此書以「正始改制」為基本假設，對當時的玄學理論作了相當詳盡的考察，時有新見。這雖不是討論清談的專書，但因為正始是清談的成形期和第一個高峰，而玄學又是清談的主要內容，因而此書對研究魏晉清談具有重要的參考價值是不言而喻的。例如書中有關本末體用之辨、性情之辨及才性之辨的分析對於我們研究清談的內容無疑有相當助益。

以上我簡略地回顧了迄今為止的魏晉清談研究，由於知見不廣，遺漏在所難免。以我的淺見，覺得關於這個問題的研究尚存在著如下的問題：

(1)至今沒有一本系統地從各方面探討魏晉清談的專書，已有的幾本多偏重在清談的內容一點上；

(2)對於魏晉清談，至今沒有一個大家都可以接受的定義，大家都討論魏晉清談，但是各人心目中的魏晉清談卻往往不是一回事；

(3)過多地強調魏晉清談同魏晉思潮、魏晉玄學的關係，有的研究者乾脆在二者之間劃上一個等號（例如杜國庠），好像清談本身不具備獨立的研究價值，結果許多論清談的文章實際上只是論魏晉思潮而已；

(4)清談的某些方面至今沒有觸及或很少觸及，例如清談的形式問題；

(5)清談中有些問題學術界公認已經解決，但其實並沒有弄清楚，一些被視為定論的觀點還可以研究，例如清談出於清議，清談一詞早期可以與清議互通，後來則專指玄談等等；

(6)關於清談的發展演變除了一些粗略的並不一定恰當的分段外，至今無人嘗試作更具體更細膩的描述；

(7)對清談與政治、社會的關係及清談的影響談得最多，而其中牽涉到太多的主觀判斷、意識形態的判斷及道德的判斷，連篇累牘，紛紛揚揚，而無益於學術研究。

筆者寫作此書的目的就是試圖對以上缺陷作一些彌補，甚望海內前輩方家給以指教。如能由此引起學術界對魏晉清談的進一步研究，則本書的目的也就達到了。

全書分上、下兩篇。上篇三章，回答三個問題：(1)清談是什麼？(2)清談談些什麼？(3)清談怎樣談？可說是一個共時性的整體研究。下篇也分三章，分別描述清談的三個發展階段，可說是一個歷時性的分區研究。它也回答三個問題：(1)魏晉清談究竟經歷了一個怎樣的發展過程？有哪些興衰起落，波瀾變化？(2)這些興衰起落是怎樣造成的，同當時的社會政治背景有什麼關聯？⑶都是一些什麼人參加了魏晉清談的活動？他們各自扮演了什麼樣的角色？有什麼樣的表現？

至於清談的原始資料，則主要取諸劉義慶（四〇三—四四四）的《世說新語》。《世說新語》雖不是嚴格意義上的史書，但仍具有濃厚的歷史色彩。它是收集了當時人作的大量傳記資料而編纂成的，其中雖難免有傳聞失實、修飾潤色的地方，但有意作偽的成分則微乎其微。後來又經劉孝標（四六二—五二一）引經史雜著四百餘種，詩賦雜文七十餘種加以補充、訂正，可靠性就更增加了。美國學者馬瑞志的《世說新語》英譯本(*New Account of Tales of the World*, University of Minnesota Press, 1976)於〈言語〉五九條記簡文帝登阼，熒惑復入太微事下，引用現代天文學的成果證實當時確實發生過那樣的行星運動（見該書正文頁五九及引言頁一四，並參考他一九七一年發表在 *Journal of the American Oriental Society* 上的〈言語〉篇譯注，見該雜誌九一卷二號頁二五一），是證明《世說新語》記事可靠的一個精彩例證。事實上，唐人修《晉書》就採用了此書的絕大部分資料。如果我們不相信這本書，那麼，在這個課題的研究上，也就沒有別的書更值得相信了。《世說新語》版本甚多，近來為此書作箋注的各家，如楊勇、徐震堮、余嘉錫、馬瑞志等，都採用數字分條的辦法，科學而方便，因此本書凡引用《世說新語》都寫上某篇第幾條，而不再註明頁數。

上篇

清談的名義、形式及其內容

第一章　清談名義考辨

為了探討魏晉清談，先要弄清「清談」一詞的含義。許多不必要的官司，常常是因為概念的混淆不清而引起的。「清談」這個詞在不同的地方就常有不同的含義，其中有古今之不同，廣狹之不同，褒貶之不同，泛指特指之不同，有必要細心加以區分。

一、「清談」今義及其可能之起源

讓我們從「清談」的今義談起。現代人使用「清談」這個詞，大約有以下三種含義：

1. 談論、聊天。常常有貶義，意為只談而不行動，空談。這是一個泛指的非學術性名詞。

2. 特指魏晉時代以《周易》、《老子》、《莊子》等三玄（東晉以後又加上佛理）為內容的談論，亦稱「玄談」或「談玄」。這是一個特定的學術名詞。

3. 比第二義稍廣，意指魏晉時代以清談（上述第二義的清談）為代表的學術思潮，大致與

「魏晉玄學」或「魏晉思潮」同義。

第一、二義常見，不必舉例。第三義如陳寅恪〈陶淵明之思想與清談之關係〉、賀昌群〈魏晉清談思想初論〉、杜國庠〈魏晉清談及其影響〉等文中的清談，顯然指整個玄學思潮而非單指談論❶。第三義常與第二義相混，使用者自己也往往不清，在同一篇文章中有時用「清談」表談論，有時又用「清談」表思潮。

「清談」以上三義究竟起於何時？準確的時間很難說，但我們至少可以指出，明末清初的學者已經這樣用了。顧炎武《日知錄・七》「夫子之言性與天道」條：「劉、石亂華本於清談之流禍，人人知之。孰知今日之清談有甚於前代者。昔之清談，談老莊；今之清談，談孔孟。」❷這裏把清談作為一種不切實用的空疏之談、玄虛之談來加以攻擊，帶有濃厚的負面色彩。今日「清談」一詞的第一義顯然承此而來。而他同時定義魏晉時的清談為「談老莊」，也就開了今天「清談」特指「玄談」（第二義）的先河。又《日知錄・一三》「正始」條：「有亡國有亡天下。亡國與亡天下奚辨？曰：易姓改號謂之亡國，仁義充塞而至於率獸食人，人將相食，謂之亡天

---

❶ 最典型的是杜國庠，他在該文一開頭就說：「這裏所謂魏晉的清談，指的是魏晉以來支配了那個時代（說詳悉點，就是上起曹魏下迄南北朝這個時代）的思想主潮，不是某些個別的學說或派系的思想。」見《杜國庠文集》，北京，一九六二年，頁三三七。

❷ 《日知錄》，中華書局影印本，上海，一九八五年，頁五三八。

下。魏晉人之清談何以亡天下？是孟子所謂楊墨之言至於使天下無父無君而入於禽獸者也。昔者嵇紹之父康被殺於晉文王，至武帝革命之時而山濤薦之入仕。紹時屏居私門，欲辭不就。濤謂之曰：『為君思之久矣。天地四時，猶有消息，而況於人乎？』一時傳誦，以為名言。而不知其敗義傷教，至於率天下而無父者也。」❸顧炎武在這裏痛斥「魏晉人之清談」，至於以「亡天下」歸之，並舉山濤勸嵇紹入仕為例，這個「清談」顯然就不只是談論，而是整個魏晉玄學思潮的代名詞了。今日「清談」之第三義想即濫觴於此。以後學者，凡言「清談」，大都不外此三義，於是相沿至今。

本書要討論的是第二義的「清談」，即作為特定的學術名詞的「清談」。如前所說，這個「清談」至少也可追溯到顧炎武那裏，不過顧氏只籠統地說了一句「昔之清談，談老莊」，還不能說是真正建立了「清談」的學術用法。這個任務的完成要歸功於清朝乾、嘉間的學者趙翼。趙氏在其所著之《廿二史劄記》中，專列「六朝清談之習」一條，對當時談玄的內容、著名人物及時間起訖作了一個簡要的敘述。「清談」作為一個特指的學術名詞從趙翼起才算正式確立了。

---

❸ 前書，頁一〇一四。

二、「清談」原義及其可能之起源

但是，如果我們細檢魏晉舊籍，很容易就會發現「清談」一詞的早期含義與現在的意思有很大的不同。最明顯的有兩點：一是當時的「清談」一詞完全沒有負面的色彩；二是當時的「清談」一詞根本沒有特指玄談這種用法，例如記載魏晉玄談資料最多，以致被陳寅恪先生稱為「清談總彙」❹的《世說新語》就從頭至尾沒有「清談」二字，不僅正文沒有，連劉孝標的注文中也沒有。

當時「清談」一詞的用法究竟如何呢？根據現有的資料，可以推知「清談」的早期含義大致有以下三種：

1. 雅談。泛指一切美好的言談，通常是個人性的，而不是公眾性的輿論。例如《文選・二三・劉公幹・贈五官中郎將四首》之二：「清談同日夕，情盼敘憂勤。」❺卷四二應休璉〈與侍郎曹長思書〉：「幸有袁生，時步玉趾，樵蘇不爨，清談而已。」❻

---

❹ 見〈逍遙遊向郭義及支遁義探源〉一文，載【陳寅恪先生文集】之三，臺北，里仁書局，一九八一年，頁八三。

❺ 《文選》，中華書局影印本，北京，一九七七年，頁三三六。

2.美談。通常指對人物的揄揚，帶有輿論性。例如《藝文類聚・四八》引王隱《晉書》載晉武帝謂鄭默語：「昔州內舉卿相輩，常愧有累清談。」❼《太平廣記・三一八》引劉敬叔《異苑》「桓回」條：「樂工成憑今何職？我與其人有舊，為致清談，得察孝廉，君若相見，令知消息。」❽《梁書・五〇・伏挺傳》載挺與徐勉書：「昔子建不欲妄贊陳琳，恐見嗤哂後代，今之過奢餘論，將不有累清談。」又同書卷一三三〈沈約傳〉：「自負高才，昧於榮利，乘時藉勢，頗累清談。」❾

3.正論。由第二義拓廣演變而來，指對人物的評論，可褒可貶，而重在貶，也帶有輿論性。例如《南史・二〇・謝朏傳》：「建武初，朏為吳興，以雞卵賦人，收雞數千。及遯節不全，為清談所少。」❿同書卷四一〈蕭穎達傳〉：「（蕭）斅時居母服，清談所貶。」⓫葛洪《抱朴子・外篇・疾謬・二五》：「俗間有戲婦之法……或清談所不能禁，非峻刑不能止也。」⓬又

❻ 前書，頁五九八。
❼ 【文淵閣四庫全書】，臺灣商務印書館影印本，臺北，一九八三年，冊八八八，頁一八四—一八五。
❽ 前書，冊一〇四五，頁三二六。
❾ 《梁書》，中華書局標點本，北京，一九七三年，頁七二〇及二四二。
❿ 《南史》，中華書局標點本，北京，一九七五年，頁五六〇。
⓫ 前書，頁一〇五〇。
⓬ 《抱朴子》，【諸子集成】本，北京，中華書局，一九五四年，頁一四九。

〈酒誡・二四〉：「謂清談為詆詈，以忠告為侵己。」⑬

「清談」以上三義中的前二義都可以從「談」字的古義中找到根據。「清談」第一義中的「談」是「談」的最基本義，即言談。《孟子・離婁下》說那個不知羞恥的齊人，「徧國中無與立談者」，《莊子・天運》說「孔子見老子，歸，三月不談」，都是這個「談」字。「談」字稍後的用法似乎漸指那種講究技巧的談話，而非一般的言談。例如東方朔的名言「談何容易」⑭，司馬遷稱讚東方朔等人的話：「談言微中，亦可以解紛。」⑮

「清談」第二義中的「談」則可以追溯到《莊子・則陽》云：「彭陽見王果曰：『夫子何不譚我於王？』」《釋文》：「譚，音談，本亦作談。」疏：「譚，猶稱說也。」⑯可見「談」字古義中本有稱說亦即揄揚之義。又《公羊傳・閔公二年》：「魯人至今以為美談。」⑰亦是稱揚之意，且帶有輿論的性質。「美談」一詞今天還用，魏晉時也有，例如《世說新語・賢媛》一九條敘陶侃少時追送范逵，逵曰：「卿可去矣。至洛陽，當相為美談。」《後漢書・八一・戴

---

⑬ 前書，頁一四四。

⑭ 《漢書・六五・東方朔傳》，中華書局標點本，香港，一九七〇年，頁二八七〇。

⑮ 《史記・一二六・滑稽列傳》，中華書局標點本，北京，一九五九年，頁三一九七。

⑯ 《莊子集釋》，中華書局整理本，北京，一九六一年，頁八七六。

⑰ 【十三經注疏】，北京，中華書局，一九八〇年，頁二二四五。

就傳》：「（薛）安深奇其壯節，即解械，更為美談，表其言辭，解釋郡事。」[18]又《晉書・八六・張軌傳》言張華謂安定中正蔽善抑才，「乃美為之（張軌）談，以為二品之精。」[19]此義延伸至「清談」中，遂使「清談」一詞也有美談、揄揚之意了。

至於「清談」第三義則是從第二義拓變而來，可以不單獨討論，但它是魏晉間的特有用法，非常值得注意，下文還會談到。

以上說到「談」的古義，現在的問題是：「談」字何時起同「清」字扯上關係而變成了「清談」？我的推測是，這大約是發生在東漢後期，而其中的關鍵是「黨錮」事件。

東漢中葉以後，士大夫集團先後與外戚集團及宦官集團惡鬥，雙方壁壘分明，最後釀成兩次株連慘烈的黨錮之禍。范曄《後漢書・六七・黨錮列傳》中有一段話很值得我們注意。傳載范滂繫獄時，中常侍王甫審問他，說：「君為人臣，不惟忠國，而共造部黨，自相褒舉，評論朝廷，虛構無端，諸所謀結，並欲何為？皆以情對，不得隱飾。」而范滂回答道：「臣聞仲尼之言，見善如不及，見惡如探湯。欲使善善同其清，惡惡同其污，謂王政之所願聞，不悟更以為黨。」[20]可見其時士大夫集團以「清」自許，而以「污」目對方。所以范曄在〈黨錮列傳〉

---

[18] 《後漢書》，中華書局標點本，香港，一九七一年，頁二六九一。

[19] 《晉書》，中華書局標點本，北京，一九七四年，頁二二二一。

[20] 《後漢書》，頁二二〇五。

前言中也說：「若范滂、張儉之徒，清心忌惡，終陷黨議。」[21]同傳中說范滂「少厲清節」[22]，羊陟「清直有學行」[23]，檀敷「少為諸生，家貧而志清」[24]。總之，看來從這個時候起，「清」字開始廣泛地同士大夫連在一起，「清流」、「清談」、「清議」、「清論」、「清言」等詞的相繼出現，應當都是這先後的事[25]。

三、「清談」今義與原義的連繫

根據前兩節所論，我們可以將「清談」之原義、今義列表如下：

清談
- 原義：1.雅談；2.美談；3.正論。
- 今義：1.空談；2.玄談；3.玄學思潮。

---

[21] 前書，頁二一八五。

[22] 前書，頁二二〇三。

[23] 前書，頁二二〇九。

[24] 前書，頁二二一五。

[25] 當然「清」字的這種用法也非成於一朝一夕之間，必前此已開始有這樣的用法，范滂才會說出「善善同其清」之語。事實上，《漢書・儒林傳》已出現「清名」一詞（頁三五九八），而且是跟儒者聯繫在一起。但「清」字廣泛而大量地同士大夫發生關係則似乎是在黨錮之後。

今義中的一、三兩義完全是後起的，與「清談」一詞的原義無關，也不是本書要討論的。本書要討論的是今義中的第二種，即作為特指學術名詞的「清談」。這個「清談」顯然來源於「清談」原義中的第一種。原義中的二、三兩義今天已不用了。

但是，如果我們只是籠統地提到「清談」一詞而不加以分析，則以上六種含義都可以同時在我們的腦海裏出現，這就是常常會引起誤解的原因。問題的複雜還在於，即使我們已經指出作為特指學術名詞的「清談」來源於「清談」原義中的一種——雅談，仍然還嫌太籠統。魏晉士大夫之間的雅談包括許多內容，並不是每種內容的雅談都可以與今天我們所討論的「魏晉清談」同義的。日本學者板野長八在一九三九年發表的〈清談の一解釈〉一文中已指出漢魏六朝時「清談」一詞有多種含義（參閱本書「緒言」），後來余英時先生在〈漢晉之際士之新自覺與新思潮〉一文中又進一步指出我們至少可以把當時士大夫間的清談分為三種㉖。我下面就根據他的意見將當時三種類型的清談（即三種雅談，不指「清談」原義中的二、三兩義）的例子分別列舉於後。這些例子絕大部分是板野長八首先給出的，後來又經唐長孺等人轉引，這裏為了說明問題，只好再引用一次。

(A)泛泛的、沒有一定內容的清談：

①葛洪《抱朴子・外篇・疾謬・二五》：

㉖ 余英時《中國知識階層史論（古代篇）》，臺北，一九八〇年，頁二四六—二四九。

雖不能三思而吐清談，猶可息謔嘲以防禍萌也。㉗

②《三國志・七・魏書・臧洪傳》注引《九州春秋》論青州刺史焦和：

入則見其清談干雲，出則混亂。㉘

③《三國志・一三・魏書・鍾繇傳》注引《魏略》太子與鍾繇書：

得報知喜南方，至於荀公之清談，孫權之嫵媚，執書嘔噱，不能離手。㉙

④魯褒〈錢神論〉：

吾將以清談為筐篚，以機神為幣帛。

當今之世，何用清談！

京邑衣冠，疲勞講肆，厭聞清談，對之睡寐。㉚

㉗《抱朴子》，頁一四七。

㉘《三國志》，中華書局標點本，北京，一九五九年，頁二三二。

㉙前書，頁三九六。

㉚嚴可均輯《全上古三代秦漢三國六朝文》，中華書局影印本，北京，一九五八年，頁二一〇六—二一一

(B)可以推測其內容是以人物評鑒為主的清談㉛：

①《三國志・一・魏書・武帝紀》注引張璠《漢紀》載鄭泰說董卓（《後漢書・七〇・鄭太傳》）：

孔公緒能清談高論，噓枯吹生。㉜

②《三國志・二一・魏書・劉劭傳》載夏侯惠薦劭曰：

臣數聽其清談，覽其篤論。㉝

③《三國志・三八・蜀書・許靖傳》：

〇七。

㉛ (B)組五例，根據上、下文及主角，大約可以推知其清談內容多少與人物評鑒有關。例如郭泰（林宗）、許靖皆是有名的人物評鑒專家，劉劭著《人物志》，自然也是精於人物評鑒的。祖約「清談」後接「平裁」，孔伷（公緒）「清談」後接「噓枯吹生」（枯者吹之使生，有顯揚之意），都暗示其「清談」內容含有人物批評在內，參看唐長孺〈清談與清議〉一文的分析。

㉜ 《三國志》，頁六。

㉝ 前書，頁六一九。

靖雖年踰七十，愛樂人物，誘納後進，清談不倦。[34]

④《抱朴子・外篇・正郭・四六》：

于時君不可匡，俗不可正。林宗周旋，清談閭閻。[35]

⑤《文選・三八・任彥昇・為蕭揚州薦士表》李善注引王隱《晉書》：

祖約清談平裁，老而不倦。[36]

(C)可以推測其內容是以學理討論為主的清談：

①《北堂書鈔・九八》引〈何晏別傳〉：

曹爽常大集名德，長幼莫不預會。晏清談雅論，紛紛不竭。曹羲嘆曰：「妙哉，何平叔之論道，盡其理矣！」[37]

---

[34] 前書，頁九六七。

[35] 《抱朴子》，頁一八八。

[36] 《文選》，頁五四〇。

[37] 【文淵閣四庫全書】，冊八八九，頁四七五。

②《抱朴子・外篇・疾謬・二五》：

不聞清談講道之言，專以醜辭嘲弄為先。㊳

③《顏氏家訓・勉學》：

何晏、王弼，祖述玄宗，遞相誇尚，景附草靡，……直取其清談雅論，辭鋒理窟，剖玄析微，妙得入神，賓主往復，娛心悅耳。然而濟世成俗，終非急務。㊴

④《南齊書・二四・柳世隆傳》：

世隆少立功名，晚專以談義自業。善彈琴，世稱柳公雙璅，為士品第一。常自云馬矟第一，清談第二，彈琴第三。㊵

以上「清談」若干例，大概是現存的「清談」一詞的最早資料了。可以注意的是，以上三組各組中都有較早的例子，也有較晚的例子，可見三種內容的「清談」是同時存在的，並無先

㊳《抱朴子》，頁一四六。

㊴《顏氏家訓》，【諸子集成】本，北京，中華書局，一九五四年，頁一六。

㊵《南齊書》，中華書局標點本，北京，一九七二年，頁四五二。

後之分。換言之，從漢末到魏晉南北朝，「清談」一詞的內容在指雅談這一點上並無若何變化，它始終只是一個泛指的非學術性名詞。我們今天所說的「魏晉清談」，嚴格地講，只是指上述三組中的第三組，而且特指化了。於是，我們可以再列一表：

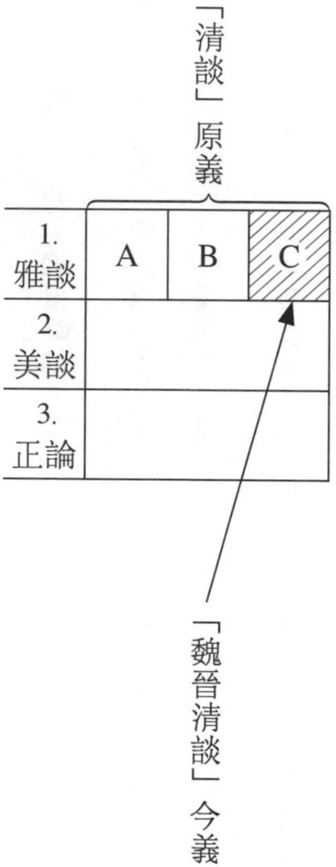

從抽象的邏輯角度上看來，今天所謂的「魏晉清談」，作為一個學術名詞，只有魏晉時「清談」一詞義域的九分之一。只有這九分之一才是我們今天研究魏晉清談時所要研究的對象，其餘九分之八都不是。

弄清這一點非常重要，否則一見「清談」二字，就以為是我們所要研究的魏晉清談，豈不要犯「擴大化」的錯誤？弄清這一點還可以幫助我們辨析後人使用「清談」一詞時的不同含義，而不致產生誤解。例如宋朱熹評陶淵明說：「晉宋人物雖曰清高，然個個要官職。這邊一面清談，那邊一面招權納貨。陶淵明真個能不要，此所以高於晉宋人物。」㊶朱熹這裏的「清談」如果按照今天的理解就講不通，為什麼不可以一面談《老》、《莊》，一面做官要錢？這個「清談」事實上兼有「雅談」與「正論」之意。宋董弅題《世說新語》云：「晉人雅尚清談，唐初史臣修書，率意竄定，多非舊語，尚賴此書以傳後世。」㊷明袁褧序《世說新語》云：「世言江左善清談，今閱《新語》，信乎其言之也。」㊸這兩個「清談」則只是「雅談」之意，但包括各種內容的雅談，並不單指談玄，仍與我們所說的魏晉清談不同。陳寅恪先生稱《世說新語》為「清談總彙」，其實也是沿襲宋明人這種用法。

同時，正因為討論學理的玄談只佔「清談」原義義域的一小部分，所以當時特指玄談時反不用「清談」一詞，這就是我們為什麼在《世說新語》中竟然找不到「清談」二字的原因。至於當時的玄談有沒有特定名詞，我將在本章第五節中詳加討論。

㊶ 引自陶澍注《陶淵明集》後所附之「諸家評陶」。

㊷ 《世說新語》，中華書局標點本，香港，一九七三年卷首所載。

㊸ 同注㊶。

四、「清談」與「清議」的關係

現在研究魏晉的學者，幾乎一致認為「清談」與「清議」有非常密切的關係。這種看法起源於日本學者青木正兒、宮崎市定，我已在本書的「緒言」中提及。這裏有兩個層次，一個是歷史事實的層次，一個是字面的層次。在歷史事實的層次上，不少學者認為，魏晉清談是漢末清議的變相，即漢末士大夫批評中央政治及評論執政者的清議之風，經黨錮之禍和魏晉政治的壓迫，變為空論玄理之清談。中國學者中持此說最力的以陳寅恪先生為代表，其觀點見於他的〈逍遙遊向郭義及支遁義探源〉一文。在字面的層次上，有的學者認為，「清談」在早期的含意與「清議」一致，可以互稱，後來則變為專指玄談，並且說：「清談從清議的互稱轉變為玄談也就是玄學形成的過程。」此說在中國學者中可舉唐長孺先生為代表，其觀點見於他的〈清談與清議〉一文[44]。

關於歷史事實層次上「清談」與漢末風氣的關係，我將在「清談的醞釀與成形」一章中詳加檢討，此處暫不討論。但須指出，以「清議」來稱呼漢末士大夫批評朝政之風，完全是近代的用法，魏晉時「清議」一詞僅指士大夫階層中形成的關於各別士人的輿論，與「鄉論」的含

[44] 〈清談與清議〉載唐長孺《魏晉南北朝史論叢》，北京，一九五五年，頁二八九－二九七。

義差不多。為避免行文枝蔓，此處亦不細論，讀者可參看本章後的附錄「『清議』詞義考」一文。

這裏我想仔細討論的是，在字面的層次上，「清談」與「清議」的關係究竟如何？因為唐長孺先生〈清談與清議〉一文是專門討論這個問題的，其觀點又已被學術界廣泛接受，所以我的討論即以該文為基礎來進行。

現分條述之於次。

1.「在初期清談與清議可以互稱」。

我在前面已經說過，早期「清談」大致有雅談、美談及正論三義。「清談與清議可以互稱」的命題在，也僅僅在第三義即「正論」上是成立的，對於其他二義則不成立。例如第一義「雅談」中，有不少內容確與人物批評有關，如我在第三節中所引用的(B)組例子，但這些仍然只是清談，而不是清議，因為清議是帶輿論性的，這些例子卻只是個人性的。這些例子中的「清談」一般不可以換成「清議」，例如「祖約清談平裁，老而不倦」通常不說成「祖約清議平裁，老而不倦」，其餘亦同。唐先生文中卻引用這些例子說明「清談」可以與「清議」互通，是不妥的。第二義「美談」雖是批評人物，又帶輿論性，但仍然不能與「清議」互稱，因為這類清談意在褒，而清議則意在貶。正因為這類清談意在褒，所以才說「有愧」、「有累」，倘換成「有愧清議」、「有累清議」就不成話了。唐文中也引用了此類例子以說明其時以清議為清談，顯然也是不妥當的。

真正可以與「清議」互稱的只有「清談」原義中的第三義「正論」，前引《南史》兩例、《抱朴子》兩例中「為清談所少」、「為清談所貶」、「清談所不能禁」、「謂清談為詆詈」等之「清談」都可以以「清議」換之，變成「為清議所少」、「為清議所貶」、「清議所不能禁」、「謂清議為詆詈」，而意思不變。順便還可以注意，這幾個例子的時代恰恰是較晚，晚在東晉以後，前此還似乎未見此種用法。因此，說「初期」也是沒有根據的。

仍用我們前面的圖，就可以看得更清楚了：

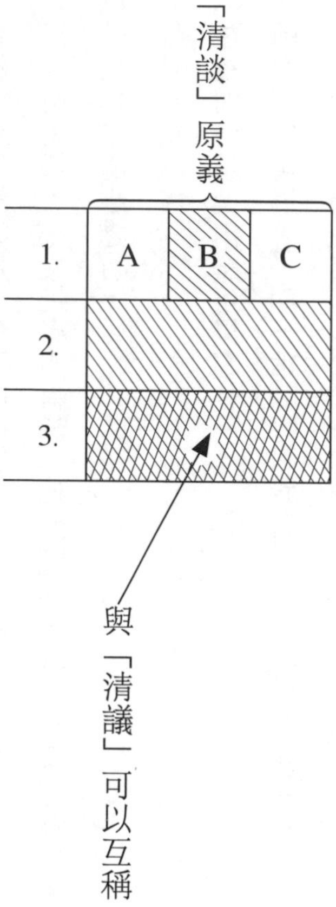

可以與「清議」互稱的部分是圖中畫菱形小格的部分，只佔「清談」義域的三分之一，唐先生

文章則將畫斜線的部分都誤算進去了，又忽略了A與C，結果得出「在初期清談與清議可以互稱」的結論，因而是不準確的。

2.「清談開始是以人物批評為主的」，「晉以後已專指玄虛之談」。

清談開始是否以人物批評為主，這個問題可以暫時不論，至於說晉以後，清談已專指玄虛之談，則可以肯定是錯誤的。事實上，終魏晉南北朝，「清談」一詞從來沒有「專指」玄虛之談，專指玄虛之談的用法，如我在第一節中所說，是晚到明清之際才出現的。唐先生說：「從這一方面來檢查史料，我們可以找出無數的例子來。」但恰恰相反，我們可以說，專指玄虛之談的「清談」例子在魏晉史料中幾乎一個都找不到。試看我在第三節中所引的(C)組例子，可說是最接近「玄虛之談」了，但都顯然缺乏「專指」的味道。正因為不是專指，才老是跟「雅論」、「講道」等一塊連用。其中最後一例說柳世隆自云「清談第一」，這個「清談」最接近專指，但仍極可能只是泛指雅談而已，因為柳世隆並非三玄專家，他所謂「清談」恐怕還是泛泛的。

3.「清談從清議的互稱轉變為玄談就是玄學形成的過程」，「由此可以推論到玄學的起源」。

玄學的形成自然有一個過程，但能否從「清談」一詞含義的轉化推論出來，則是頗可懷疑的。事實上，「清談」一詞的含義並沒有在魏晉時代發生唐先生所說的這種變化。前面兩點既然有問題，這個結論自然也就不能成立了。

五、「談」與「清言」

既然「清談」一詞在魏晉時含義頗廣，並不專指玄談，那麼很自然地會引出一個問題，即：當時的玄談，究竟叫什麼呢？或說：我們今天所說的「魏晉清談」，當時究竟有沒有什麼專門的稱呼呢？

這個問題，我們可以檢查《世說新語》。

在《世說新語》中，尤其是〈言語〉、〈文學〉、〈賞譽〉等篇中，可以確定為談玄或與談玄有關的段落很多，作者使用了「言」、「談」、「說」、「語」、「道」、「講」、「敘」、「論」、「言理」、「說理」、「論理」、「談道」、「析理」、「談玄」、「談名理」、「敘名理」、「言虛勝」、「清言」、「微言」、「玄言」、「談詠」、「談論」、「講論」、「語議」等等，不下二十多個詞。但其中最值得我們注意的是兩個詞：「談」與「清言」。說它們最值得注意，主要有兩個原因，一是它們出現的頻率較其他詞高，二是它們都含有特指的性質，即凡是用這兩個詞的地方幾乎都可以肯定是談玄，而非其他，尤其是「清言」，其特指的意味最強。

下面我就把《世說新語》中所見「談」與「清言」的例子分別抄錄於後，以資讀者研味。

(一)談

1.謝胡兒語庾道季：「諸人莫當就卿談，可堅城壘。」庾曰：「若文度來，我以偏師待之；康伯來，濟河焚舟。」（〈言語〉七九條）

2.諸葛厷年少不肯學問，始與王夷甫談，便已超詣。王歎曰：「卿天才卓出，若復小加研尋，一無所愧。」厷後看《莊》、《老》，更與王語，便足相抗衡。（〈文學〉一三條）

3.傅嘏善言虛勝，荀粲談尚玄遠。（〈文學〉九條）

4.殷仲堪精覈玄論，人謂莫不研究。殷乃歎曰：「使我解四本，談不翅爾。」（〈文學〉六〇條）

5.桓南郡與殷荊州共談，每相攻難，年餘後但一兩番，桓自歎才思轉退，殷云：「此乃是君轉解。」（〈文學〉六五條）

6.江左殷太常父子並能言理，亦有辯訥之異。揚州口談至劇，太常輒云：「汝更思吾論。」（〈文學〉七四條）

7.殷融字洪遠，陳郡人。桓彝有人倫鑒，見融，甚歎美之。著〈象不盡意〉、〈大賢須易論〉，理義精微，談者稱焉。兄子浩，亦能清言。每與浩談，有時而屈，退而著論，融更居長。（〈文學〉七四條劉注引《中興書》）

8. 謝車騎在安西艱中，林道人往就語，將夕乃退。有人道上見者，問云：「公何處來？」答云：「今日與謝孝劇談一出來。」（〈文學〉四一條）

9. 裴散騎娶王太尉女。婚後三日，諸壻大會，當時名士、王裴子弟悉集。郭子玄在坐，挑與裴談。子玄才甚豐贍，始數交，未快；郭陳張甚盛，裴徐理前語，理致甚微，四坐咨嗟稱快。（〈文學〉一九條）

10. 鍾士季目王安豐：「阿戎了了解人意。」謂裴公之談：「經日不竭。」（〈賞譽〉五條）

11. 人問王夷甫：「山巨源義理如何？是誰輩？」王曰：「此人初不肯以談自居，然不讀《老》、《莊》，時聞其詠，往往與其旨合。」（〈賞譽〉二一條）

12. 王仲祖、劉真長造殷中軍談，談竟俱載去。劉謂王曰：「淵源真可。」王曰：「卿故墮其雲霧中。」（〈賞譽〉八六條）

13. 人問撫軍：「殷浩談竟何如？」答曰：「不能勝人，差可獻酬羣心。」（〈品藻〉三九條）

14. 郗嘉賓問謝太傅曰：「林公談何如嵇公？」謝云：「嵇公勤著腳，裁可得去耳。」又問：「殷何如支？」謝曰：「正爾有超拔，支乃過殷；然亹亹論辯，恐□（按：當是『殷』字）欲制支。」（〈品藻〉六七條）

15. 郗太尉晚節好談，既雅非所經，而甚矜之。後朝覲，以王丞相末年多可恨，每見必欲苦相規誡。王公知其意，每引作他言。臨還鎮，故命駕，詣丞相。翹須厲色，上坐便言：「方當乖別，必欲言其所見。」意滿口重，辭殊不流。王公攝其次，曰：「後面未期，亦欲盡所懷：願公勿復談！」郗遂大瞋，冰矜而出，不得一言。（〈規箴〉一四條）

16. 陳林道在西岸，都下諸人共要至牛渚會。陳理既佳，人欲共言折，陳以如意拄頰，望雞籠山歎曰：「孫伯符志業不遂。」於是竟坐不得談。（〈豪爽〉一一條）

以上十六例中「談」字都是單用，但根據上下文，我們很容易辨別這個「談」是特指玄談，而非一般的談話。至於「談」後再接「理」、「道」、「名理」、「《老》、《易》」等賓語的，我都沒有計算在內。

此外，「談」也偶爾同「論」、「議」、「講」、「詠」一起構成「談論」、「談議」、「談講」、「談詠」等複合詞，意與「談」同。例如：

1. （桓）玄善言理，棄郡還國，常與殷荊州仲堪終日談論不輟。（〈文學〉二五條劉注引《隆安記》）
2. （殷）浩能言理，談論精微，長於《老》、《易》，故風流者皆宗歸之。（〈賞譽〉八六條劉注引《中興書》）

3.衛伯玉為尚書令，見樂廣與中朝名士談議，奇之曰：「自昔諸人沒已來，常恐微言將絕，今乃復聞斯言於君矣。」（〈賞譽〉二三條）

4.衛瓘有名理，及與何晏、鄧颺等數共談講，見廣奇之，曰：「每見此人則瑩然，猶廓雲霧而睹青天。」（〈賞譽〉二三條劉注引王隱《晉書》）

5.惔有儁才，其談詠虛勝，理會所歸，王濛略同，而敘致過之。（〈品藻〉四八條劉注引〈劉惔別傳〉）

(二)清言

1.王右軍與謝太傅共登冶城。謝悠然遠想，有高世之志。王謂謝曰：「夏禹勤王，手足胼胝；文王旰食，日不暇給。今四郊多壘，宜人人自效；而虛談廢務，浮文妨要，恐非當今所宜。」謝答曰：「秦任商鞅，二世而亡，豈清言致患邪？」（〈言語〉七〇條）

2.許詢能清言，于時士人皆欽慕仰愛之。（〈言語〉七三條劉注引〈晉中興士人書〉）

3.殷中軍為庾公長史，下都，王丞相為之集，桓公、王長史、王藍田、謝鎮西並在。丞相自起解帳帶麈尾，語殷曰：「身今日當與君共談析理。」既共清言，遂達三更。丞相與殷共相往反，其餘諸賢略無所關。既彼我相盡，丞相乃歎曰：「向來語，乃竟未知理源所歸。至於辭喻不相負，正始之音，正當爾耳。」明旦，桓宣武語人曰：「昨

夜聽殷、王清言甚佳，仁祖亦不寂寞，我亦時復造心；顧看兩王掾，輒翣如生母狗馨。」（〈文學〉二二條）

4. 謝鎮西少時，聞殷浩能清言，故往造之。殷未過有所通，為謝標榜諸義，作數百語。既有佳致，兼辭條豐蔚，甚足以動心駭聽。謝注神傾意，不覺流汗交面。（〈文學〉二八條）

5. 殷中軍嘗至劉尹所，清言良久，殷理小屈，遊辭不已，劉亦不復答。殷去後，乃云：「田舍兒強學人作爾馨語！」（〈文學〉三三條）

6.（謝）玄能清言，善名理。（〈文學〉四一條劉注引〈謝玄別傳〉）

7. 張憑舉孝廉，出都，負其才氣，謂必參時彥。欲詣劉尹，鄉里及同舉者共笑之。張遂詣劉，劉洗濯料事，處之下坐，唯通寒暑，神意不接。張欲自發無端。頃之，長史諸賢來清言，客主有不通處，張乃遙於末坐判之，言約旨遠，足暢彼我之懷，一坐皆驚。真長延之上坐，清言彌日，因留宿至曉。（〈文學〉五三條）

8. 仲堪有思理，能清言。（〈文學〉六三條劉注引〈晉安帝紀〉）

9. 樂令善於清言，而不長於手筆。（〈文學〉七〇條）

10.（殷）浩善《老》、《易》，能清言。（〈文學〉二七條劉注引〈殷浩別傳〉）

11.（何）晏能清言，而當時權勢，天下談士多宗尚之。（〈文學〉六條劉注引〈文章敘

錄〉）

12.（殷融）兄子浩，亦能清言。每與浩談，有時而屈，退而著論，融更居長。（〈文學〉七四條劉注引《中興書》）

13.（裴）邈字景聲，河東聞喜人。少有通才，從兄頠器賞之。每與清言，終日達曙。（〈雅量〉一一條劉注引〈晉諸公贊〉）

14.謝太傅未冠，始出西，詣王長史清言良久。去後，苟子問曰：「向客何如尊？」長史曰：「向客亹亹，為來逼人。」（〈賞譽〉七六條）

15.（殷）浩清言妙辯玄致，當時名流皆為其美譽。（〈賞譽〉八二條劉注引徐廣《晉紀》）

16.（王）濛性和暢，能清言，談道貴理中，簡而有會。（〈賞譽〉一三三條劉注引〈王濛別傳〉）

17.尚書令衛瓘見廣曰：「昔何平叔諸人沒，常謂清言盡矣，今復聞之於君。」（〈賞譽〉二三條劉注引《晉陽秋》）

18.劉尹至王長史許清言，時苟子年十三，倚牀邊聽。既去，問父曰：「劉尹語何如尊？」長史曰：「韶音令辭不如我，往輒破的勝我。」（〈品藻〉四八條）

19.前篇及諸書皆云王公重何充，謂必代己相；而此章以手指地，意如輕詆。或清言析理，何不逮謝故邪？（〈品藻〉二六條劉注）

20. 遐與浩並能清言。（〈品藻〉三三條劉注）

21. 司空顧和與時賢共清言。（〈夙惠〉四條）

22. 王濟字武子，太原晉陽人，司徒渾第二子也。有儁才，能清言。（〈言語〉二四條劉注引〈晉諸公贊〉）

23. 宣武征還，劉尹數十里迎之。桓都不語，直云：「垂長衣，談清言，竟是誰功？」劉答曰：「晉德靈長，功豈在爾？」（〈排調〉二四條劉注引《語林》）

以上「清言」共二十三例，是意指玄談諸詞中出現頻率最高的一個。其特指談玄是毫無疑問的，這只要看看上下文和參加的人物就知道了，無煩多加解說。

在「談」與「清言」二詞中，又以「清言」更值得我們注意，因為它是魏晉時才出現的新詞，看來是專為稱呼當時已經成形的那種「談」而造出來的。說實在的，如果只考慮準確性一端，則「魏晉清談」這個術語實不如更名為「魏晉清言」更好，既於史有據，又無歧義，不致引起誤解和混淆㊺。

㊺ 前人中亦有用「清言」，而不用「清談」者，如【四庫全書・簡明目錄】子部十二「小說家類」「世說新語」條云：「其書取漢至晉軼事瑣語，分為三十八門，敘述名雋，為清言之淵藪。」明李贄輯《初潭集》在〈師友〉篇中立「清言」一目，將《世說新語・言語》與〈文學〉篇中多條錄入，又增輯機敏對答若干條。清鄭仲夔著有仿《世說新語》一種，名曰《清言》。又清道光間周心如重刻《世說新

但是「魏晉清談」這個說法已經約定俗成，真要改為「魏晉清言」，大家反而會覺得不習慣。從方便著眼，「魏晉清談」這個術語仍可沿用，然須給它一個較嚴謹的現代定義，以為討論與研究的基礎。

六、試為清談下一現代定義

我現在試下一定義如下：

所謂「魏晉清談」，指的是魏晉時代的貴族知識分子，以探討人生、社會、宇宙的哲理為主要內容，以講究修辭與技巧的談說論辯為基本方式而進行的一種學術社交活動。

下面我再解釋一下如此定義的理由。

第一，這個定義排除了廣義的清談，即將魏晉清談作為魏晉思潮的代名詞。因為「清談」這種廣義的用法既無必要，又容易造成混亂。前人缺乏嚴謹的科學訓練，用語每易含混，才會造成這種情況，我們當然沒有必要繼承。

語》，前有題識云：「宋劉義慶撰《世說新語》，為清言淵藪。」近人劉葉秋著《魏晉南北朝小說》亦稱《世說新語》為「清言小說」。但這些人正好把「清言」用錯了。他們所說的「清言」是廣義的雅談，即晉人說的「清談」之第一義，晉人所說的「清言」卻是特指談玄的。

第二，這裏說的「貴族」指當時的門閥士族，以別於寒庶或平民。魏晉時代的清談名士，無一不出身於門閥士族，處於社會的頂層。

第三，這裏說清談的內容是「探討人生、社會、宇宙的哲理」，方式是「講究修辭與技巧的談說論辯」，這就把清談同一般的談話、聊天或具體的人物批評以及兩漢經師的講經等等區別開來。雖然清談同它們都有關係，而且有時候也不免相混，但從嚴謹的與純粹的角度來看，畢竟是不同的事情。魏晉清談從本質的意義上講，應是一項精緻的學術活動、智力活動，它有特定的內容和形式，並逐步發展出一套約定俗成的規則。

第四，說清談的內容是「探討人生、社會、宇宙的哲理」，而不說「《老》、《莊》」或「三玄」（《周易》與《老》、《莊》），這樣就使它的涵蓋面較廣。而事實也正是如此，魏晉清談雖以「三玄」為主要談資，但它所涉及的內容並不限於「三玄」。東晉以後，佛理成為清談的重要內容之一，這是人人都知道的，就是早期的清談也有很多內容並非「三玄」可以概括，例如人物品鑒之理就不好說是出自「三玄」。清談不等於思潮，但清談的內容反映了思潮。魏晉思潮本來就很複雜，熔儒、道、名、法、佛於一爐。「《老》、《莊》」或「三玄」固然是其中重要的、突出的、使之別於前後思潮的成分，但遠非它的全部。所以，說魏晉清談的內容是探討人生、社會、宇宙的哲理，比說魏晉清談是談《老》、《莊》、談三玄，更為確切，更為接近事實真相。

第五，說清談談的是「哲理」，這也很重要。如果談的是具體的東西，例如具體的政治批評、具體的人物批評，都是不能叫作「清談」的。標準的清談談的是抽象的、形而上的理，而不是具象的、形而下的事。這也就是當時人說的「理」、「名理」、「虛勝」、「玄遠」、「義理」、「微言」、「玄言」、「道」等等。《世說新語》中的眾多例子都說明只有談這些的時候才被稱之為「清言」，亦即我們現在所說的「清談」。

第六，說清談以談說論辯為「基本方式」，這是稍留餘地。如當時人在清談之後常常要著論、寫文章來繼續發揮自己的觀點，如果不死扣字眼，這自然也可視為清談的一種方式，至少是一種補充的方式吧。

本書對於魏晉清談的所有敘述與討論均將在這個定義的基礎上展開。

附錄：「清議」詞義考

「清議」之「議」不是普通的商議、討論，而是批評性的議論，表示不同意見的議論。《禮記・間傳》：「大功言而不議。」鄭玄注云：「議，謂陳說，非時事也。」❶「議」字的這種用法至少可以追溯到孔子說的「天下有道則庶人不議。」❷，同時或更早一點有《左傳・襄公三

❶【十三經注疏】，中華書局影印本，北京，一九八〇年，頁一六六〇。

❷ 前書，頁二五二一。

一年》載「鄭人游于鄉校」，「以議執政之善否」❸，晚一點有孟子說的「聖王不作，諸侯放恣，處士橫議。」❹我們今天常說的「非議」一詞，即由此義而來。

至於「議」字何時起與「清」字連用，變成「清議」一詞，則當與「清談」一詞產生的背景類似，應是漢末黨錮前後的事。這一點已在正文中論及，此處不再重複。

但是我特別要強調指出的是，「清議」一詞雖然在黨錮前後產生，卻並不指黨錮前後士大夫批評朝政之風，與我們今天在「漢末清議」一詞中的用法相當不同。「漢末清議」這種用法，起源其實相當晚，差不多到清朝才出現。可以說，「清議」一詞原義與今義的差距，不亞於「清談」一詞的情形。由此也引起很多誤解與困惑，實有細加澄清之必要。

首先讓我們來看看「清議」一詞的早期資料。例如：(1)《藝文類聚・二二》載曹羲〈至公論〉，中云：「凡智者之處世，咸欲興化致治者也。興化致治，不崇公抑（私），割（私）情以順理，厲清議以督俗，明是非以宣教者，吾未見其功也。清議非臧否不顯，是非非賞罰不明。故臧否不可以遠實，賞罰不可以失中。若乃背清議，違是非，雖堯不能一日以治。審臧否，詳賞罰，故中主可以萬世安。」❺(2)《三國志・五七・吳書・張溫傳》：「（暨）豔性狷厲，好為

❸ 前書，頁二〇六一。

❹ 前書，頁二七一四。

❺ 【文淵閣四庫全書】，臺北，一九八三年，冊八八七，頁五一一—五一二。

清議。」❻(3)《世說新語・任誕》一三條注引〈竹林七賢論〉：「後(阮)咸兄子簡，亦以曠達自居。父喪，行遇大雪寒凍，遂詣浚儀令。令為他賓設黍臛，簡食之，以致清議，廢頓幾三十年。」

曹羲為曹爽之弟，〈至公論〉當作於魏正始初。陳壽《三國志》不晚於晉初，其中「吳書」多本韋昭之《吳書》，成書尚在晉前。〈竹林七賢論〉已佚，但它的作者我們知道是東晉人戴逵。此外唐人所修的《晉書》中載有晉初諸臣之奏疏，當係原文，也應該是較早的資料。例如(1)卷四七載傅玄上疏云：「臣聞先王之臨天下也，明其大教，長其義節，道化隆於上，清議行於下……其後綱維不攝，而虛無放誕之論盈於朝野，使天下無復清議……。」❼(2)卷三六載衛瓘上疏云：「魏氏承顛覆之運，起喪亂之後，人士流移，考詳無地，故立九品之制，粗且為一時選用之本耳。其始造也，鄉邑清議，不拘爵位，褒貶所加，足為勸勵，猶有鄉論餘風。」❽(3)卷四五載劉毅上疏云：「置州都者，取州里清議，咸所歸服，將以鎮異同，一言議。」❾(4)卷四六載劉頌上疏云：「今閻閭少名士，官司無高能，其故何也？清議不肅，人不立德，行在取

---

❻《三國志》，中華書局標點本，北京，一九五九年，頁一三三〇。

❼《晉書》，中華書局標點本，北京，一九七四年，頁一三一七—一三一八。

❽ 前書，頁一〇五八。

❾ 前書，頁一二七四。

容，故無名士。下不專局，又無考課，吏不竭節，故無高能。無高能，則有疾世事；少名士，則後進無準。故臣思立吏課而肅清議。」❿又云：「不軌之徒得引名自方，以惑眾聽。因名可亂，假力取直，故清議益傷也。凡舉過彈違，將以肅風論而整世教，今舉小過，清議益積。」⓫

(5)卷七〇載卞壼為王式事上疏，「疏奏，詔特原組等，式付鄉邑清議，廢棄終身。」⓬這雖不一定是詔書的原文，但據情理推之，「付鄉邑清議」的字樣多半是詔書中有的。

以上諸例說明魏晉間「清議」一詞已經流行，但其意義卻與我們今天常說的「漢末清議」之「清議」有很大的差距。我們所說的「漢末清議」之「清議」是指批評中央政治及執政者的風氣，亦即范曄在〈黨錮列傳〉前言中所說的「逮桓靈之閒，主荒政繆，國命委於閹寺，士子羞與為伍，故匹夫抗憤，處士橫議，遂乃激揚名聲，互相題拂，品覈公卿，裁量執政。」⓭但上引各例中的「清議」卻全無此意，而近乎「鄉論」的同義語，亦即士族中形成的關於各別士人的輿論。其中傅玄疏中的「清議」一詞似乎含義稍廣，但根據上下文仔細考察，很容易發現其基本含義還是跟其他各例一樣。傅玄說要以「清議」「長其義節」，對抗「綱維不攝」和「虛

---

❿ 前書，頁一三〇一。

⓫ 前書，頁一三〇五。

⓬ 前書，頁一八六九—一八七〇。

⓭ 《後漢書》，中華書局標點本，香港，一九七一年，頁二一八五。

無放誕之論」，所以當然還是指讓士人敦品勵行的鄉里清議，而決非「品覈公卿」的「處士橫議」。

「鄉邑清議」從魏以後似乎就形成為一種制度，作為選拔進用士人的重要根據，此制一直沿用到南朝。《南史・一・宋本紀上》載宋武帝即位後大赦，詔告「其犯鄉論清議，贓污淫盜，一皆蕩滌。」[14]其後齊高帝代宋，梁武帝代齊，陳武帝代梁，實行大赦時，都有類似的話。隋唐以後改用科舉為士人進身之路，「鄉論清議」的重要性才漸漸降低，「清議」一詞也就用得少了[15]。

「清議」一詞究竟何時開始用來指漢末「處士橫議」之風？這是一個很有趣的問題。《資治通鑑・六八・漢紀》之後，司馬光有一段頗長的議論，稱讚「風化之美，未有若東漢之盛者也」，後面列舉漢末朝野名士，也就是我們說的「漢末清議」中的著名人物，加以褒揚，可是自始至終未見「清議」二字。可見司馬光不這樣用。又《資治通鑑・五五・桓帝延熹七年》載：「濟陰黃允，以雋才知名。（郭）泰見而謂曰：『卿高才絕人，足成偉器，年過四十，聲名著矣。然至於此際，當深自匡持，不然，將失之矣！』」後司徒袁隗欲為從女求姻，見允，歎曰：

---

[14] 《南史》，中華書局標點本，北京，一九七五年，頁二四。

[15] 關於兩晉南朝的清議，可參看周一良〈兩晉南朝的清議〉一文，載《魏晉隋唐史論集》（第二輯），北京，一九八三年。

『得壻如此，足矣。』允聞而黜遣其妻。妻請大會宗親為別，因於眾中攘袂數允隱慝十五事而去，允以此廢於時。」這段後面有胡三省注云：「當時清議為何如哉！」⑯黃允的故事正是典型的鄉論，可見宋末學者胡三省是以鄉論為清議的。清初顧炎武著《日知錄》，其一三「清議」條云：「古之哲王，所以正百辟者，既已制官刑儆于有位矣，而又為之立閭師，設鄉校，存清議于州里，以佐刑罰之窮。」又曰：「兩漢以來，猶循此制，鄉舉里選，必考其生平，一玷清議，終身不齒。」「降及魏晉，而九品中正之設，雖多失實，遺意未忘。凡被糾彈付清議者，即廢棄終身，同之禁錮。」⑰顯然，顧炎武是把鄉論當做「清議」的，而且說它古已有之（這當然是溯源之意，不是說「清議」這個詞也早就有了）。顧炎武並未把漢末的「處士橫議」稱為「清議」。在同卷「兩漢風俗」條中，他說，漢末「朝政昏濁，國事日非，而黨錮之流，獨行之輩，依仁蹈義，舍命不渝，風雨如晦，雞鳴不已。三代以下，風俗之美，無尚於東京者。」⑱也不用「清議」這個詞。最早把「清議」同漢末風氣連在一起的，大概是清代乾嘉間的史學家趙翼。他在《廿二史劄記・五》「黨禁之起」一條中說：「漢末黨禁，雖起于甘陵南北部及牢脩、朱並之告訐，然其所由來已久，非一朝一夕之故也。范書謂桓靈之間，主荒政繆，國命委

---

⑯《資治通鑑》，中華書局標點本，北京，一九五六年，頁一七七二。

⑰《日知錄》，中華書局影印本，上海，一九八五年，頁一〇二六。

⑱前書，頁一〇〇九。

于閹寺，士子羞與為伍，故匹夫抗憤，處士橫議，激揚名聲，互相題拂，品覈公卿，裁量國政。自公卿以下，皆折節下之。蓋東漢風氣，本以名行相尚，迨朝政日非，則清議益峻。號為正人者，指斥權奸，力持正論，由是其名益高，海內希風附響，惟恐不及。而為所貶訾者怨刺骨，日思所以傾之。此黨禍之所以愈烈也。」[19]這裏「清議」就是「正論」，而且明白地與《後漢書・黨錮列傳》中那段話連在一起。近代學者沿襲趙氏此論，「漢末清議」一說也就成立了。

[19]《廿二史劄記》，鴻章書局石印本，上海，五卷，頁五—六。

第二章 清談形式考索

清談究竟怎麼談？它同一般的談話或聊天除了內容不同之外，是不是也有形式上的區別？如有，這區別是怎樣的？比如，它有沒有一定的程序？有沒有相應的術語？有沒有什麼要求？什麼樣子才是它的理想境界？等等。年代久遠，文籍湮沒，這方面系統的資料我們今天已經看不到了。幸而《世說新語》一書中記載了不少清談的片段，使我們猶可想見其彷彿。本章即擬從這個角度入手，分析《世說新語》的有關記載，間或參以他書，設法理出一些頭緒來。

一、清談的參與方式

從《世說新語》中的記載分析，魏晉清談是有一定的參與方式的，但又不拘一格。大別之有以下三種：㈠一人主講式；㈡二人論辯式；㈢多人討論式。現分別舉例解釋之。

㈠一人主講式

魏晉清談的源頭之一為兩漢的講經。講經的辦法是一人（當然是精通此經，學問為眾人所公認者，例如五經博士之類）在上座主講，眾人在下面聽講，講到告一段落時，下面的人也可以提出問題或不同意見，謂之「問難」或「詰難」。《後漢書・儒林列傳》開頭第二段描寫明帝帶頭講經，其文曰：

建武五年，乃修起太學，稽式古典，籩豆干戚之容，備之於列，服方領習矩步者，委它乎其中。中元元年，初建三雍。明帝即位，親行其禮。天子始冠通天，衣日月，備法物之駕，盛清道之儀，坐明堂而朝羣后，登靈臺以望雲物，袒割辟雍之上，尊養三老五更。饗射禮畢，帝正坐自講，諸儒執經問難於前，冠帶縉紳之人，圜橋門而觀聽者蓋億萬計。❶

這當然是一次很特別的講經活動，其他人講經自然不可能有明帝這樣的氣派，但講經的形式終歸相差不多，無非是「具體而微」。

魏晉清談中似乎還保有此一式的殘餘，只是不多見。即見之，也多仍在講授經典的場合，

---

❶《後漢書》，中華書局標點本，香港，一九七一年，頁二五四五。

特別是新傳入的佛經，大概因為解者不多，這種形式便派上用場了。〈文學〉篇中有幾個此式的例子，全同佛經有關。例如：

1.〈文學〉三七條：

> 三乘佛家滯義，支道林分判，使三乘炳然。諸人在下坐聽，皆云可通。支下坐，自共說，正當得兩，入三便亂。今義弟子雖傳，猶不盡得。

這條說三乘是滯義，即難解之義，只有支道林能把它們說得清清楚楚。支道林說的時候，大家都覺得明白可通，但他一講完，大家來討論（「自共說」）時又糊塗了。這樣的場合，當然只有一人主講最好。但如果偶然碰上聽眾中有強手，一人主講也就可以馬上變成二人論辯。例如：

2.〈文學〉四五條：

> 于法開始與支公爭名，後情漸歸支，意甚不分，遂遁跡剡下。遣弟子出都，語使過會稽。于時支公正講《小品》。開戒弟子：「道林講，比汝至，當在某品中。」因示語攻難數十番，云：「舊此中不可復通。」弟子如言詣支公。正值講，因謹述開意，往反多時，林公遂屈，厲聲曰：「君何足復受人寄載來！」

這種情形在漢代講經中也是有過的，例如有名的戴憑「奪席」的故事，見於《後漢書・六九上・儒林列傳》：

正旦朝賀，百僚畢會，帝令羣臣能說經者更相詰難，義有不通，輒奪其席以益通者，憑遂重坐五十餘席。❷

又東漢講經中有時會設一人「專掌難問」，例如《後漢書・七九下・儒林列傳・魏應傳》說：「時會京師諸儒於白虎觀，講論五經異同，使應專掌難問。」❸這形式在魏晉清談中仍然沿用，例如：

3.〈文學〉四〇條：

支道林、許掾諸人共在會稽王齋頭，支為法師，許為都講。支通一義，四坐莫不厭心；許送一難，眾人莫不抃舞。但共嗟詠二家之美，不辯其理之所在。

此處許詢即是「專掌難問」的人，他有一個專門的稱號，叫「都講」。據孫楷第先生考證，魏晉佛家講經時，例以一人主講，一人唱經，主講的叫「法師」，唱經的叫「都講」❹。但這裏

❷ 前書，頁二五五四。
❸ 前書，頁二五七一。

許詢顯然是掌難問，而非唱經，或者是兼掌難問與唱經，也有可能。其實「都講」一詞也還是從兩漢講經中繼承來的。《後漢書》中「都講」數見，似乎是指弟子中的高足，起著幫助老師，帶領其他弟子的作用，類似現在的助教❺。例如：《後漢書・二六・侯霸傳》：

> （霸）篤志好學，師事九江太守房元，治《穀梁春秋》，為元都講。❻

又卷三七〈桓榮傳〉：

> 除（榮）兄子二人補四百石，都講生八人補二百石，其餘門徒多至公卿。❼

---

❹ 孫楷第《滄州集》，北京，中華書局，一九六五年，頁三五—三六。《滄州集》為吳百益先生檢告，謹謝。

❺ 翼明按：《辭源》四冊頁三一一二（北京，商務印書館，一九八六年）解「都講」第一義為「學舍主講者」，並舉《後漢書・丁鴻傳》（拙文引）為例，似不妥。又安作璋、熊鐵基《秦漢官制史稿》一書附錄張漢東〈論秦漢博士制度〉一文中說：「太學中時而舉行經學講演會，由某博士或經學大師做專題報告，名曰『都授』或『都講』。」惟未舉例，不知何據，見該書頁四四三（濟南，一九八四年）。《辭海》（上海，一九七九年，縮印本）頁四五〇釋為「古時主持學舍的人」，亦誤。參閱孫楷第《滄州集》，頁四一—四三。

❻ 《後漢書》，頁九〇一。

❼ 《後漢書》，頁一二五三。

又同卷〈丁鴻傳〉：

鴻年十三，從桓榮受《歐陽尚書》，三年而明章句，善論難，為都講。❽

從最後一例看來，都講很可能負有「掌難問」之責。如果這個推測不錯，則《世說新語．文學》四〇條中許詢為「都講」而專掌「送難」，顯然是全部繼承兩漢講經的辦法，而非得自域外佛家的傳統，也不是魏晉清談之新創了。

「都講」之制一直沿用到南朝。《南史．七一．沈洙傳》：

大同中，學者多涉獵文史，不為章句，而洙獨積思經術，吳郡朱异、會稽賀琛甚嘉之。及异、琛於士林館講制旨義，常使洙為都講。❾

(二)二人論辯式

前述一人主講式帶有濃厚的講經遺痕，不是魏晉清談的典型方式。魏晉清談的典型方式是二人論辯，事實上前引三例中後二例也已經部分地變成二人論辯了。二人論辯在漢代講經中雖

❽《後漢書》，頁一二六三。

❾《南史》，中華書局標點本，北京，一九七五年，頁一七四五。

然也有萌芽，如前引《後漢書》中戴憑「奪席」的故事，但畢竟不成熟得很，且係偶一為之。在魏晉清談中，二人論辯發展成為最常見、最有效，也最成熟的清談方式。

二人論辯式的清談又可以細分為兩種。一種是除主客二人外，沒有其他聽眾的；一種是主客外尚有其他欣賞者的。前者如〈文學〉三三條：

殷中軍嘗至劉尹所，清言良久，殷理小屈，遊辭不已，劉亦不復答。殷去後，乃云：「田舍兒強學人作爾馨語！」

其餘如〈文學〉三一條、三六條、四一條、四二條、五七條、六二條、六五條都屬此類（當然，這些場合也可能仍有聽眾在場，只是《世說新語》的作者未加記載而已）。

後者如〈文學〉一九條：

裴散騎娶王太尉女。婚後三日，諸壻大會，當時名士、王裴子弟悉集。郭子玄在坐，挑與裴談。子玄才甚豐贍，始數交，未快；郭陳張甚盛，裴徐理前語，理致甚微，四坐咨嗟稱快，王亦以為奇，謂諸人曰：「君輩勿為爾，將受困寡人女壻。」

這種二人對談而他人在旁或學習、或欣賞的方式是魏晉清談中最為典型也最為有味的一種，因而也就最為人稱道。《世說新語．文學》中所記的精彩清談大多屬於這一種，例如六條、二〇條、二三條、三〇條、三二條、三八條、五一條、五六條都是。

二人論辯式的第二種，雖然有其他聽眾在場，但並不參與論辯，這似乎是一種約定俗成的規則。試看《世說新語・文學》一九條、二二條、三八條、五六條，都給人這種感覺，即除論辯雙方外，其他人只是靜聽、欣賞，可以「咨嗟稱快」，卻不隨便插嘴。否則便有「犯規」之嫌，至少是不禮貌的。這就像觀棋，「不語」才是君子。《南史・七一・儒林列傳・張譏傳》中有一段記載張譏和周弘正論《周易》的故事可資參證，二人都是當時有名的清談家：

> 陳天嘉中，(譏)為國子助教。時周弘正在國學，發《周易》題，弘正第四弟弘直亦在講席。譏與弘正論議，弘正屈，弘直危坐厲聲，助其申理。譏乃正色謂弘直曰：「今日義集，辯正名理，雖知兄弟急難，四公不得有助。」⑩

只有主客雙方在相互理解上發生困難的時候，即所謂「不通」或「不相喻」的時候，第三者才可加以點撥，加以騎釋。當然，這個第三者也必須是清談的高手。例如〈文學〉九條：

> 傅嘏善言虛勝，荀粲談尚玄遠，每至共語，有爭而不相喻。裴冀州釋二家之義，通彼我之懷，常使兩情皆得，彼此俱暢。

---

⑩ 前書，頁一七五一。

又如〈文學〉五三條：

> 張憑舉孝廉，出都，負其才氣，謂必參時彥。欲詣劉尹，鄉里及同舉者共笑之。張遂詣劉，劉洗濯料事，處之下坐，唯通寒暑，神意不接。張欲自發無端。頃之，長史諸賢來清言，客主有不通處，張乃遙於末坐判之，言約旨遠，足暢彼我之懷，一坐皆驚。真長延之上坐，清言彌日，因留宿至曉。

㈢多人討論式

前舉最後一例頗值得加以注意，因為它似乎是一個介乎二人論辯式和多人討論式二者之間的例子。試看此處張憑本在「下坐」，不被視為清談中一個平等的份子，直到抓住一個機會表現了自己的才華之後，才被劉惔「延之上坐」，至於「清言彌日」。這樣看來，至少當時在上坐的人都有機會發表自己的意見，而不只是某兩人對談，其他人洗耳恭聽。

更清楚的是〈文學〉五五條（引文見第三章第一節）。支道林、許詢、謝安等人共集王濛家，以《莊子・漁父》為題「言懷」：「支道林先通，作七百許語，敘致精麗，才藻奇拔，眾咸稱善。於是四坐各言懷畢。」最後是謝安發言，先簡單地發表了對以上諸人看法的意見（「麤難」），然後「自敘其意，作萬餘語，才峰秀逸」，「四坐莫不厭心」。這裏基本上沒有辯論的意味，而是各人圍繞著同一個題目來表現其見解之高和言辭之美，亦即表現其清談的才能。

可以想見，這樣的情形不會很多，因為它需要具備兩個先決條件：第一、參加者必須都是勢均力敵的清談高手；第二、每個參加者對討論的題目都必須相當熟悉。二者缺一不可。不過〈言語〉二三條記載了一個特殊的例子，當時大概只具備了第一個條件而不具備第二個條件，於是各展所長，裴頠「談名理」，張華「論《史》、《漢》」，王衍與王戎「說延陵、子房」，大家倒也談得不亦樂乎。

總括地說，魏晉清談就其參與的方式而言，有一人主講、二人論辯、多人討論等三式，頗像現代西方學術活動中之lecture，dialogue與seminar。三式中以二人論辯最常見、最典型，也最具魏晉清談特色，因此以下各節將主要就二人論辯式展開討論。

二、清談的程序和術語

我們先看兩個例子。

1. 〈文學〉六條：

何晏為吏部尚書，有位望，時談客盈坐。王弼未弱冠，往見之。晏聞弼名，因條向者勝理語弼曰：「此理僕以為極，可得復難不？」弼便作難，一坐人便以為屈。於是弼自為客主數番，皆一坐所不及。

2.〈文學〉五六條：

殷中軍、孫安國、王、謝能言諸賢，悉在會稽王許，殷與孫共論「易象妙於見形」，孫語道合，意氣干雲，一坐咸不安孫理，而辭不能屈。會稽王慨然歎曰：「使真長來，故應有以制彼。」即迎真長，孫意已不如。真長既至，先令孫自敘本理，孫粗說己語，亦覺殊不及向。劉便作二百許語，辭難簡切，孫理遂屈。一坐同時拊掌而笑，稱美良久。

從這兩個例子，我們可以推想魏晉清談活動的大致進行情況。首先，清談是一個多人參加的活動，但主角只是兩個人（最少可以少到只有這兩個主角，已如前述）。參加的人都是喜愛清談、善於清談的人，即所謂「談客」或「能言者」，這些人聚集在一起，構成一個「談坐」。作為主角的兩個人則分「主」、「客」兩方。主方首先發言，提出一個論點，並加以簡明的論證，叫做「敘理」。然後由客方提出詰問或反駁，稱為「作難」，或簡稱「難」。客方作難後，主方當然要「辯答」（參看〈文學〉三〇條）。一難一答，稱「一番」。再難再答，便是第二番。如此往反，可至數十番（參看〈文學〉四五條）。最後必有一方詞窮，就叫「屈」。如客方屈，則主方所持之理，叫做「勝理」；反之，如主方屈，則客方所持之理就是「勝理」了。清談活動到此也就告一段落。此時如有新人加入，對剛才的「勝理」進行挑戰，就構成一組新的「客主」，於是另一輪論辯就開始了。

以上提到清談中的若干術語，下面再對其中的某些用語作一些補充說明。

1.談客——《世說新語》中並無特別詞彙來稱呼當時的清談家。正文中除「談客」外，我們還見到「能言人」（〈文學〉二四條）、「能言諸賢」（〈文學〉五六條）、「能言之流」（〈德行〉一九條）。在劉孝標注中我們可以找到「談士」（〈文學〉六條注引〈文章敘錄〉）、「談者」（〈文學〉七四條注引《中興書》）、「能言者」（〈文學〉九條注引〈荀粲別傳〉）。稍後出現了一個詞「言家」，顯得比較專門。但此詞不見於《世說新語》正文及劉孝標注，而見於《南齊書・三三・王僧虔傳》載其〈誡子書〉云：「且論注百氏、荊州『八袠』，又『才性四本』、『聲無哀樂』，皆言家口實，如客至之有設也。」（參見下文所引）「言家」又作「談家」，如《南齊書・文學傳》論云：「文人談士，罕或兼工。非唯識有不周，道實相妨。談家所習，理勝其辭，就此求文，終然翳奪。故兼之者鮮矣。」[11]又魏晉時出現了一個新詞「名士」，指當時貴族知識分子中風流倜儻的出色人物。《世說新語・文學》九四條，說袁宏作《名士傳》，以夏侯玄、何晏、王弼為正始名士，阮籍、嵇康、山濤、向秀、劉伶、阮咸、王戎為竹林名士，裴楷、樂廣、王

---

[11]《南齊書》，中華書局標點本，北京，一九七二年，頁九〇九。

衍、庾敳、王承、阮瞻、衛玠、謝鯤為中朝名士。這些名士都善清談，所以有些場合名士也就是清談家的意思。如《世說新語・賞譽》一七條說王濟本來不大瞧得起他的叔叔王湛，但後來有機會同王湛清談一次，才發現叔叔很能清談，因而喟然歎曰：「家有名士三十年而不知！」可見能清談就是名士，名士也必能清談才行。又〈文學〉一九條載郭象與裴遐清談的故事，先說「當時名士、王裴子弟悉集」，這裏的「名士」顯然也就是「談客」了。

2. 敘理——敘理也可稱為「唱理」，見〈文學〉五七條：「王苟子來，與共語，便使其唱理。」唱也是敘說的意思。敘理又可以叫「敘致」，例如〈文學〉四二條：「王敘致作數百語。」又如五五條：「敘致精麗，才藻奇拔。」致者意也，敘致就是敘意，同條下文說：「謝後麤難，因自敘其意。」可證。意與理近，所以敘理與敘致可以相通。「理」「致」也可以連用，變成一個詞，例如〈文學〉一九條：「裴徐理前語，理致甚微。」又前引〈文學〉六條說：「晏聞弼名，因條向者勝理語弼。」則用「條理」，「條」用為動詞，是「加以整理」的意思，在此與「敘理」相當。又敘理的過程中包含兩個要素，一個是所敘之「理」，或說「致」；一個是敘理之「言」，或說「辭」。所以我們發現《世說新語》中記清談的敘理時，常常會同時提到這兩方面。例如〈文學〉二八條：「既有佳致，兼辭條豐蔚。」二三條「理源」與「辭喻」對舉；四二條「義言」連用，指理與言兩方面；四七條「辭旨」連用，也指這兩方面。

因為清談中通常先由主方「敘理」而引發辯論，所以「敘理」有時也可謂之「發談端」（或作「起義端」，起、發同義）。例如《晉書・王戎傳》說他「善發談端」，其實也就是善於敘理的意思。稍後又有「發題」（或作「開題」，開、發同義）、「樹義」（或作「豎義」，豎、樹同義）等用語的出現，涵義大致與「發談端」、「敘理」相近。參看本書第六章第六節所引《陳書》馬樞、袁憲、張譏等傳。

3.作難——作難就是發難，是一個動賓結構，其中「難」是名詞。用現代話說，就是「提出詰問」或「提出反駁」的意思。「作難」也可說「送難」或「設難」，例如〈文學〉四〇條：「支通一義，四坐莫不厭心；許送一難，眾人莫不抃舞。」〈文學〉三〇條：「此道人語，屢設疑難。」「難」也可直接作動詞，或與「攻」結合作聯合動詞，都是反駁、辯駁之意，例子很多，不煩枚舉。

4.辯答——〈文學〉三八條還有一個詞「覆疏」：「許復執王理，王執許理，更相覆疏，王復屈。」這個「覆疏」也是「辯答」之意。覆，答覆；疏，疏辯也。

5.番——一難一答為一番，也可稱「一交」，例如〈文學〉一九條：「始數交，未快。」五一條：「數四交，不覺入其玄中。」

6.屈——也可用「摧屈」、「折」。如〈文學〉三〇條：「此道人每輒摧屈。」一二條：「時人攻難之，莫能折。」

7.盡與通——〈文學〉六二條：「孚雅善理義，乃與仲堪道〈齊物〉，殷難之。羊云：『君四番後當得見同。』殷笑曰：『乃可得盡，何必相同。』乃至四番後一通。殷咨嗟曰：『僕便無以相異！』歎為新拔者久之。」細玩文義，這裏「盡」和「通」都不是常見的用法，而更像兩個特定的術語。「盡」的意思似乎是客主雙方辯論到相當時候，意見仍然不同，但不能或不願再辯下去，又沒有哪一方認「屈」；「通」的意思則是辯論到一定時候，一方提不出新的反駁，而表示同意另一方的意見，即雙方相「通」了，亦即上文說的「相同」，實際上是認「屈」的婉語。關於「盡」的這種意思，我們還可以舉出〈文學〉二二條：「既彼我相盡，丞相乃歎曰：『向來語，乃竟未知理源所歸。』」既曰「未知理源所歸」，可見是沒有結果，即哪方都沒有認「屈」，從而無「勝理」可言。關於「通」的這種用法，可惜在《世說新語》中再也找不到別的例子。「通」字用得倒很多，一個是「溝通」的意思，例如〈文學〉九條：「裴冀州釋二家之義，通彼我之懷，常使兩情皆得，彼此俱暢。」〈文學〉五三條：「客主有不通處，張乃遙於末坐判之，言約旨遠，足暢彼我之懷。」另一個意思是「疏解」、「闡發」、「表達」，例如〈文學〉四○條：「支通一義，四坐莫不厭心。」五五條：「謝看題，便各使四坐通。支道林先通……。」二八條：「殷未過有所通，為謝標榜諸義，作數百語。」四五條：「舊此中不可復通。」五三條：「唯通寒暑，神意不接。」三七條：「諸人在下坐聽，皆云可通。」所有這些「通」字都只能算一般用法，同前舉〈文學〉六二條的「通」似乎不太一樣。

8. 遊辭——理已屈仍然強辯不已，謂之「遊辭」。〈文學〉三三條：「殷中軍嘗至劉尹所，清言良久，殷理小屈，遊辭不已，劉亦不復答。殷去後，乃云：『田舍兒強學人作爾馨語！』」

三、清談的準備

從《世說新語》上所載的資料分析，清談在當時的貴族知識分子中是一項相當普遍、相當簡易可行、也相當開放的學術活動和智力活動。它隨時隨地可以舉行，只要有兩個旗鼓相當的對手，就可以構成一個談坐，也不一定要事先作準備。〈文學〉一九條：

裴散騎娶王太尉女。婚後三日，諸婿大會，當時名士、王裴子弟悉集。郭子玄在坐，挑與裴談。

又如〈文學〉五五條：

支道林、許、謝盛德共集王家，謝顧謂諸人：「今日可謂彥會。時既不可留，此集固亦難常，當共言詠，以寫其懷。」

參加談坐的人也並無特別限制，西域貧僧、他鄉文士，乃至總角小兒都可參與，如果才華出眾，就會受到他人的欣賞與稱讚。如前引〈文學〉五三條，張憑以一個新進孝廉，從吳郡來到京師，因偶然在談坐上表現了自己的才華，便馬上得到劉惔的青睞，後來又被司馬昱拔為太常博士。又如〈文學〉四七條：

康僧淵初過江，未有知者，恆周旋市肆，乞索以自營。忽往殷淵源許，值盛有賓客，殷使坐，麤與寒溫，遂及義理。語言辭旨，曾無愧色。領略麤舉，一往參詣。由是知之。

〈文學〉三九條：

林道人詣謝公，東陽時始總角，新病起，體未堪勞。與林公講論，遂至相苦。

但是，清談活動雖說普遍、簡易、開放，卻並非沒有自己的規矩和講究，只是它的講究別有所在。例如對於某一次清談而言，雖然不一定要作什麼特別的準備，但是作為一個「談士」的一般準備，卻是要求很高的。最能說明這個問題的例子是南齊王僧虔教訓他兒子的話。他兒子想作「談士」，但是卻沒有做足夠的準備，於是他寫信告誡兒子說：

吾未信汝，非徒然也。往年有意於史，取《三國志》聚置床頭百日許，復徙業就玄，自當小差於史，猶未近彷彿。曼倩有云：「談何容易。」見諸玄，志為之逸，腸為之抽。專一書，轉誦數十家注，自少至老，手不釋卷，尚未敢輕言。汝開《老子》卷頭五尺許，未知輔嗣何所道，平叔何所說，馬、鄭何所異，《指》、《例》何所明，而便盛於麈尾，自呼談士，此最險事。設令袁令命汝言《易》，謝中書挑汝言《莊》，張吳興叩汝言《老》，端可復言未嘗看邪？談故如射，前人得破，後人應解，不解即輸賭矣。且論注百氏、荊州「八袠」，又「才性四本」、「聲無哀樂」，皆言家口實，如客至之有設也。汝皆未經拂耳瞥目。豈有庖廚不脩，而欲延大賓者哉？就如張衡思侔造化，郭象言類懸河，不自勞苦，何由至此？⓬

王僧虔為南齊人，出身於清談世家，其祖父為王珣，高祖為王導，他的話應當可信。按他的意見，要做一個名副其實的「談士」，除了天分自不可不高以外，還要讀很多書，做很多研究。至少，第一，要熟讀三玄的原籍；第二，要熟悉各家的注解及其異同；第三，要研究前人的清談成果。《世說新語・文學》中有幾條記載可以取來印證他的看法。一三條：

諸葛厷年少不肯學問，始與王夷甫談，便已超詣。王歎曰：「卿天才卓出，若復小加研尋，一無所愧。」厷後看《莊》、《老》，更與王語，便足相抗衡。

六〇條：

⓬ 前書，頁五九八。

殷仲堪精覈玄論，人謂莫不研究。殷乃歎曰：「使我解『四本』，談不翅爾。」

二四條：

謝安年少時，請阮光祿道〈白馬論〉。為論以示謝。于時謝不即解阮語，重相咨盡。阮乃歎曰：「非但能言人不可得，正索解人亦不可得！」

從二四條我們還可看出，一個好的清談家，他的修養還遠不能止於「三玄」，除正統的儒家經典自不可不熟外，他至少還應對名家有所研究。東晉以後，還得加上佛經，如果完全不懂佛理，在東晉南朝的貴族知識分子中是無法出人頭地的。東晉著名的清談家殷浩曾經下過很大功夫研究佛經（參看〈文學〉二三條、五〇條、五九條、四三條，前已引），想來部分原因當即在此。東晉另一個著名的清談家，也可說創造力最強、成就最高的清談家支道林，他的成功就全得力於佛玄雙修（參看下篇第六章第四節）。

四、清談的理想境界

至於清談本身，講究就更多。理想的清談，應當是理、辭俱美，風度優雅，連語音也要漂亮。下面就《世說新語》中所見的資料略述數端如下。

㈠貴「拔新領異」

〈文學〉三六條云：

王逸少作會稽，初至，支道林在焉。孫興公謂王曰：「支道林拔新領異，胸懷所及乃自佳，卿欲見不？」

「拔新領異」的意思是說自創新意，不人云亦云。能不能「拔新領異」，是一個清談家有沒有創造力的表現。

「拔新領異」有三個層次。最上一層是自創新理，例如荀粲創「六經皆聖人糠秕論」、夏侯玄創「本無論」、王弼創「聖人有情論」、何晏創「貴無論」、裴頠創「崇有論」、鍾會等人創「才性四本論」、嵇康創「養生論」、「聲無哀樂論」、歐陽建創「言盡意論」、郭象創「獨化論」等等。其次是提出新的論據，或說運用新的「談證」。嵇康〈聲無哀樂論〉云：「夫推類辨物，當先求之自然之理。理已定，然後借古義以明之耳。今未得之於心，而多恃前言以為談證，自此以往，恐巧歷不能紀。」⓭「談證」即借以明理的「古義」、「前言」，在「理已定」的前提下，

⓭ 戴明揚，《嵇康集校注》，北京，一九六二年，頁二〇四。

就看誰能提出切當而新異的「談證」了。「拔新領異」的最下一層是遣詞造語的新異，所謂「才藻新奇」（見〈文學〉三六條），自然也是值得稱讚與欣賞的。

以此三層來觀察自魏初至晉末的玄學家、清談家，就不能不感歎於玄學及玄學家、清談及清談家之每況愈下了。創造力高強的玄學家、清談家都出在魏及晉初，他們提出了許多新理，打破了兩漢學術界墨守家數、拘泥章句的沉悶局面，把中國古代的學術真正推進了一大步。玄學與清談，那時正處在它的生氣勃勃的青春期。到東晉以後，玄學中新理幾乎不再看到，大名如王導，過江後「止道聲無哀樂、養生、言盡意三理而已」（見〈文學〉二一條），而名家的〈白馬論〉「正索解人亦不可得」了。東晉的清談家，最高明的也只能在「談證」與「才藻」上表現一點創造力，在義理方面則只能守住舊說，甚至舊說也慢慢不能守，例如號稱於玄論「莫不研究」的殷仲堪就自己承認不解「才性四本」。玄學至此，自然會日趨下坡了。

東晉清談家中堪稱翹楚的乃是沙門中的支道林，前面已有說明，茲不贅論。從支道林的例子，我們可以推知東晉以後玄佛融合的趨勢，玄學似乎已成強弩之末，不借外來的佛理就不能「拔新領異」了。

(二)貴「理中」

〈賞譽〉一三三條注引〈王濛別傳〉云：

濛性和暢，能清言，談道貴理中，簡而有會。（中，去聲）

「貴理中」的意思是說重視說理的切當，使人心服口服，即不可強詞奪理，徒逞意氣之辯；否則雖勝不美。例如〈文學〉三八條許詢與王脩論理，許詢逞一時之意氣，而不顧「理中」與否，結果雖然勝了，卻不為時賢所許：

許掾年少時，人以比王苟子，許大不平。時諸人士及支法師⓮並在會稽西寺講，王亦在焉。許意甚忿，便往西寺與王論理，共決優劣。苦相折挫，王遂大屈。許復執王理，王執許理，更相覆疏，王復屈。許謂支法師曰：「弟子向語何似？」支從容曰：「君語佳則佳矣，何至相苦邪？豈是求理中之談哉？」

許詢先執一理，勝；後來再執對方剛剛被自己駁倒之理，又勝。很顯然地，這裏勝的不是理，而是辭及辯論技巧。這樣的辯論已經離開了辯論的真正目的——求真理，再怎樣「語佳」也是不可取的。

相反的例子是王衍。《晉書》本傳說他清談時，「義理有所不安，隨即改更，世號『口中雌黃』。」⓯不安即改，唯求理中，不逞意氣，毋固毋我，這才是清談中可嘉的態度。雖然對於王

⓮「支法師」明袁氏嘉趣堂本作「於法師」，誤，此據影宋本。

衍，後世批評很多，「口中雌黃」一詞也轉為貶義，但我以為不必因為王衍後來的失敗和其他方面的無能而否定他的一切，如果只就清談一端而已，他仍然不失為談士中之佼佼者。

最令人滿意的以清談求理而不涉意氣、不計名位的例子也許還要算正始中的何晏、王弼。前引〈文學〉六條，何晏以吏部尚書之尊，如此尊重不滿二十的青年王弼，令人歎賞而神往古人之風。又七條云何晏注《老子》始成，見王注精奇，即改己注為《道》、《德》二論，也是同樣的風格。「正始之音」常令後世清談家神往不已，部分原因想即在此吧。

㈢貴「辭約旨達」

〈文學〉一六條云：

> 客問樂令旨不至者，樂亦不復剖析文句，直以麈尾柄确几曰：「至不？」客曰：「至。」樂因又舉麈尾曰：「若至者那得去？」於是客乃悟服。樂辭約而旨達，皆此類。

「辭約旨達」的意思是說言辭簡約而道理又說得很清楚，這是清談中一種很高的境界，魏晉人特別欣賞的。樂廣在中朝名士中很受人稱讚，辭約旨達是一個很重要的原因。〈賞譽〉二五條云：「王夷甫自歎：『我與樂令談，未嘗不覺我言為煩。』」注引《晉陽秋》云：「樂廣善以

⑮《晉書》，中華書局標點本，北京，一九七四年，頁一二三六。

約言厭人心，其所不知，默如也。太尉王夷甫、光祿大夫裴叔則能清言，常曰：『與樂君言，覺其簡至，吾等皆煩。』」「簡至」是辭約旨達的另一個說法。樂廣說話的簡至在〈言語〉篇中還有一個很好的例子，其二五條云：

樂令女適大將軍成都王穎，王兄長沙王執權於洛，遂構兵相圖。長沙王親近小人，遠外君子，凡在朝者，人懷危懼。樂令既允朝望，加有婚親，羣小讒於長沙。長沙嘗問樂令，樂令神色自若，徐答曰：「豈以五男易一女？」由是釋然，無復疑慮。

「辭約旨達」的前提是道理想得透徹，了然於心，而不強不知以為知，或知之不深而徒逞口舌，所以樂廣「其所不知，默如也」。因為道理了然於心，說出來也就容易達到「中理」的效果。許多著名的清談家都有這個特點，如前引〈王濛別傳〉說他「談道貴理中，簡而有會。」劉惔「辭難簡切」（〈文學〉五六條）而「往輒破的」（〈品藻〉四八條）。

如果不僅言辭簡約，而且意味深長，所謂「言約而旨遠」，令人回味無窮，那就是更高的境界了，魏晉人對此是倍加欣賞的。著名的「三語掾」（見〈文學〉一八條）故事中，王衍之所以特別欣賞阮脩⑯的回答，蓋因其旨遠而可回味也。又如〈規箴〉六條注引〈管輅別傳〉說管輅與何晏、鄧颺論陰陽之事，而語不及《易》中辭義，鄧颺怪而問之，管輅說：「夫善《易》者

⑯《晉書・阮瞻傳》以此為王戎、阮瞻事，頁一三六三。

不論《易》也。」他的回答，得到何晏的激賞，說「可謂要言不煩」，其原因也就在於這個回答不僅言約，而且旨遠。

因為貴理中，貴簡至，所以清談忌「強辭」，忌「遊辭」，例已見前，茲不贅。

(四)亦貴「辭條豐蔚」、「花爛映發」

〈文學〉二八條：

> 謝鎮西少時，聞殷浩能清言，故往造之。殷未過有所通，為謝標榜諸義，作數百語。既有佳致，兼辭條豐蔚，甚足以動心駭聽。謝注神傾意，不覺流汗交面。殷徐語左右：「取手巾與謝郎拭面。」

「辭約旨達」是一種美，一種境界，「辭條豐蔚」是另一種美，另一種境界，兩者都能動人。所謂環肥燕瘦，各得其宜。這裏說殷浩的「辭條豐蔚」令謝尚「注神傾意，流汗交面」，可見其動人之深。〈文學〉三六條說王羲之很驕傲，本來看不起支道林，竟「不與交言」，但後來有一次被支道林強邀清談，論《莊子・逍遙遊》，「支作數千言，才藻新奇，花爛映發」，結果「王遂披襟解帶，留連不能已」，也可見「才藻」之足以動人。

支道林的「才藻」看來是有名的，〈文學〉五五條載他與許、謝、王諸人共論《莊子・漁父》，也說他「作七百許語，敘致精麗，才藻奇拔，眾咸稱善」。而謝安則更厲害，「作萬餘語，才峰秀逸」，結果令「四坐莫不厭心」。

如果說清談家中，樂廣、王濛、劉惔等人屬於簡約派，則殷浩、支遁、謝安等人就屬於豐贍派。屬於豐贍派的，較早的有郭象，王衍說他「語議如懸河寫水，注而不竭」（〈賞譽〉三二條）。較晚的還有王珉，《世說新語》說他「言話如流」（〈賞譽〉一五二條），《續晉陽秋》也說他「風情秀發，才辭富贍」（見同條注引）。

㈤貴風度優雅

清談不僅是求理，也是求美；又不僅是求理辭之美，而且要求風度之美，求語音之美。內在之美要通過外在之美表現出來。內在的智慧、精神、人格與外在的風貌、神態、聲音完美地結合，是當時貴族知識分子的審美追求與理想。所以典型的名士都是清談高手而又風度翩翩。試看〈容止〉篇所載：何晏「美姿儀」、夏侯玄「朗朗如日月之入懷」、李豐「頹唐如玉山之將崩」、嵇康「風姿特秀」、「巖巖若孤松之獨立」、裴楷「麤服亂頭皆好」、「光映照人」、王衍「處眾人中，似珠玉在瓦石間」、王濛「不復似世中人」、司馬昱來「軒軒如朝霞舉」、謝安「但恭坐捻鼻顧睞，便自有寢處山澤間儀」，衛玠風度之美更是名聞遐邇，到京師時「觀者如堵牆」，至被人「看殺」。

魏晉名士清談時講究風度，我們還可以從一個細節上看出來，即他們清談時每執「麈尾」。〈文學〉二二條：

> 丞相自起解帳帶麈尾，語殷曰：「身今日當與君共談析理。」

又三一條云：

> 孫安國往殷中軍許共論，往反精苦，客主無間。左右進食，冷而復煗者數四。彼我奮擲麈尾，悉脫落滿餐飯中，賓主遂至莫忘食。

又一六條：

> 客問樂令旨不至者，樂亦不復剖析文句，直以麈尾柄确几曰：「至不？」客曰：「至。」樂因又舉麈尾曰：「若至者那得去？」

這「麈尾」幾乎成了談士們必不可少的道具，所以王僧虔〈誡子書〉說「盛於麈尾，自呼談士」。做得也很講究，或以玉為柄，或以犀牛骨為柄。清言妙辭、手執麈尾、風度瀟灑，也就成了「名士」的理想形象。〈容止〉八條云：「王夷甫容貌整麗，妙於談玄，恆捉白玉柄麈尾，與手都無分別。」〈傷逝〉一〇條云：「王長史病篤，寢臥燈下，轉麈尾視之，歎曰：『如此人，曾不得四十！』及亡，劉尹臨殯，以犀柄麈尾著柩中，因慟絕。」

(六)貴語音節奏之美

講究語音節奏之美是自漢末郭泰開創的傳統，《後漢書・六八・郭泰傳》云：「(泰)善談論，美音制。」⓱王先謙《集解》引周壽昌曰：「音制，即聲音儀制也。」聲音儀制亦即聲音節奏。郭泰是最早的清談家，他的「美音制」亦為後世清談家所仿傚。〈品藻〉四八條：

劉尹至王長史許清言，時苟子年十三，倚牀邊聽。既去，問父曰：「劉尹語何如尊？」長史曰：「韶音令辭不如我，往輒破的勝我。」

「韶音」即美音。由這段記載可以推論語音節奏之美是當時評論清談及清談家高下的重要標準之一。〈文學〉四〇條記支遁和許詢的清談云：「支通一義，四坐莫不厭心；許送一難，眾人莫不抃舞。但共嗟詠二家之美，不辯其理之所在。」既然「不辯其理之所在」，那麼所嗟詠的二家之美，必有一大部分屬於語音節奏是可以想見的。

附帶提一句，文學史上永明聲律及四聲之發現是一件大事，前人已經注意到它與文體上的駢化有關，甚至與佛經的傳入有關⓲，卻很少有人注意到它與清談的「美音制」之間的可能關聯。

⓱《後漢書》，頁二二二五。

五、清談的心智娛樂和社交色彩

前面已經說過，清談有求理的一面，也有求美的一面，換言之，即是清談有學術性的一面，也有藝術性的一面。因為有學術性的一面，所以可供研討、供切磋、供校練、供學習；因為有藝術性的一面，所以可供娛樂、供消遣、供欣賞、供觀摹。這兩面的結合，使清談成為當時貴族知識分子中一項有益的文化活動及有趣的智力遊戲，從而染上相當程度的社交色彩。

從〈文學〉一六條「客問樂令旨不至」，二四條「謝安年少時，請阮光祿道〈白馬論〉」，二八條「謝尚造訪殷浩」等，我們不難想像當時貴遊子弟以清談為學習手段的情形。又〈賞譽〉三四條云：「太傅東海王鎮許昌，以王安期為記室參軍，雅相知重。敕世子毗曰：『夫學之所益者淺，體之所安者深。閑習禮度，不如式瞻儀形；諷味遺言，不如親承音旨。王參軍人倫之表，汝其師之。』」王安期即王承，當時與衛玠齊名，並推為中興名士第一，為東晉初年有名的清談家[19]。司馬越命自己的兒子向他學習，又特別強調學習他的「儀形」與「音旨」，那麼主要是學習清談或說通過清談進行學習，這當是不言自明的了。

---

[18] 參看陳寅恪〈四聲三問〉，載【陳寅恪先生文集】之二，《金明館叢稿初編》，頁三二八—三四一。

[19] 參看《晉書・七五・王承傳》及卷三六〈衛玠傳〉，中華書局標點本，頁一九六一及頁一〇六八。

再看〈文學〉五五條、二二條、〈言語〉二三條等，則可見當時名士相聚以清談為高級的消遣及愉快的心智享受。試錄〈言語〉二三條為例：

諸名士共至洛水戲，還，樂令問王夷甫曰：「今日戲，樂乎？」王曰：「裴僕射善談名理，混混有雅致；張茂先論《史》、《漢》，靡靡可聽；我與王安豐說延陵、子房，亦超超玄箸。」

對比〈文學〉二二條，王導與殷浩「既共清言，遂達三更」，其餘在場的人雖「略無所關」，但一個個聽得津津有味，第二天早上桓玄對人說：「昨夜聽殷、王清言甚佳，仁祖亦不寂寞，我亦時復造心；顧看兩王掾，輒翣如生母狗馨。」可以看出，清談家們在清談的過程中，的的確確感受到一種精神方面的愉悅。我想，清談對於魏晉名士大約如賦詩猜謎之於後世文人，是既可欣賞別人才能也可表現自己才能的機會，從而產生一種智力上的優越感與滿足感。

在某些場合，遊戲的意味顯得格外濃厚，清談的雙方互爭高下，旁觀的聽眾也情緒熱烈，欣賞之餘還帶一點慫恿的味道。如前面講清談的參與方式時引過的〈文學〉一九條說，王衍嫁女，婚後三日，諸壻大會，名士悉集。大家便「挑」動當時的清談高手郭象與裴遐對談，辯論激烈，結果「四坐咨嗟稱快」，王衍「亦以為奇」。這簡直就像一羣人圍觀兩個高手下棋一樣。

還有〈文學〉五六條更有趣，孫盛與殷浩共論「易象妙於見形」，孫盛佔上風，但大家都不服氣，硬是去找了另外一位高手劉惔來，把孫盛壓下去，這才「一坐同時拊掌而笑，稱美良久」。

大體說來，早期的清談求理的一面超過求美的一面，學術探討的意識較濃，說理貴簡約、貴理中，不涉或少涉意氣；東晉以後，清談中求美的傾向漸漸增強，遊戲的意味漸漸增多，語言也就由貴簡至漸漸變為貴華美、貴辭條豐蔚。有時甚至流為意氣之爭，如前引〈文學〉三八條許詢和王脩的辯論就是一例。又〈文學〉四五條（見第一節「清談的參與方式」中所引）載于法開和支道林爭名事亦同。沙門尚且如此，其餘可知矣。

但無論是學術探討或遊戲鬥勝，當時知識分子對清談的態度卻是很認真的。前面已經引過的〈文學〉三一條記孫盛和殷浩清談那股執著的勁頭令人感動。「左右進食，冷而復煗（同暖）者數四」，可見並不如現在有些人設想的，以為魏晉人是一邊清談，一邊飲酒，悠哉遊哉。又〈文學〉三九條云：

> 林道人詣謝公，東陽時始總角，新病起，體未堪勞。與林公講論，遂至相苦。母王夫人在壁後聽之，再遣信令還，而太傅留之。王夫人因自出，云：「新婦少遭家難，一生所寄，唯在此兒。」因流涕抱兒以歸。

又〈文學〉一一條云：

中朝時有懷道之流，有詣王夷甫咨疑者，值王昨已語多，小極，不復相酬答，乃謂客曰：「身今少惡，裴逸民亦近在此，君可往問。」

觀此二條，可知當時的清談是相當耗精神的。〈文學〉二〇條甚至說衛玠之病死，乃因徹夜清談勞累所致：

衛玠始度江，見王大將軍。因夜坐，大將軍命謝幼輿。玠見謝，甚說之，都不復顧王，遂達旦微言，王永夕不得豫。玠體素羸，恆為母所禁，爾夕忽極，於此病篤，遂不起。

還有一事，足可證明清談之遊戲意味和參與此種遊戲者的認真且爭勝的態度的，是清談中常使用軍事術語來描述，這正如現代人之使用軍事術語來描述下棋與打球。例如〈文學〉三四條：

殷中軍雖思慮通長，然於才性偏精，忽言及「四本」，便若湯池鐵城，無可攻之勢。

又〈文學〉五一條：

支道林、殷淵源俱在相王許，相王謂二人⑳：「可試一交言。而才性殆是淵源崤函之固，

⑳ 徐震堮《世說新語校箋》云：「案下文有『君其慎焉』之語，『二人』疑是『支』之誤，此語蓋專對支遁言之。」見該書頁一二七該條注❷。

君其慎焉！」支初作，改轍遠之；數四交，不覺入其玄中。相王撫肩笑曰：「此自是其勝場，安可爭鋒！」

又〈文學〉二六條：

劉真長與殷淵源談，劉理如小屈，殷曰：「惡卿不欲作將善雲梯仰攻。」㉑

再如〈言語〉七九條：

謝胡兒語庾道季：「諸人莫當就卿談，可堅城壘。」庾曰：「若文度來，我以偏師待之；康伯來，濟河焚舟。」

用軍事術語及描寫戰爭的詞藻來寫清談，寫得最誇張、最淋漓盡致也最有文采的，大概莫過於管辰所撰〈管輅別傳〉中寫管輅與諸葛原等人清談的一段了，似尚未見有人提到，特錄於次。此段為《三國志・二九・魏書・管輅傳》裴注所引，傳文先有語云：「館陶令諸葛原遷新興太守，輅往祖餞之，賓客並會。」裴注乃引〈管輅別傳〉曰：

㉑ 翼明按：此句不大可解，當有脫誤。頗疑末句「欲」與「善」錯位，本作：「惡卿不善作將，欲雲梯仰攻」，蓋調侃劉惔不自量力也。參看第六章注㉜。

諸葛原字景春，亦學士。好卜筮，數與輅共射覆，不能窮之。景春與輅有榮辱之分，因輅餞之，大有高譚之客。諸人多聞其善卜、仰觀，不知其有大異之才。於是先與輅共論聖人著作之原，又敘五帝、三王受命之符。輅解景春微旨，遂開張戰地，示以不固，藏匿孤虛，以待來攻。景春奔北，軍師摧衄，自言：「吾覩卿旌旗，城池已壞也。」其欲戰之士，於此鳴鼓角，舉雲梯，弓弩大起，牙旗雨集。然後登城曜威，開門受敵。上論五帝，如江如漢；下論三王，如翮如翰；其英者若春華之俱發，其攻者若秋風之落葉。聽者眩惑，不達其義；言者收聲，莫不心服。雖白起之坑趙卒，項羽之塞濰水，無以尚之。于時客皆欲面縛銜璧，求束手於軍鼓之下。輅猶總干山立，未便許之。㉒

此段洋洋灑灑，有聲有色，把管輅寫得比一個率領百萬雄師的統帥還要威風，亦可謂奇文矣。

不過，我們應當記住，儘管清談有遊戲性、社交性的一面，後期這種色彩更濃，但它畢竟是一項精緻的、學術性很強的智力活動，跟一般的遊戲不同，即使有爭勝的心理羼雜其中，而求真的本性始終未去。我們研究清談時不可不注意到它的遊戲意味和社交色彩，但也不宜把這一點強調得過了頭。

㉒《三國志》，中華書局標點本，北京，一九五九年，頁八一七—八一八。

第三章　清談內容考察

魏晉清談究竟談些什麼？說它是探討哲理的學術活動，有何根據？那時的清談家們究竟探討過一些什麼樣的哲理？涉及了哪些方面的學術？這些都是我們在研究魏晉清談時不能不回答的問題。

魏晉清談的原始資料留存到今天的可說少之又少，使得我們研究起這個問題來很不容易。所幸《世說新語・文學》中還保留了六十餘條，其餘〈言語〉、〈賞譽〉等篇中也還有側面提及的若干條。本章就利用《世說新語》的這些資料，參以他書，嘗試對魏晉清談的內容作一個簡略的考察。重點是以實例說明魏晉清談所涉及的各個層面，而不是對這些內容作哲學分析或歷史分析，但為了說明問題，有些分析自然是必不可少的。

一、對「三玄」及其注解的研究與討論

魏晉清談的主要談資是「三玄」，即《周易》、《老子》、《莊子》，這一點大概沒有疑義。「三

玄」之名最早見於顏之推（五三一－五九〇以後）的《顏氏家訓·勉學》：

何晏、王弼，祖述玄宗，遞相誇尚，景附草靡，……直取其清談雅論，辭鋒理窟，剖玄析微，妙得入神，賓主往復，娛心悅耳。然而濟世成俗，終非急務。洎於梁世，茲風復闡，《莊》、《老》、《周易》，總謂三玄。❶

比顏之推還早百餘年的王僧虔（四二六－四八五）在其〈誡子書〉中已使用了「諸玄」一詞：

見諸玄，志為之逸，腸為之抽。專一書，轉誦數十家注，自少至老，手不釋卷，尚未敢輕言。汝開《老子》卷頭五尺許，未知輔嗣何所道，平叔何所說，馬、鄭何所異，《指》、《例》何所明，而便盛於麈尾，自呼談士，此最險事。設令袁令命汝言《易》，謝中書挑汝言《莊》，張吳興叩汝言《老》，端可復言未嘗看邪？談故如射，前人得破，後人應解，不解即輸賭矣。❷

從上下文不難看出，這裏所謂「諸玄」即《易》、《老》、《莊》，與「三玄」同義。〈王僧虔

❶《顏氏家訓》，中華書局【諸子集成】本，頁一六。

❷《南齊書》，中華書局標點本，北京，一九七二年，頁五九八。

傳〉在《南齊書》，但〈誡子書〉則作於宋世，看來「三玄」一詞之成立當不晚於晉宋之際。至於清談中以「三玄」為主要談資的事實，則早在正始時就是如此了，這不僅可從前述顏之推的話間接推出，而且有更直接的資料可以證明。下面一段引文摘自《三國志・二九・魏書・管輅傳》裴松之注所引之〈管輅別傳〉：

> 輅後因得休，裴使君問：「何平叔一代才名，其實何如？」輅曰：「其才若盆盎之水，所見者清，所不見者濁。神在廣博，志不務學，弗能成才。欲以盆盎之水，求一山之形，形不可得，則智由此惑。故說《老》、《莊》則巧而多華，說《易》生義則美而多偽；華則道浮，偽則神虛；得上才則淺而流絕，得中才則游精而獨出，輅以為少功之才也。」裴使君曰：「誠如來論。吾數與平叔共說《老》、《莊》及《易》，常覺其辭妙於理，不能折之。又時人吸習，皆歸服之焉，益令不了。相見得清言，然後灼灼耳。」❸

按〈管輅別傳〉的作者是管輅的弟弟管辰，他自己也是那個時代的人，從他的敘述看來，正始時清談家們經常談到的話題就是《易》、《老》、《莊》，也就是「三玄」。

總之，以上諸家的話證明從何、王開始到南朝齊、梁間，「三玄」始終是清談的重要內容。

❸《三國志》，中華書局標點本，頁八二一。

此外，王僧虔的話還說明，有關「三玄」的注解也是談士們必須熟誦的，「輔嗣何所道，平叔何所說，馬、鄭何所異，《指》、《例》何所明」數語即指王弼、何晏、馬融、鄭玄諸家對於《易》、《老》的解釋。顯然，談士們在清談時一定也會就這些注解展開討論或辯論。如果不熟悉這些注解及其異同，那就像在猜謎（或猜物）時，前邊的人已說出謎底，後邊的人還不知道怎麼猜出來的，豈非貽笑大方？

所以，熟悉「三玄」及其注解就成了魏晉清談家們的基本訓練，不熟悉「三玄」及其注解，差不多就沒有「談」的資格。即使是天分很高的人，也只有在研究過「三玄」之後，才能在清談中與人匹敵。前章第三節中引過的諸葛厷的故事（文學一三條）就是很好的例子。

「三玄」在魏晉清談中的重要地位，我們也不難從一個簡略的統計中看出來：

《世說新語·文學》前半從一條至六五條，記載漢末至魏晉之學術人物及其故事，除前四條為東漢事外，其餘六十一條幾乎條條都與魏晉清談有關，是現存正面記載魏晉清談的唯一生動資料來源。這六十一條中，不涉及內容（或說內容不可知）的共十八條，涉及內容的共四十三條。在知道內容的四十三條中，明確提到三玄的共十五條，佔三分之一強。其中提到《易》的三條（二九、五六、六一），提到《老》的三條（七、一〇、六三），提到《莊》的六條（一五、一七、三二、三六、五五、六二），《老》、《莊》共提的三條（八、一三、一八）。

下面我想分別考察一下「三玄」在魏晉清談中的情況。

(一)《周易》

《周易》是儒家五經中最富哲學意味的一部書，也是最易與道家思想溝通的一部書，因此也就自然成為醉心哲理、希望融合儒道的魏晉清談家們最喜愛的一部經典。相對於兩漢而言，魏晉南北朝時儒學呈現衰落之勢，儒家經典不再像兩漢時那樣被士人們重視了，但獨有《周易》是一個例外。學者們研究《周易》的興趣不亞於兩漢，而且歷久不衰。凡是著名的清談家，可說沒有不精《周易》的。

從現存資料來看，談《易》之風最盛的是清談早期，即魏正始（二四一—二四九）前後。《世說新語．規箴》二條注引〈管輅別傳〉云：

> 輅字公明，平原人也。明《周易》，聲發徐州。冀州刺史裴徽舉秀才，謂曰：「何、鄧二尚書，有經國才略，於物理無不精也。何尚書神明清徹，殆破秋毫，君當慎之！自言不解《易》中九事，必當相問，比至洛，宜善精其理。」輅曰：「若九事皆至義，不足勞思。若陰陽者，精之久矣。」輅至洛陽，果為何尚書問九事，皆明。何曰：「君論陰陽，此世無雙也。」時鄧尚書在，曰：「此君善《易》，而語初不論《易》中辭義，何邪？」輅答曰：「夫善《易》者不論《易》也。」何尚書含笑贊之曰：「可謂要言不煩也。」

管輅以陰陽術數聞名，尤精占卜，故《三國志》以之入〈方技傳〉。其實他也是很好的清談家，他的談《易》相當注重哲理，並不只是說吉凶禍福，例如此處的「善《易》者不論《易》」一語，即與王弼的「得意忘象，得象忘言」說暗合。據《三國志・二九・魏書・管輅傳》及裴注所引之〈管輅別傳〉，當時與管輅談過《易》的除裴徽、何晏、鄧颺外，至少還有下面幾個人：

1. 列人令鮑子春❹；
2. 安平太守王基❺；
3. 魏郡太守鍾毓❻；
4. 平原太守劉邠❼；
5. 清河令徐季龍❽。

此外，我們還知道荀粲、荀俁兄弟討論過《周易》中卦象能否盡聖人之意、〈繫辭〉能否盡

---

❹ 前書，頁八一三。
❺ 同注❹。
❻ 前書，頁八二一—八二二。
❼ 前書，頁八二三。
❽ 前書，頁八二四。

聖人之言的問題❾，荀顗與鍾會討論過《周易》是否有「互體」的問題❿，荀融和王弼討論過《周易》之「大衍義」等等⓫，都是聞名一時的。

著作方面則有王弼的《周易注》及《周易略例》⓬、鍾會的《周易無互體論》及《周易盡神論》⓭、鍾繇的《周易訓》⓮、阮籍的〈通易論〉⓯等。其中王弼的兩種著作最有名，一直流傳下來，成為後世清談家必讀之作。

總之，正始前後的清談家對《周易》的興趣極濃，論《易》之風極盛，提出的問題最多，有關的著作也特別豐富。

到西晉時，《易》學則頗有衰落之勢。《晉書・四九・阮脩傳》云：

❾ 前書，頁三一九。參看本書第四章。

❿ 前書，頁三一九。

⓫ 前書，頁七九五—七九六。

⓬ 王弼《周易注》及《周易略例》現存，《經典釋文・敘錄》及隋唐宋明史志都有著錄。

⓭ 鍾會「嘗論《易》無互體」，見《三國志》，頁七九五。《隋書・經籍志》著錄鍾會《周易盡神論》一卷，並說梁時有鍾會《周易無互體論》三卷，亡。

⓮ 《世說新語・言語》一一條注引《魏志》。

⓯ 阮籍〈通易論〉，現存，見《阮籍集》，上海，一九七八年。

脩字宣子。好《易》、《老》，善清言。……王衍當時談宗，自以為論《易》略盡，然有所未了，研之終莫悟，每云「不知比沒當見能通之者不？」衍族子敦謂衍曰：「阮宣子可與言。」衍曰：「吾亦聞之，但未知其亹亹之處定何如耳！」及與脩談，言寡而旨暢，衍乃歎服焉。⑯

從王衍「不知比沒當見能通之者不？」的話看來，當時精《易》的人顯然不多，王衍雖「自以為論《易》略盡」，但並無事跡或著作流傳下來，那麼他對《周易》的修養恐怕還是有限，決趕不上正始間王弼、管輅、鍾會等人的水平。

東晉時談《易》之風又復興起來。《世說新語．文學》二九條：

宣武集諸名勝講《易》，日說一卦。簡文欲聽，聞此便還，曰：「義自當有難易，其以一卦為限邪！」

「名勝」即名人、名士⑰，桓溫以主人的身分邀集當時的清談家們來討論《周易》，足見其時對《周易》的熱情。桓溫、簡文（即司馬昱）是東晉中期的軍政領袖，又是名士首領，因此

⑯《晉書》，中華書局標點本，頁一三六六。

⑰《資治通鑑．一一二．晉紀》注：「江東人士，其名位通顯於時者，率謂之『佳勝』、『名勝』。」

又可推見這次討論的層次之高、規模之大和態度之鄭重。

東晉永和初年（三四五年），在司馬昱的主持下，曾經舉行過一次以《周易》為主題的清談辯論盛會。辯論的主方為孫盛，他作了一篇〈易象妙於見形論〉，大意是說《周易》卦象能夠涵蓋宇宙間一切變化，故為任何現有之具體事物或形象所不及，例如乾坤二卦雖表天地，但不限於天地，它比天地所含更廣；巽坎二卦雖表風雨，但不限於風雨，它比風雨之變更多等等⑱。辯論的客方先是殷浩，後是劉惔，其他著名清談家，如王濛、謝尚也都在場。辯論極為熱烈，孫先勝殷浩，後屈於劉惔，《世說新語・文學》五七條有生動的記載。

孫盛之論《易》較為保守，他反對王弼論《易》時不注重卦象而著重探討玄理的態度（參看本書第六章第三節），這有點像正始間管輅對何晏的批評。正始間關於《周易》的一些爭論似

⑱《世說新語・文學》五七條，劉孝標於「殷與孫共論易象妙於見形」句下注云：「其論略曰：『聖人知觀器不足以達變，故表圓應於著龜；圓應不可為典要，故寄妙迹於六爻。六爻周流，唯化所適。故雖一畫而吉凶並彰，微一則失之矣。擬器託象而慶咎交著，繫器則失之矣。故設八卦者，蓋緣化之影迹也。天下者，寄見之一形也。圓影備未備之象，一形兼未形之形。故盡二儀之道，不與乾坤齊妙；風雨之變，不與巽坎同體矣。』」按「其論」易滋混淆，可殷可孫。嚴可均輯《全上古三代秦漢三國六朝文》就將此文歸於殷浩名下，題為〈易象論〉。但比較合理的解釋是，〈易象妙於見形論〉在孝標時仍存，故孝標得以節引之，且無須指名作者，蓋其文尚在也。至於作者，根據《晉書・孫盛傳》與〈劉惔傳〉應該是孫盛而非殷浩。又「見形」之見當讀如現，「見形」意為「顯現之形」。

乎在東晉時又重新被提出來，例如荀俁與荀粲辯論過的《易》象能否盡聖人之意的問題，在東晉時顯然又有過頗熱烈的爭論。除上述孫盛〈易象妙於見形論〉與此有關外，還有一條旁證，見《世說新語・文學》七四條劉注引《中興書》：

殷融字洪遠，陳郡人。桓彝有人倫鑒，見融，甚歎美之。著〈象不盡意〉、〈大賢須易論〉，理義精微，談者稱焉。

殷融著〈象不盡意論〉顯然是因為清談中涉及了這個問題的討論。《中興書》接著說：「兄子浩，亦能清言。每與浩談，有時而屈，退而著論，融更居長。」可見殷融之論的確是清談的產物。

東晉清談中對於《周易》的討論還涉及到哪些問題呢？《世說新語・文學》六一條云：

殷荊州曾問遠公：「《易》以何為體？」答曰：「《易》以感為體。」殷曰：「銅山西崩，靈鍾東應，便是《易》耶？」遠公笑而不答。

首先我要指出，這段記載雖只一問一答，卻是典型的清談。它發生在兩個著名的清談家之間，談的是學術哲理，決非一般的聊天。當時的過程也一定不止於這一問一答，不過記錄者只取了這兩句精華而已。《世說新語》中這樣的記事法屢見，讀時要特別留心。從這條記載看來，

「《易》以何為體」一定是當時清談中討論的題目之一。

又《世說新語・文學》八三條云：

> 王敬仁年十三作〈賢人論〉，長史送示真長，真長答云：「見敬仁所作論，便足參微言。」

該條劉注云：

> 脩（按王敬仁名脩）集載其論曰：「或問：《易》稱賢人黃裳元吉，苟未能闇與理會，何得不求通？求通則有損，有損則元吉將虛設乎？答曰：賢人誠未能闇與理會，當居然人從，比之理盡，猶一豪之領一梁，雖於理有損，不足以撓梁。賢有情之至寡，豪有形之至小，豪不至撓梁，於賢人何有損之者哉！」

王脩是著名清談家王濛的兒子，從小就喜歡聽父輩清談（見《世說新語・品藻》四八條、〈賞譽〉七六條），他十三歲所作的〈賢人論〉無疑是聽父輩清談的結果。從劉注中的摘要看來，〈賢人論〉的內容是討論《周易》中某一具體卦象的。這說明東晉清談家論《易》時既討論總體性的問題，諸如《易》以何為體、《易》象能否盡聖人之意、《易》象是否妙於見形等等，也討論到對卦義的理解這樣具體細緻的問題。

(二)《老子》

《老子》是道家最根本的經典，魏晉清談家對《老子》的重視可說與《周易》等，《易》、《老》每並題，而「善《易》、《老》」、「好《老》、《易》」、「善言《易》、《老》」等就成為對魏晉清談家常見的考語。清談早期，《莊子》的地位並不高，「三玄」以《易》、《老》為主。到東晉時，《莊子》非常盛行，但反對的也有，例如王坦之。值得注意的是，王坦之雖主張「廢《莊》」，卻不排《老》（參看本書第六章第五節），於此可見《老子》在魏晉人心目中地位之崇高。

魏晉清談的早期代表何晏、王弼都精《老子》，而且都注過《老子》，但王注較何注更好，何晏自以為不及，便將原注改為《道》、《德》二論。此事見《世說新語・文學》七條與一〇條：

> 何平叔注《老子》始成，詣王輔嗣，見王注精奇，迺神伏，曰：「若斯人，可與論天人之際矣！」因以所注為《道》、《德》二論。
>
> 何晏注《老子》未畢，見王弼自說注《老子》旨，何意多所短，不復得作聲，但應諾諾，遂不復注，因作《道德論》。

二說略有出入，但基本一致。《道德論》與《道》、《德》二論應是一書無疑。漢代《老子》原分

「道經」與「德經」兩部分，何晏書名《道論》、《德論》，不過是沿襲舊例，合稱之則為《道德論》，正如「道經」與「德經」合稱為《道德經》一樣。何晏此論久佚，東晉張湛注《列子》，於〈天瑞〉曾引《道論》一段。王弼的注則一直流傳下來，成為魏晉玄學的理論基礎，是清談家的必修教材，至今仍是《老子》一書最有價值的注本。

正始時另一著名清談家，王弼的朋友鍾會也注過《老子》。《三國志・二八・魏書・鍾會傳》云：

> 及會死後，於會家得書二十篇，名曰《道論》，而實刑名家也，其文似會。[19]

這《道論》二十篇很可能就是後來《隋書・經籍志》中所載的鍾會《老子道德經注》二卷。鍾會的父親鍾繇也有《老子訓》一書，見《世說新語・言語》一一條注引《魏志》。

西晉時談《老》的風氣特盛，《世說新語・文學》一二條注引〈晉諸公贊〉云：

> 自魏太常夏侯玄、步兵校尉阮籍等皆著《道德論》，於時侍中樂廣、吏部郎劉漢亦體道而言約[20]。尚書令王夷甫講理而才虛，散騎常侍戴奧以學道為業，後進庾敳之徒，皆希慕

---

[19]《三國志》，頁七九五。

[20] 劉漢當為劉漠，形近致訛。程炎震云：「劉漢當作劉漠，辨見〈賞譽〉第二十二條。」參看余嘉錫

簡曠。（裴）頠疾世俗尚虛無之理，故著〈崇有〉二論以折之，才博喻廣，學者不能究。

這裏提到的樂廣、劉漠、王衍、戴奧、庾敳、裴頠，都是西晉的大名士，也是當時清談家的代表人物。他們所談的「道」主要就是《老子》，這從前面追溯原起的話「自魏太常夏侯玄、步兵校尉阮籍等皆著《道德論》」可以看出來。

東晉談《莊》、談佛之風甚於談《老》、談《易》，但《老》、《易》仍是清談家必修的經典，也仍然是清談的話題，只是不如《莊》、佛那樣時髦罷了。以下三條《世說新語》是東晉中期以後的事：

〈文學〉二七條注引〈殷浩別傳〉：

浩善《老》、《易》，能清言。

〈排調〉六三條：

桓南郡（即桓玄）與道曜講《老子》，王侍中為主簿，在坐。

〈文學〉六三條：

《世說新語箋疏》，頁二〇三，徐震堮《世說新語校箋》，頁一〇九及二三八。

殷仲堪云：「三日不讀《道德經》，便覺舌本閒強。」

最後一條最有意思，它說明《老子》對於清談家們的重要，簡直如《聖經》之於基督徒一樣，是要時常置於案頭手邊的。

(三)《莊子》

《莊子》在清談中的地位，早期不如《易》、《老》，西晉末漸盛，南渡以後則寖寖然駕《易》、《老》而上之。《世說新語》中提到《莊子》的地方比《易》、《老》更多，也更具體細緻。東晉文人談《莊》之盛從《世說新語．言語》五〇條所說孫放兄弟的故事最可以看出來。該條劉注所引〈孫放別傳〉更詳細，我因略去該條正文而僅引〈孫放別傳〉如下：

放字齊莊，監君次子也。年八歲，太尉庾公召見之。放清秀，欲觀試，乃授紙筆令書，放便自疏名字。公題後問之曰：「為欲慕莊周邪？」放書答曰：「意欲慕之。」公曰：「何故不慕仲尼而慕莊周？」放曰：「仲尼生而知之，非希企所及；至於莊周，是其次者，故慕耳。」公謂賓客曰：「王輔嗣應答恐不能勝之。」卒長沙王相。

這個故事有點像前面引過的王脩十三歲作〈賢人論〉的故事，以八歲小兒而如此熟悉莊周及當時玄學家對莊周的評價——次於聖人，當然是由於經常聽父輩清談因而耳熟能詳之故。《莊子》在玄學及清談中地位之提高，得力於向秀與郭象之注《莊》，《世說新語・文學》一七條載其事云：

初，注《莊子》者數十家，莫能究其旨要。向秀於舊注外為解義，妙析奇致，大暢玄風，唯〈秋水〉、〈至樂〉二篇未竟，而秀卒。秀子幼，義遂零落，然猶有別本。郭象者，為人薄行，有儁才，見秀義不傳於世，遂竊以為己注，乃自注〈秋水〉、〈至樂〉二篇，又易〈馬蹄〉一篇，其餘眾篇，或定點文句而已。後秀義別本出，故今有向、郭二《莊》，其義一也。

向秀（二二七—二七二）是竹林七賢之一，而年輩較晚；郭象（二五二—三一二）則卒於西晉末。向、郭注《莊》之前，玄學家和清談家們對《莊子》似乎不太重視㉑，《世說新語・文學》一五條云：

庾子嵩讀《莊子》，開卷一尺許便放去，曰：「了不異人意。」

㉑《世說新語・文學》一七條說「初，注《莊子》者數十家」恐不可信，參看何啓民《魏晉思想與談風》，臺北，一九八二年，頁一〇七。

劉注引《晉陽秋》曰：「庾敳字子嵩，潁川人，侍中峻第三子。恢廓有度量，自謂是老莊之徒。曰：『昔未讀此書，意嘗謂至理如此；今見之，正與人意暗同。』」

又同篇一七條注引〈向秀別傳〉云：

後秀將注《莊子》，先以告（嵇）康、（呂）安，康、安咸曰：「此書詎復須注，徒棄人作樂事耳。」及成，以示二子，康曰：「爾故復勝不？」安乃驚曰：「莊周不死矣！」

可見《莊子》一書所包含的深刻哲理是經過向、郭注釋，「妙析奇致，大暢玄風」之後才為人們所認識的。

此後《莊子》便成為清談家最鍾愛的書，而《莊子》各篇也就成為東晉清談中的熱門話題、時髦話題。《世說新語・文學》中提到《莊子》的共九條，比其他任何書都多。其中明確記述以《莊子》中的某篇為清談內容的有四條：三二條與三六條（〈逍遙遊〉）、五五條（〈漁父〉）、六二條（〈齊物論〉）。

因為《莊子》的成為熱門話題，不僅清談的內容較從前更豐富，甚至清談的形式也增加了一種新花樣——詠懷，試看三二條、三六條、五五條（六二條情形不同，下面還要談到），都不是主客辯難的老式樣，而是參加清談的人各自發表自己的感想與看法，「以寫其懷」。其中五五條最為典型，茲錄之以備參照：

支道林、許、謝盛德共集王家，謝顧謂諸人：「今日可謂彥會。時既不可留，此集固亦難常，當共言詠，以寫其懷。」許便問主人：「有《莊子》不？」正得〈漁父〉一篇。謝看題，便各使四坐通。支道林先通，作七百許語，敘致精麗，才藻奇拔，眾咸稱善。於是四坐各言懷畢，謝問曰：「卿等盡不？」皆曰：「今日之言，少不自竭。」謝後麤難，因自敘其意，作萬餘語，才峰秀逸，既自難干，加意氣擬託，蕭然自得，四坐莫不厭心。支謂謝曰：「君一往奔詣，故復自佳耳。」

這種清談形式從前不見於記載，是東晉以後才有的，而且都跟《莊子》連在一起。顯然是因為《莊子》一書的內容有別於《周易》與《老子》，需要一種新的清談形式來發掘它的意蘊。

二、對名家學說的研究與討論

魏晉學術以名、法二家的復興為先導，這已是學術界人所習知的事實。蓋漢末魏初社會面對兩個最嚴重的問題，一是士大夫風氣的浮華虛偽，名不副實；一是社會秩序的大解體，亟須重建。前者源於漢代以察舉取士，天下以名節相尚，而名聲來自品題吹拂，末流乃至於情偽百出，名實相乖；後者則源於東漢宦官、外戚與士大夫的長期爭鬥及農民大起義，以致統治機器崩潰，割據勢力蜂起。面對這兩大問題，控名責實和建制立法自是當務之急，名、法二家的理論於是重新得到統治者和學術界的重視。從統治者一面來說，曹操一系列抑浮華、求實才、壓豪強、嚴刑法的措施就是明證；從學術界一面來說，則王粲、傅嘏、劉劭等人的精研名理則是很好的例子。所以劉勰在《文心雕龍．論說》中說：「魏之初霸，術兼名法；傅嘏、王粲，校練名理。」這是非常簡練中肯的描述。後來道家思想成為魏晉學術的主流，但學術界對名、法的興趣並未喪失。尤其是名家，它的重邏輯、究名實的作風顯然為清談家所喜愛，成為談說論辯時的準則和利器，所以「名理」一詞一直沿用下去，並且義域擴大，成為邏輯思辨的代名詞。

西晉學者魯勝曾為《墨辯》作注，其書已佚，《晉書》本傳存其敘，首段云：

名者所以別同異，明是非，道義之門，政化之準繩也。孔子曰：「必也正名，名不正則事不成。」墨子著書，作《辯經》以立名本，惠施、公孫龍祖述其學，以正別名顯於世。孟子非墨子，其辯言正辭則與墨同。荀卿、莊周等皆非毀名家，而不能易其論也。[22]

這段話反映了當時學者對名家重要性的認識，他們認為名家的學說對政治與學術都有正面的意義。儘管各家學說不同，在「正名」這一點上，是大家一致的。因而從某種意義上來說，大家

[22] 《晉書》，頁二四三三－二四三四。

都得研究名家，大家都得從這兒起步。

魏晉清談家們大都在名家學說上下過一定功夫，所以「有名理」、「善名理」也就成為許多清談家的共同特點。他們對於名家學說的研究與討論，我們至今仍可在《世說新語》中找到若干記載。下面引錄幾條，並作一些必要的分析說明。

1.〈文學〉一六條：

客問樂令旨不至者，樂亦不復剖析文句，直以麈尾柄确几曰：「至不？」客曰：「至。」樂因又舉麈尾曰：「若至者那得去？」於是客乃悟服。樂辭約而旨達，皆此類。

「旨不至」即「指不至」，旨、指古通。「指不至」是先秦名家學派一個重要的命題。《莊子．天下》說它是桓團、公孫龍一派的觀點㉓，《列子．仲尼》說公孫龍以此誑魏王㉔，《列子》

㉓《莊子．天下》云：「惠施以此為大，觀於天下而曉辯者，天下之辯者相與樂之。卵有毛；雞三足；郢有天下；犬可以為羊；馬有卵；丁子有尾；火不熱；山出口；輪不蹍地；目不見；指不至，至不絕；龜長於蛇；矩不方，規不可以為圓；鑿不圍枘；飛鳥之景未嘗動也；鏃矢之疾而有不行不止之時；狗非犬，黃馬驪牛三；白狗黑；孤駒未嘗有母；一尺之捶，日取其半，萬世不竭。辯者以此與惠施相應，終身無窮。桓團、公孫龍辯者之徒，飾人之心，易人之意，能勝人之口，不能服人之心，辯者之囿也。惠施日以其知與人之辯，特與天下之辯者為怪，此其柢也。」見《莊子集釋》，北京，中華書局，一九六一年，頁一一〇五—一一一一。

張湛注則說惠施亦持此論㉕。

「指不至」的真正含意究竟如何，今天已無法確知。各家注亦不一，有的太簡略，有的是臆測，都不足據。我現在也提出兩種解釋，並參以古注，當然也仍然只是揣測。

第一種解釋，「指」即公孫龍〈指物論〉的「指」，亦即今人所說的概念。「至」作「窮盡」講，「指不至」的意思是說概念永遠不能窮盡它所指代的事物，或說「名」永遠不能吻合「實」。例如公孫龍說的「卵有毛」即含此意。卵裏可以孵出有毛羽的雞，則卵這個實必含有毛羽之性，而卵這個名並不表達這一點，所以他要說「卵有毛」這樣與常理相悖的話。《列子・仲尼》「有指不至」一句下，張湛注云：「夫以指求至者，則必因我以正物，因我以正物，則未造其極。」即是說：用主觀的概念（「我」）去範圍（「正」）客觀存在的事物（「物」），是不能窮盡這個事物的（「未造其極」）。可見張湛的理解正是這一種㉖。

㉔《列子・仲尼》云：「龍誑魏王曰：『有心不意，有指不至，有物不盡，有影不移，髮引千鈞，白馬非馬，孤犢未嘗有母。』其負類反倫，不可勝言也。」見【諸子集成】，冊三，中華書局，一九八六年重印本，頁四八。

㉕《列子・仲尼》「有指不至」一句後張湛注曰：「惠子曰：指不至也。」見同書同頁。

㉖按這種解釋，則《莊子・天下》所引「指不至，至不絕」中的下半句就沒有必要了。有人根據《列子・仲尼》「有指不至，有物不盡」的話認為「至不絕」應作「物不絕」，與「指不至」為二事。例如郭沫若〈名辯思潮的批判〉（【郭沫若全集・歷史編】㈡，北京，一九八二年，頁二七六）一文即主此

第二種解釋，「指」作手指講，「至」作達到講，「指不至」是說當手指（或其他代替手指的東西，如此則《世說新語》中的麈尾）指一個物體的時候，是不能真正達到那個物體的。按《莊子・天下》，「指不至」下還有「至不絕」一句，那意思是說，如果手指真正達到那個物體，就離不開了。「絕」（或「去」，如《世說新語》此則）作離開講。這裏牽涉「至」和「絕」兩個名的定義問題。什麼是「至」？就是手指和物體之間沒有距離；什麼是「絕」？就是手指和物體之間有距離。如果真「至」，就該沒有任何距離，也就打成一體了，就不能離了；如果能離，證明原來就是有距離的，哪怕只有極小極小的距離，也就是說原先就沒有真「至」。所以說：「指不至，至不絕」這個命題是建築在空間無限可分性的基礎上，正如名家的另一個著名命題「一尺之捶，日取其半，萬世不竭」一樣。《世說新語》此則中樂廣對「指不至」的形象解釋，顯然屬於第二種㉗。

說。也有人主張「指不至，至不絕」即「有指不至，有物不盡」，二句都應連讀。例如伍非百《中國古名家言》（北京，中國社會科學出版社，一九八三年）曰：「〈指物論〉者，明『指不至』之義也。《莊子・天下》曰『指不至，至不絕』，《列子・仲尼》曰『有指不至，有物不盡』，皆述公孫龍論旨。簡言之曰『指物』，詳言之曰『有指不至，有物不盡』。單稱之，亦可曰『指不至物』。」見該書頁五二〇。

㉗ 胡適對「指不至，至不絕」的解釋與我第一解接近而不同，現錄於下，供讀者參考：「公孫龍的〈指物論〉用了許多『指』字，仔細看來，似乎『指』字都是說物體的種種表德，如形色等等。……這條

2.〈文學〉二四條：

謝安年少時，請阮光祿道〈白馬論〉。為論以示謝。于時謝不即解阮語，重相咨盡。阮乃歎曰：「非但能言人不可得，正索解人亦不可得！」

「白馬非馬」也是先秦名家的一個重要命題，公孫龍以前就已經喧騰眾口。《戰國策・趙策・二》載蘇秦說秦王曰：「夫形名之家皆曰：『白馬非馬也。』」㉘又《韓非子・外儲說上》：「兒說，宋人善辯者也。持『白馬非馬也』，服齊稷下之辯者。」㉙兒說年輩在公孫龍前。其他先於公孫龍的學者，如墨翟、惠施、莊周、孟軻也都有過關於「白馬」的議論㉚。但

的『指』字也作物的表德解。我們知物，只須知物的形色等等表德，並不到物的本體，也用不到物的本體。即使要想知物的本體，也是枉然，至多不過從這一層物指進到那一層物指罷了。例如我們知水，只是知水的性質。化學家更進一層，說水是氫氧二氣做的，其實還只是知道氫氣、氧氣的重量、作用等等物指。即使更進一層，到了氫氣、氧氣的元子或電子，還只是知道元子、電子的性質作用，終竟不知元子、電子的本體。這就是『指不至，至不絕。』正如算學上的無窮級數，再也不會完的。」見胡著《先秦名學史》。

㉘【文淵閣四庫全書】，冊四〇六，頁三六二。

㉙【諸子集成】本，頁二〇一。

㉚參見伍非百《中國古名家言》，北京，一九八三年，頁五四八—五五一。

關於這個命題的完整論文則只有公孫龍的〈白馬論〉。也就是《世說新語》這則故事中阮裕和謝安所談論的。此論至今尚存，為《公孫龍子》六篇之一。從這則記載裏，我們一方面可以看出東晉清談家對名家學說的興趣，另一方面也可以看出名家學說的漸趨式微，那時懂得這門古怪而深奧的學說的人已經很少了。晉人張湛在《列子・仲尼》「白馬非馬」一句下注云：「此論見存，多有辨之者。辨之者多不弘通，故闕而不論也。」㉛張湛說，當時對〈白馬論〉感興趣的人不少，而「弘通」的則少見，正可以作《世說新語》這則故事的一個注腳。

3.〈文學〉五八條：

司馬太傅問謝車騎：「惠子其書五車，何以無一言入玄？」謝曰：「故當是其妙處不傳。」

惠施也是先秦名家的一個鉅子，其學說跟公孫龍一派有同有異。《莊子・天下》說：

惠施多方，其書五車。其道舛駁，其言也不中。歷物之意，曰：「至大無外，謂之大一；至小無內，謂之小一。無厚，不可積也，其大千里。天與地卑，山與澤平。日方中方睨，物方生方死。大同而與小同異，此之謂小同異；萬物畢同畢異，此之謂大同異。南方無

㉛【諸子集成】本，頁四八。

窮而有窮。今日適越而昔來。連環可解也。我知天下之中央，燕之北越之南是也。氾愛萬物，天地一體也。」[32]

惠施的學說今已不存，賴有《莊子》的這段記載，保存了他的十個命題，使我們尚可彷彿想見其大概。看來惠施的學說，主要是從空間和時間兩方面，提出一些為一般人所忽略的或與一般思路（即所謂常識）相悖的論點。從今天的眼光來看，這基本上是屬於自然科學的範疇，或科學哲學的範疇，而非純哲學的範疇，也許這就是司馬道子認為不「入玄」的原因吧[33]！

4.〈文學〉六二條：

羊孚弟娶王永言女，及王家見壻，孚送弟俱往。時永言父東陽尚在。殷仲堪是東陽女壻，亦在坐。孚雅善理義，乃與仲堪道〈齊物〉，殷難之。羊云：「君四番後當得見同。」殷

---

[32] 《莊子集釋》，頁一一〇二。

[33] 翼明按：此條孝標注引《莊子》曰：「惠施多方，其書五車，其道舛駁，其言不中。謂卵有毛，雞三足，馬有卵，犬可為羊，火不熱，目不見，龜長於蛇，丁子有尾，白狗黑，連環可解。能勝人之口，不能服人之心，蓋辯者囿也。」此引《莊子・天下》而以己意節錄之，古人引書多有此例。但這一次劉孝標卻犯了一個錯誤，他把桓團公孫龍等「辯者」的觀點當成了惠施的觀點，這只要細心讀讀《莊子》的原文就可以知道了。

笑曰：「乃可得盡，何必相同。」乃至四番後一通。殷咨嗟曰：「僕便無以相異！」歎為新拔者久之。

〈齊物論〉為《莊子》內篇之一，而其大旨卻在批評當日儒、墨各家名辯之學，與《莊子》其他篇內容不同。〈齊物論〉通篇充滿各種名家術語，如「指非指」、「馬非馬」、「堅白」、「彼是」、「方生」、「今日適越而昔至」等等，就是因為它是以其他各家名辯之學為自己的對手。《莊子》的大意是以「不立是非」推倒其他各派的是非標準，建立自己的相對主義名辯學。近人伍非百輯《中國古名家言》即將此篇收入，作為名家遺籍之一，郭沫若《十批判書》中〈名辯思潮的批判〉一文則將莊子與惠施放在一起敘述分析，蓋都有鑒於此。

《世說新語》的這則故事說羊孚與殷仲堪道〈齊物論〉互相攻難至於四反四覆，最後達到一個相同的結論，則顯然不是各自發表感想，而是各持一說，爭辯某個名家命題，例如殷為莊、羊為墨；或殷為莊、羊為公孫龍之類。可惜文獻不足，具體情形無法推知了。

三、對佛經佛理的研究與討論

佛經自東漢初年（公元一世紀中葉）傳入中國，經過兩百五十多年的傳播，到晉室南渡前後已頗流行，尤其在上層人士中。讀《世說新語・文學》、〈言語〉等篇，我們很容易發現，東晉以後，佛徒相當活躍。他們來往於貴族名流之間，成為社會上一支不可忽視的勢力。同時佛理也逐漸侵入學術殿堂，成為清談家們研味探討的對象。當時的名僧高僧往往也同時是很高明的清談家，他們常常出現在貴族名士們的清談集會中。他們不僅精通佛理，而且熟悉玄學，既談佛，又談玄，玄佛互參，相摩相扇，為清談增添了新的內容和新的色彩。

《世說新語・文學》記錄東晉清談資料共四十五條（二一條至六五條），其中涉及清談內容的三十二條。在這三十二條中，與佛經佛理有關的就有十二條（二三、三〇、三五、三七、四〇、四三、四四、四五、五〇、五四、五九、六四）之多，佔百分之三十七・五。東晉談佛之盛於此可以想見。

佛理為什麼會進入清談，而且成為清談的重要內容呢？這可以從佛理和清談兩方面來看。從佛理一面看，是佛理需要藉清談來傳播，尤其要藉清談才能打進貴族學術圈；從清談一面看，是清談可以接受佛理，且需要佛理作為自己的新鮮血液。

先看第一面。其時佛經傳入中國不久，尚未生根，尤其未在上層及學術層生根。佛教要求發展，要得到貴族知識分子的承認，只有借中國固有的學術來詮釋，並借當時流行的方式來傳播。因此在當時佛經闡說中大量採用一種所謂「格義」的方法，即用中國原有經典中的精義與典故來比配佛經中的道理，以便於中國信徒的理解與接受[34]。而要這樣做，就要求佛徒，尤其是那些以高僧自許的人，熟悉中國原有經典。事實上，他們當中也的確有不少人，對於「外典」㉟下過很大功夫，其熟悉程度不亞於當時最高明的清談名士。《世說新語》中就有不少這樣的名僧，而以支遁為傑出代表。關於支遁和其他精外典、善清談之名僧，我將在本書的第六章中加以敘述，此處暫略。

至於佛經之講習、佛理之研討，更是完全採取了當時流行的清談形式，我們在《世說新語》中可以找到好些例子。例如下面的三條就很典型：

1.〈文學〉四〇條：

支道林、許掾諸人共在會稽王齋頭，支為法師，許為都講。支通一義，四坐莫不厭心；許送一難，眾人莫不抃舞。但共嗟詠二家之美，不辯其理之所在。

2.〈文學〉三〇條：

有北來道人好才理。與林公相遇於瓦官寺，講《小品》。於時竺法深、孫興公悉共聽。此

㉞ 關於「格義」，可參考陳寅恪〈支愍度學說考〉（【陳寅恪先生文集】之二，頁一四九—一五四）及湯用彤〈釋道安時代之般若學述略〉。

㉟ 佛教徒稱佛經為「內典」，其他非佛經之經典為「外典」。

道人語，屢設疑難，林公辯答清析，辭氣俱爽。此道人每輒摧屈。孫問深公：「上人當是逆風家，向來何以都不言？」深公笑而不答。林公曰：「白旃檀非不馥，焉能逆風？」深公得此義，夷然不屑。

3.〈文學〉四五條：

于法開始與支公爭名，後情漸歸支，意甚不分㊱，遂遁跡剡下。遣弟子出都，語使過會稽。于時支公正講《小品》。開戒弟子：「道林講，比汝至，當在某品中。」因示語攻難數十番，云：「舊此中不可復通。」弟子如言詣支公。正值講，因謹述開意，往反多時，林公遂屈，厲聲曰：「君何足復受人寄載來！」

這三則都是講佛經，第一則據劉注是講《維摩詰經》，第二則與第三則是講《小品》（亦稱《小品般若》，據陳寅恪先生考證，《小品》即佛經中的《道行經》㊲）。但是無論從參與的人和進行的方式，乃至使用的術語來看，卻都是典型的清談（參看本書第二章）。

㊱ 翼明按：不分乃不平、不服之意。「分」，今作「忿」，湖北方言中有「不忿氣」一語即與此處之「不分」同義。

㊲〈逍遙遊向郭義及支遁義探源〉，【陳寅恪先生文集】之三，《金明館叢稿二編》，頁八七。

現在我們再來看另外一面。佛經作為一門不久前才從外國傳入的學問，對於中國士大夫相當新奇，相當有引誘力。尤其是漢末以後，儒學的正統地位受到嚴重的挑戰，社會對於異端的承受力大大增加；魏晉以後，玄學興起，虛無之說盛行，對於旨趣頗有相通之處的佛理自然就更易於接受。《世說新語．文學》二三條說：

殷中軍見佛經，云：「理亦應在阿堵上。」

殷浩的話，如果譯成現代漢語，那就是：「理也該在這裏找到。」這兒的「理」，今天的讀者很容易理解為一般的道理，但魏晉時的用法，「理」是專指宇宙人生之哲理，即當時人說的「玄理」或「名理」。可見殷浩初見佛經便有一種似曾相識的感覺，而且相信佛理必與玄理相通。殷浩的這種看法其實代表了當時學術界的一般意見，即認為佛與孔、老的區別，只不過一是「西方聖人」，一是「東方聖人」，而他們所述說的「理」，尤其是那關於宇宙和人生的終極之理，都是一樣的。熱心的人甚至根據《史記．老子列傳》中說老子晚年出關，「莫知其所終」的話，造出一個「老子化佛」的故事，說老子去了西方，到達印度，收佛和其他印度人為弟子，共有二十九個云云[38]。這樣一來，所謂佛經就不過只是《道德經》的外國變種，那麼佛理和玄理之相

[38] 《後漢書．三〇．襄楷傳》載楷上書中有「或言老子入夷狄為浮屠」語（見中華書局標點本，頁一〇八二），晉道士王浮乃著《老子化胡經》附會其說，近人王維誠有〈老子化胡說考證〉一文可參看。

通，當然也就在意料之中了。《世說新語・文學》四四條：

> 佛經以為袪練神明，則聖人可致。簡文云：「不知便可登峰造極不？然陶練之功，尚不可誣。」

劉注引佛經曰：

> 一切眾生，皆有佛性，但能修智慧，斷煩惱，萬行具足，便成佛也。

簡文是清談家，並非佛徒。但在他看來，「佛」也就是「聖人」，佛經可以陶練神明，正如同《老》、《莊》可以陶練神明一樣。

事實上，東晉中期清談得以重振，部分原因即是佛理抓住了當時貴族知識分子，清談名士競相借佛經來「陶練神明」之故。除簡文外，劉惔、孫綽、許詢、郗超、王坦之、袁宏、殷浩等人都好佛經，而殷浩下的功夫最大。《世說新語・文學》有好幾條記他學佛經之事：

> 殷中軍被廢東陽，始看佛經。初視《維摩詰》，疑「般若波羅密」太多；後見《小品》，恨此語少。（五〇條）

> 殷中軍被廢，徙東陽，大讀佛經，皆精解，唯至事數處不解。遇見一道人，問所籤，便

釋然。（五九條）

殷中軍讀《小品》，下二百籤，皆是精微，世之幽滯。嘗欲與支道林辯之，竟不得。今《小品》猶存。（四三條）

最後一條「世之幽滯」一語，證明當時努力讀佛經的尚大有人在，決不只殷浩等數人——當然，真讀通的也不多。

東晉中期以後，玄學已有強弩之末、欲振乏力之感，而佛學卻方興未艾，在清談中佔據越來越重要的地位，漸漸變成鳩佔鵲巢，反賓為主了。這時清談中若有新理出現，也往往是關於佛理的，例如《世說新語．文學》三五條云：

支道林造〈即色論〉，論成，示王中郎，中郎都無言。支曰：「默而識之乎？」王曰：「既無文殊，誰能見賞？」

又〈假譎〉一一條云：

愍度道人始欲過江，與一傖道人為侶。謀曰：「用舊義往江東，恐不辦得食。」便共立心無義。既而此道人不成渡。愍度果講義積年。……

「即色義」及「心無義」皆後期清談中重要的新理，湯用彤〈魏晉玄學流別略論〉及陳寅恪〈支愍度學說考〉皆有論述，可以參看。

四、新哲學命題的提出與辯論

魏晉時代在政治方面固然充滿了分裂與動亂，但在學術思想上卻是一個融合、創新的時期。魏晉學術可說是中國古代一次小規模的「文藝復興」。在三百多年的儒術獨尊之後，魏晉思想家們不僅在某種意義上「復興」了先秦各家學術，而且往往自出機杼，對舊經典加以新解釋，或者熔鑄各家之精華，提出新的哲學命題。最著名的如有無本末之辨、自然名教之辨、言意之辨、才性之辨、聖人有情無情之辨、君父先後之辨等等，涉及到哲學上的本體論與認識論、人性論與人才論及其他各種幽微要眇之理，發前人之所未發。

這些命題往往是在清談中形成的，又成為後來清談的題目。後來的清談又進一步豐富了這些命題，或再產生新的命題。清談之外，又輔以作論、注書。不同的觀點，不僅在清談中交鋒，也在論文中相互攻難、辯答。如此往復研討，學術、哲理就不斷地發展精進。

下面仍以《世說新語》正文與劉注中的資料為主，分題談談這些命題的大致內容及其在清談中的演變。因為是新命題，資料又簡略，分析就不得不稍多一些。

㈠本末有無之辨

《世說新語・文學》八條云：

王輔嗣弱冠詣裴徽，徽問曰：「夫無者，誠萬物之所資，聖人莫肯致言，而老子申之無已，何邪？」弼曰：「聖人體無，無又不可以訓，故言必及有；老、莊未免於有，恆訓其所不足。」[39]

這段記載儘管非常簡略，僅一問一答，但根據問答的內容，我們可以斷定那實在是一次典型的清談。它包含了魏晉玄學中三個關鍵性的問題，即：⑴儒道異同；⑵孔老高下；⑶有無本末之辨。

魏晉玄學繼兩漢經學而起，它的明顯特色自然是道家思想的復興。但它的目的並非以道代儒，或崇道黜儒，它的目的乃在援道入儒，最終融合儒道。主流的玄學家都是「儒道兼綜」的，從王、何到向、郭都是如此。他們從不正面攻擊儒家，而是以道解儒；他們從不正面強調儒道的不同，而是努力把它們說成一樣。他們依然尊孔子為「聖人」，而老、莊只是「大賢」，不過

[39] 《三國志・二八・魏書・鍾會傳》裴注引何劭〈王弼別傳〉亦載此事而字句小異，見中華書局標點本，頁七九五。

用老莊的精神將這位聖人進行了若干改造而已。但是，怎樣才能調和儒、道實際存在的根本不同？怎樣才能把孔子改造為玄學的聖人？他們的辦法是，先從道家思想裏提煉出「以無為本，以有為末」的精華，作為玄學的根本指導思想。這裏所謂「無」，是存在之前的虛無，是先於物質的精神，是一切的根本和本體，是未分的渾一；所謂「有」，則是一切的實有或說存在，包括一切事物，尤其指人類社會的制度秩序，例如儒家所說的綱常名教之類。這個「有」，是從「無」來的，相對於「本」而言，它是本所生出的「末」；相對於「體」而言，它是體所產生的「用」；相對於「一」而言，它是一所分出的「多」。玄學家把這個思想說成是宇宙的總則，因而是各家共有的，儒、道自不例外。《世說新語》這則記載中裴徽的話說，「夫無者，誠萬物之所資也」，一個「誠」字，就表明了玄學家的這種觀點，也反映了當時普遍的思想傾向。那麼，為什麼儒家老是談「有」，而道家總是強調「無」呢？王弼回答說：因為孔子本身就是道的化身，就是以「無」為體的，所以也就沒有必要再多談「無」了；而且「無」的道理深奧難懂，很難用一般言辭來表達，於是就談「有」；而老子呢，還不能擺脫「有」的束縛，還不能完全以「無」為體，愈是不足，愈是要講，這就是為什麼老子要不斷說「無」的道理了。

孔子體無而說有，老子是有而說無，這當然是一種無法加以驗證的預設 (hypothesis)，你甚至還可以批評它是詭辯，但你不能不承認它的精緻與富於創造性。其實，它之是否能加以驗證並不重要，因為正如金岳霖先生所說的，一切「哲學中的見，其論理上最根本的部分，或者是假設，或者是信仰；嚴格的說起來，大都是永遠或暫時不能證明與反證的思想。」[40]重要的是它引出的結論，它對於拓展理論思維所起的作用。王弼的預設在理論架構上解決了融合儒道這兩個區別甚大的理論體系的可能性的問題。這個架構一方面維持了孔子原有的「聖人」地位，另一方面又用玄學的精神改造了孔子的面目，同時還證明了老莊不悖於聖教。有了這個架構，玄學清談家們就可以堂而皇之地援道入儒，並最終達到融合儒道的目的。所以，王弼的這幾句話，可說是魏晉玄學的根本基礎與總的綱領（參看本書第四章第四節）。

「以無為本」的思想可簡稱為「貴無」或「本無」，創始於何晏、王弼、夏侯玄等人，後來經過王衍的大力提倡，成為一時風氣。大家都崇尚虛無，不僅理論上高唱「貴無」之論，連實際辦事的時候也「以虛無為本」起來：「立言藉於虛無，謂之玄妙；處官不親所司，謂之雅遠；奉身散其廉操，謂之曠達。」[41]這種風氣令一部分有識之士感到憂慮，於是以裴頠為代表，提出了「崇有」的觀點，以對抗「貴無」論。「崇有」與「貴無」這場玄學理論之爭是西晉清談中一個重要事件，《世說新語・文學》一二條記載其事云：

> 裴成公作〈崇有論〉，時人攻難之，莫能折，唯王夷甫來，如小屈。時人即以王理難裴，

---

[40] 馮友蘭《中國哲學史》書末所附之「審查報告二」。

[41] 《晉書・三五・裴頠傳》，頁一〇四五。

理還復申。

裴頠〈崇有論〉今存，載《晉書・三五》本傳，全文約一千六百餘字。但細讀一過，則知論的正文其實只有最後一段，兩百餘字而已，前面的都只是序言㊷。現將正文引錄於下：

> 夫至無者無以能生，故始生者自生也。自生而必體有，則有遺而生虧矣。生以有為己分，則虛無是有之所謂遺者也。故養既化之有，非無用之所能全也；理既有之眾，非無為之所能循也。心非事也，而制事必由於心，然不可以制事以非事，謂心為無也。匠非器也，而制器必須於匠，然不可以制器以非器，謂匠非有也。是以欲收重泉之鱗，非偃息之所能獲也；隕高墉之禽，非靜拱之所能捷也；審投弦餌之用，非無知之所能覽也。由此而觀，濟有者皆有也，虛無奚益於已有之羣生哉！㊸

他的論點主要是兩個：一、無不能生有，生者自生；二、無不能制有，濟有者皆有。他的論點

㊷ 翼明按：歷來引用者都把序言誤讀為〈崇有論〉正文，至今未見有人指出。又據《世說新語・文學》一二條注引〈晉諸公贊〉說，裴頠著〈崇有〉二論，「才博喻廣，學者不能究」，那麼，裴之原文應當很繁富才對，現《晉書》所載僅二百餘字，我懷疑只是節要而已。《晉書》刪裁原文的地方很多，無煩舉例。

㊸ 《晉書》，頁一〇四六—一〇四七。

顯然打中了貴無派的要害，所以「王衍之徒攻難交至」，但是「並莫能屈」㊹。

貴無派的宗師當然是王、何。王、何的玄學力圖用抽象的思辨邏輯來探討宇宙本體，這比兩漢時期以「天人感應」為基礎的神學目的論和以陰陽五行為基礎的宇宙生成論進了一大步。但是，王、何在講「以無為本」的本體論的同時，也講了「有生於無」的宇宙生成論㊺。例如何晏說過：「有之為有，恃無以生。」㊻王弼說過：「夫物之所以生，功之所以成，必生於無形，由乎無名。」㊼特別是王弼下面一段話說得最明白：「凡有皆始於無。故未形無名之時，則為萬物之始；及其有形有名之時，則長之、育之、亭之、毒之，為其母也。」㊽這就是說，「無」一方面是「有」的本體——「母」，另一方面又是「有」的來源——「始」。

說「無」是本體還不打緊，說「無」能生「有」，問題就來了：第一，「無」怎樣能夠生「有」呢？第二，如果「有生於無」，那麼「無」又從何而生呢？「無」不能自生，那麼「無生

㊹ 同注㊸。

㊺ 翼明按：王弼關於有無的學說，學術界看法頗不一致。有的認為含有「有生於無」的宇宙生成論的成分，有的則認為王弼避開了宇宙生成論，只把有無看成「用（末）」與「體（本）」的關係。參看《中國古代著名哲學家評傳》二卷，頁三一三「編者附白」，及該書〈王弼〉、〈郭象〉兩篇。我同意前一說。

㊻ 《列子・天瑞》張湛注，中華書局【諸子集成】本，頁三。

㊼ 王弼《老子指略》，載《王弼集校釋》上冊，北京，一九八〇年，頁一九五。

㊽ 王弼《老子道德經注》，前書，頁一。

於有」嗎？如果「無」生於「有」，那豈不陷入了一個沒有止境的循環？如果「無」能夠自生，那麼「有」為什麼不能自生呢？裴頠正是抓住了貴無論這個致命的漏洞，斷言「無」不能生「有」，而是「生者自生」。萬物既然是自生，就只能互相養育，而不能靠「無」來「為其母」了。我們不難看出，裴頠的觀點正是針對王弼的論點來的。

貴無論從此受到嚴重的打擊，特別是「有生於無」的觀點幾乎再也無人提起。後來郭象注《莊》，就反覆強調無不能生有，萬物都是「塊然而自生」㊾，各各「獨化於玄冥」㊿。非惟無不能變有，有也不能變無，所以「自古無未有之時而常存」51。那麼，為什麼老莊要「申之無

㊾ 郭象注《莊子・齊物論》「大塊噫氣」句云：「大塊者，無物也。夫噫氣者，豈有物哉？氣塊然而自噫耳。物之生也，莫不塊然而自生，則塊然之體大矣，故遂以大塊為名。」見《莊子集釋》，頁四六。

㊿ 郭象注《莊子・齊物論》罔兩與景之問答云：「世或謂罔兩待景，景待形，形待造物者。請問：夫造物者，有耶無耶？無也，則胡能造物哉？有也，則不足以物眾形。故明眾形之自物而後始可與言造物耳。是以涉有物之域，雖復罔兩未有不獨化於玄冥者也。故造物者無主，而物各自造，物各自造而無所待焉，此天地之正也。」見《莊子集釋》，頁一一一—一一二。

51 郭象注《莊子・知北遊》冉求與仲尼之問答云：「言天地常存，乃無未有之時。」又云：「非唯無不得化而為有也，有亦不得化而為無矣。是以夫有之為物，雖千變萬化，而不得一為無也。不得一為無，故自古無未有之時而常存也。」見《莊子集釋》，頁七六二及七六三。又「是以夫有之為物」一句中「夫」字多本作「無」，誤，此依世德堂本改。參看《莊子集釋》（中華書局，一九六一年七月第一版，一九七八年六月北京第二次印刷），頁七六三，該條之校注。

已」呢？郭象回答說：「夫莊、老之所以屢稱無者何哉？明生物者無物，而物自生耳。」52郭象的理論可稱為「獨化論」，它同裴頠的「崇有論」並不是一個東西，但顯然受到〈崇有論〉的影響，則是無疑的53。自獨化論出，「有無本末」問題獲得一種新的解釋，玄學補好了自己的漏洞，從此走上一個新的發展階段。

(二)自然名教之辨

儒道同異在玄學清談中一直是一個重要的題目，而儒道同異的關鍵點在自然與名教的關係。

52 郭象注《莊子．在宥》「至道之精，窈窈冥冥；至道之極，昏昏默默」句云：「窈冥昏默，皆了無也。夫莊老之所以屢稱無者何哉？明生物者無物而物自生耳。自生耳，非為生也，又何有為於已生乎！」見《莊子集釋》，頁三八一－三八二。

53 有的學者認為郭象的思想即是崇有，如唐長孺〈魏晉玄學之形成及其發展〉（《魏晉南北朝史論叢》，頁三三三－三三四）、湯用彤的〈魏晉玄學流別略論〉（《湯用彤學術論文集》，頁二三七－二三八）即持此說。反對者則認為郭象的思想在本質上仍是貴無，獨化並不是崇有，郭象的「玄冥之境」是「無」的別名，如余敦康〈郭象〉一文（載《中國古代著名哲學家評傳》二卷，頁二七六－二八四）；或說郭象雖崇有，但與裴頠之崇有有本質的區別，獨化論是一種神秘主義，如任繼愈主編之《中國哲學史》（北京，一九七九年），見該書第四編第五章「郭象『玄冥』、『獨化』的神秘主義世界觀」，頁二一〇－二二五。

《世說新語・文學》一八條云：

> 阮宣子有令聞。太尉王夷甫見而問曰：「老莊與聖教同異？」對曰：「將無同。」太尉善其言，辟之為掾。

《晉書・四九・阮籍傳》附〈阮瞻傳〉以此事屬阮瞻，王衍則為王戎，詞亦稍詳，如下：

> （瞻）舉（止）灼然，見司徒王戎，戎問曰：「聖人貴名教，老莊明自然，其旨同異？」瞻曰：「將無同。」戎咨嗟良久，即命辟之。時人謂之「三語掾」。[54]

考察自魏至西晉的玄學發展史，我們可以看出自然名教之辨一直是一條與本末有無之辨平行的重要線索。簡略說來，它大約經歷了三個階段。第一階段是王弼、何晏，他們在這個問題上的觀點是「名教出於自然」。名教是「有」，自然是「無」，既然「有生於無」，那麼「名教出於自然」就是順理成章的事。第二階段是阮籍、嵇康，他們提出「越名教而任自然」，認為名教和自然是某種對立的關係，主張只要自然不要名教。這是一種因為對當時司馬氏的統治嚴重不滿而產生的過激觀點，顯然與魏晉玄學調和儒道的總目標是不一致的。第三階段是向秀、郭象，尤其是郭象，他認為「名教即自然」。這是從獨化論必然得出的結論。既然萬物都是「塊然自

---

54 《晉書》，頁一三六三。「止」字為衍文，「灼然」為當時選舉之名目。

生」，各各「獨化」，世界從來沒有經過「未有」的狀況，那麼「有」即自然；而名教是「有」，當然「名教即自然」了。這樣就不僅取消了名教和自然的對立，儒與道的對立，而且簡直就連他們之間的差異也一筆抹去了，融合儒道的目的於焉實現。所以從這個角度來看，我們不妨說，魏晉玄學是起於王、何，而成於向、郭。

從上述自然與名教之辨的發展線索來考察，可知《世說新語》此則所載阮脩或阮瞻的故事已經接近於郭象的觀點了。阮瞻和阮脩都卒於永嘉中，與郭象生活的年代相同55，於此可見「名教即自然」在西晉末已是頗為流行的看法。

(三)言意之辨

《世說新語‧文學》二一條云：

舊云，王丞相過江左，止道聲無哀樂、養生、言盡意三理而已，然宛轉關生，無所不入。

東晉清談名家王導過江只談三理，「言盡意」是其中之一，可見其重要。事實上，言意之辨

55 郭象「永嘉末病卒」，阮脩「避亂南行……為賊所害，時年四十二」，阮瞻「永嘉中，為太子舍人……後歲餘，病卒於倉垣，時年三十」。均見《晉書》本傳，中華書局標點本，頁一三九七、一三六七、一三六四。

一直是魏晉玄學中帶關鍵意義的大問題。表面上看，它討論的只是言辭和意念的關係，其實它與本體論中的本末體用的關係相通（意念是本體，言辭是末用），從而與玄學的核心問題有關，並由此而與玄學思潮的各個方面聯繫起來，例如人物學中的才性問題，人物品鑒及藝術欣賞中的形神問題，乃至立身行事中的心與迹的問題等等，真可說是「宛轉關生，無所不入」。

言意之辨，粗略地說來，主要是兩派，一派主言不盡意，一派主言盡意。言不盡意說出現很早，戰國時代就有了，而且可以說是學術界的通見。例如《周易・繫辭上》：

子曰：「書不盡言，言不盡意。然則聖人之意其不可見乎？」子曰：「聖人立象以盡意，設卦以盡情偽，繫辭焉以盡其言。」[56]

又如《莊子・天道》：

語有貴也，語之所貴者意也。意有所隨，意之所隨者，不可以言傳也。[57]

「言不盡意」論在西晉歐陽建以前，可說沒有受到懷疑或挑戰，是「通才達識，咸以為然」的。直到歐陽建著〈言盡意論〉，才有了明白的反對派。〈言盡意論〉全文不長，現轉錄於下：

---

[56] 【十三經注疏】，頁八二。

[57] 《莊子集釋》，頁四八八。

有雷同君子問於違眾先生曰：「世之論者，以為言不盡意，至乎通才達識，咸以為然。若夫蔣公之論眸子，鍾傅之言才性，莫不引此為談證，而先生以為不然，何哉？」先生曰：「夫天不言，而四時行焉；聖人不言，而鑒識存焉。形不待名，而方圓以著；色不俟稱，而黑白以彰。然則名之於物，無施者也；言之於理，無為者也。而古今務於正名，聖賢不能去言，其故何也？誠以理得於心，非言不暢；物定於彼，非名不辯。言不暢志，則無以相接；名不辯物，則鑒識不顯。鑒識顯而名品殊，言稱接而情志暢。原其所以，本其所由，非物有自然之名，理有必定之稱也。欲辯其實，則殊其名，欲宣其志，則立其稱。名逐物而遷，言因理而變。此猶聲發響應，形存影附，不得相與為二矣。苟其不二，則言無不盡矣。吾故以為盡矣。」58

現在看來，歐陽建的論證實在是軟弱無力的，並不足以服人。他的意思無非是三點：第一，先有物、理，後有名、言；第二，制名是為了辯物，立言是為了暢理；第三，名、言隨物、理而變，不可分割。問題不在於這三點對不對，問題是承認了這三點並不足以得出「言盡意」的結論。「言不盡意」論者也可以同意這三點而仍然認為言不盡意。「言盡意」與「言不盡意」之

58 《藝文類聚・一九》，嚴可均《全上古三代秦漢三國六朝文・一〇九》轉引，中華書局影印本，頁二〇八四。

爭的焦點是一「盡」字，歐陽建所說的三層意思都不能證明言可盡意，他所用的響與聲、影與形的兩個比喻適足以證明言不盡意而不是言盡意，因為響不能完全反應聲，影也不能完全反映形。

「言不盡意」是常識常理，我們每個人都有過莊子所說的「應於心」而「口不能言」[59]的經驗。現在要立一反論，殊非易事。歐陽建不成功，其他的嘗試有否不知。這裏說王導持「言盡意」論，而且「宛轉關生，無所不入」，可惜沒有更詳細的資料留下來，殊為憾事。

又言意之辨中牽涉到另一個概念——象。前引《周易・繫辭上》在「言不盡意」後又有「聖人立象以盡意」的話，於是就引出象能不能盡意的問題。就字面而言，《周易・繫辭》是贊成象能盡意的，至少是象與言結合起來可以盡意。「立象以盡意」載在《周易》，又出於孔子之口，想來當時很多人是贊成這個觀點的。但是如果接受「言不盡意」，勢必推出「象不盡意」才合乎邏輯。所以魏晉清談中也一直有「象盡意」與「象不盡意」兩派之爭，本章第一節中已經提到，此處不再重複。

---

[59]《莊子・天道》輪扁之語云：「得之於手而應於心，口不能言，有數存焉於其間，臣不能以喻臣之子，臣之子亦不能受之於臣。」見《莊子集釋》，頁四九一。

(四)聖人有情無情之辨（附性情之辨）

《世說新語・文學》五七條云：

僧意在瓦官寺中，王苟子來，與共語，便使其唱理。意謂王曰：「聖人有情不？」王曰：「無。」重問曰：「聖人如柱耶？」王曰：「如籌算。雖無情，運之者有情。」僧意云：「誰運聖人邪？」苟子不得答而去。

聖人有情還是無情也是清談中的老題目。無情論之祖是何晏，有情論之祖是王弼。《三國志・二八・魏書・鍾會傳》裴注引何劭〈王弼傳〉云：「何晏以為聖人無喜怒哀樂，其論甚精，鍾會等述之。弼與不同，以為聖人茂於人者神明也，同於人者五情也，神明茂故能體沖和以通無，五情同故不能無哀樂以應物，然則聖人之情，應於物而無累於物者也。今以其無累，便謂不復應物，失之多矣。」[60]此則中之王苟子名脩，是東晉中期人，可見這個問題的爭論到那時還沒有結束，或者也如才性四本一樣，已成為「言家口實」。

聖人無情與聖人有情二說，都各自言之成理，也各有學術淵源，湯用彤先生〈王弼聖人有情義釋〉[61]一文言之頗詳。要大致弄清這兩說，先要明白古人關於「性」、「情」的學說與「聖

[60]《三國志》，頁七九五。

人」的概念。古人認為「性」和「情」是有區別的。「性」是自然稟賦，受之於天，生而然者；「情」則是同外界接觸後產生的反應。「聖人」是全善的，代表人的理想境界、最高境界，聖人與天理自然合一，所謂「則天行化」。在漢代學者中，關於性、情之辨有兩派學說，一派以董仲舒為代表，認為「性善情惡」[62]；另一派以劉向為代表，認為「性情相應，性不獨善，情不獨惡」[63]，就是說性情都有善惡。自前派觀點推衍下去，聖人當然要無情才行；自第二派觀點推衍下來，則聖人不妨有情，不過聖人的性與情都是善的、正的，無惡無邪而已。

總之，聖人有情與聖人無情兩說就各自的學術淵源來說，都能成立。但如果從魏晉思潮的總趨勢來看，則王弼的聖人有情說顯然較何晏的聖人無情說更符合魏晉思潮的總體系，從而更有說服力。因為如前所說，魏晉思潮的總趨勢是要融合儒道，其融合儒道的根本辦法是建立一

---

61 載《湯用彤學術論文集》，北京，一九八三年，頁二五四—二六三。

62 王充《論衡‧本性》云：「董仲舒覽孫孟之書，作情性之說曰：『天之大經，一陰一陽；人之大經，一情一性。性生於陽，情生於陰。陰氣鄙，陽氣仁。曰性善者，是見其陽也，謂惡者，是見其陰者也。』」【諸子集成】本，頁三〇。

63 荀悅《申鑒‧五‧雜言下》云：「劉向曰：『性情相應，性不獨善，情不獨惡。』曰：『問其理？』曰：『性善則無四凶；性惡則無三仁；人無善惡，文王之教一也，則無周公管蔡。性善情惡，是桀紂無性而堯舜無情也，性善惡皆渾，是上智懷惡而下愚挾善也，理也未究也。』惟向言為然。」【諸子集成】本，頁二五—二六。

個本末體用的思想架構，把道家崇尚的自然作為本體，而把儒家崇尚的名教作為末用，末用出於本體，即名教出於自然，二者一致而不矛盾。孔子仍然是聖人，是最高典範，他體無而說有，即體自然而說名教。若以這個架構來看性情問題，則受之於自然的「性」是本體，應物而生的「情」是末用，二者不宜相悖。說性善情惡，則把體用打成了二截；說聖人無情，則是有體無用。而且，孔子是有情的，見於《論語》，說聖人無情，未免不顧事實。還有，聖人是人的最高境界，是可以仰慕學習的，說聖人無情，是把凡聖截然分開，聖人變成不可學習的怪物了。王弼說聖人有情，但是「應物而無累於物」，從而避免了上述理論上的漏洞，而符合於融合儒道的魏晉總精神。

東晉以後又出現「聖人忘情」之說，例如《世說新語・言語》五一條：

> 張玄之、顧敷是顧和中外孫，皆少而聰惠，和並知之，而常謂顧勝，親重偏至。張頗不懨。于時張年九歲，顧年七歲。和與俱至寺中，見佛般泥洹像，弟子有泣者，有不泣者。和以問二孫。玄謂：「被親故泣，不被親故不泣。」敷曰：「不然。當由忘情故不泣，不能忘情故泣。」

又〈傷逝〉四條：

王戎喪兒萬子，山簡往省之，王悲不自勝。簡曰：「孩抱中物，何至於此！」王曰：「聖人忘情，最下不及情。情之所鍾，正在我輩。」簡服其言，更為之慟。

「聖人忘情」當然是從「聖人無情」說衍來。「忘情」即「無情」，按「忘」字古通「亡」，「亡」又通「無」，意義非常接近。但是，「忘情」也不全等於「無情」，它多少比「無情」顯得柔和一點。魏晉以後，知識分子中重情的趨向日益強烈，詩文中也明顯可見尚情之風，以「忘情」易「無情」，大約也是此風影響的結果。「忘情」之「忘」當時義在「無」、「忽」之間，理解為今語的「忘記」則是不對的。

聖人有情無情之辨涉及到性情之辨，即性與情的關係和性與情的本質（例如為善為惡）等問題，所以自正始起[64]，這些問題也一直是清談中常常談到的題目。下面舉兩個《世說新語》中的例子。

1.〈文學〉四七條：

康僧淵初過江，未有知者，恆周旋市肆，乞索以自營。忽往殷淵源許，值盛有賓客，殷使坐，麤與寒溫，遂及義理。語言辭旨，曾無愧色。領略麤舉，一往參詣。由是知之。

---

64 這是就魏晉清談而言。至於學術淵源，則性、情之辨起源甚早，而東漢以後論述特多。參看王充《論衡・本性》及荀悅《申鑒・五・雜言下》。

這次康僧淵和殷浩的清談，談的主要就是「性情之義」。何以知之？據慧皎《高僧傳・四・康僧淵》條云：

康僧淵本西域人，生於長安，貌雖梵人，語實中國。……後因分衛之次，遇陳郡殷浩。浩始問佛經深遠之理，卻辯俗書性情之義，自晝至曛，浩不能屈。㉟

2.〈文學〉四六條：

殷中軍問：「自然無心於稟受，何以正善人少、惡人多？」諸人莫有言者。劉尹答曰：「譬如寫水著地，正自縱橫流漫，略無正方圓者。」一時絕歎，以為名通。

這是關於人性善惡的討論。人性善惡，雖是古老題目，卻也是魏晉學者試圖加以發揮的題目。荀粲當年舉起學術革新的大旗時，就是從「性與天道」打開缺口的。魏晉以前，關於人性善惡的學說，王充在《論衡・本性》中曾有詳細的討論。據他說有七種：①周人世碩的人性有善有惡說；②孟子的性善說；③告子的性無善惡說；④荀子的性惡說；⑤董仲舒的性陽情陰、性善情惡說；⑥劉向的性陰情陽說（按劉向又主「性情相應，性不獨善、情不獨惡」，已見前文）；⑦揚雄的人性善惡混說。王充自己則認為世碩的說法較近實

㉟【叢書集成新編】，臺北，一九八五年，冊一〇〇，頁三八二。

際，並根據孔子的「中人以上，可以語上也；中人以下，不可以語上也」及「唯上智與下愚不移」的話，提出他的性三品說，即聖人性善、下愚性惡、中人之性善惡混[66]。

魏晉學者對於這個問題一定有過熱烈的討論，正始間何、王的觀點就顯然不同。此處殷浩與劉惔都承認「善人少、惡人多」，看來他們的觀點應與王充接近，這大概也是魏晉時最流行的觀點。但是承認人性有善有惡，就必須解決一個「善惡從何而來」的問題。漢儒認為天是有意志的，那麼問題好辦，即善惡都是天有意安排的，即「天生善人」、「天生惡人」。但是魏晉清談家卻是繼承道家的觀點，以自然釋天，崇尚無意志的自然，而這個自然是最高、最大、最完美、萬物從之而出的。這樣一來，就有扞格不通的地方了。因為人性是稟受於自然的，既然有善有惡，那就要麼承認自然本身就有善有惡，要麼承認自然有心於稟受，即是有意志的，前者與崇尚自然之旨不合，後者又與自然的本意相悖。總之，都講不通。連殷浩這樣高明的清談家顯然都感到困惑，而劉惔的回答，既說明了人性為何有善有惡，又巧妙地避開了上面所說的兩個悖論，難怪大家都讚歎不已，許為「名通」了。

劉惔的回答在我們今天看來，只不過是一個巧妙機警的比喻，並沒有什麼學理上或邏輯上的堅實根據。但如果仔細考察一下，就知道他的比喻其實同當時的人性論、人才論都有密切關係。從劉惔的話裏可以推衍出三層意思：一，人所稟受於自然的原質都是一樣的；二，這個原

---

[66]《論衡》，【諸子集成】本，頁二八—三〇。

質在外化時呈現出不同的形態，造成人性的善惡差異；三，理想的形態極不易出現。我們若把魏時劉劭所著的《人物志》比較一下，就知道二者的思想是很接近的。《人物志》一開頭就說：「凡有血氣者，莫不含元一以為質，稟陰陽以立性，體五行而著形。」❻❼劉惔的第一層意思與第二層意思即與此大同小異。劉劭又把人按材性分為中庸、德行、偏材、依似、間雜五等，而以中庸為聖人之目，最難得，最可貴，劉惔的第三層意思與此相似。

㈤君父先後之辨

《世說新語．輕詆》一八條云：

簡文與許玄度共語，許云：「舉君親以為難。」簡文便不復答，許去後而言曰：「玄度故可不至於此。」❻❽

同條注引〈邴原別傳〉：

❻❼【文淵閣四庫全書】，冊八四八，頁七六二。

❻❽翼明按：細玩此則語氣，頗疑「云」為衍文。原文應作：「簡文與許玄度共語。許舉『君親』以為難，簡文便不復答。……」

魏五官中郎將嘗與羣賢共論曰：「今有一丸藥，得濟一人疾，而君、父俱病，與君邪？與父邪？」諸人紛葩，或父或君。原勃然曰：「父子一本也。」亦不復難。69

從以上兩條記載可以看出，君父（或君親，親謂父母）先後問題從魏至晉都是清談中的題目。君父先後問題亦即忠孝先後問題，忠君與孝親孰重？君與親孰先？在忠孝不能兩全的時候，是取忠還是取孝？這當然不是魏晉時才產生的新問題，但到魏晉時這個問題卻有了特別的意義，特別為人注意，成為清談中經常辯論的題目。

在漢代遇到忠孝不能兩全時，取忠取孝是可以各行其是的，例如《漢書・七六・王尊傳》載王尊、王陽的故事：

先是，琅邪王陽為益州刺史，行部至邛郲九折阪，歎曰：「奉先人遺體，奈何數乘此險！」後以病去。及尊為刺史，至其阪，問吏曰：「此非王陽所畏道邪？」吏對曰：「是。」尊叱其馭曰：「驅之！王陽為孝子，王尊為忠臣。」70

---

69 《三國志・一一・魏書・邴原傳》裴注引〈原別傳〉亦引此節，字句小異，見頁三五三—三五四。

70 《漢書》，頁三二二九。按王陽即王吉，王吉字子陽，時人亦稱之為王陽。《漢書・王吉傳》云：「吉與貢禹為友，世稱『王陽在位，貢公彈冠』，言其取舍同也。」見頁三〇六六。

王陽、王尊均為名臣，班固敘此事，亦無褒貶於其間。但當時是承平一統時代，忠君與孝親可能有矛盾，卻不致尖銳對立，各行其是是可以為各方接受的。魏晉時代則不同，王朝更迭是常事，在政權發生轉移的時候，忠孝不僅不能兩全，而且牽連到本人及全族的生死存亡。所以到底取孝取忠，就成為非常嚴重的問題，需要反覆辯明，以便為行動找到理論根據。

邴原的話說明他是主張父重於君的，曹丕似乎也未加反對。劉孝標在引〈邴原別傳〉之後還加上一句按語說：「君親相校，自古如此。」可見魏晉時，「父重於君，孝在忠前」是被普遍接受的定論。唐長孺在〈魏晉南朝的君父先後論〉一文中分析其原因說：

> 自晉以後，門閥制度的確立，促使孝道的實踐在社會上具有更大的經濟上與政治上的作用，因此親先於君、孝先於忠的觀念得以形成。同時，現實的政治也加強了，並且發展了這種觀點。我們知道建立晉室的司馬氏是河內的儒學大族，其奪取政權卻與儒家的傳統道德不符，在「忠」的方面已無從談起，只能提倡孝道以掩飾自己的行為，而孝道的提倡也正是所有的大族為了維護本身利益所必須的，因此從晉以後王朝更迭、門閥不衰的狀態，後人每加譏議，然而在當時，這一些統治者卻另有理論根據作為他們安身立命的指導。71

---

71 載唐氏《魏晉南北朝史論拾遺》，北京，一九八三年，頁二三八－二三九。

唐先生的意見很對，不過需要作一點補充。魏晉南朝的統治者雖然提倡孝道，但為著本身的利益，也不能不要忠，所以忠孝孰先或說君父先後的問題始終是一個並未得到妥善解決的問題。即以《世說新語》此則為例，當時正是桓溫控制晉室大權，其情形很像司馬氏當年，所以君父先後問題變得既現實且敏感。處於簡文那樣的地位，他如果提倡父重於君，則會打擊忠於晉室的力量；反之，他如果提倡君重於父，則又有刺激桓溫的可能，於是便只好什麼話都不說了。

東晉以後，倒是有一種理論，極力想消滅忠與孝的矛盾，把二者調和起來，就像他們極力調和名教與自然的矛盾、情與禮的矛盾一樣。如袁宏（三二八—三七六）在〈三國名臣贊〉中論王經時說：

君親自然，匪由名教。愛敬既同，情禮兼到。烈烈王生，知死不撓。求仁不遠，期在忠孝。[72]

其實王經的故事是典型的把忠君放在孝親之前的例子，《世說新語．賢媛》一〇條載其事，劉注引《漢晉春秋》敘之更詳，茲錄於後：

[72]《晉書》，頁二三九六。翼明按：中華書局標點本將「君親自然，匪由名教。愛敬既同，情禮兼到」數語誤為夏侯玄的贊語，實則由其內容與用韻皆可知此數語乃指王經。引用者多襲此而誤。

初，曹髦將自討司馬昭，經諫曰：「昔魯昭不忍季氏，敗走失國，為天下笑。今權在其門久矣，朝廷四方皆為之致死，不顧逆順之理，非一日也。且宿衛空闕，寸刃無有，陛下何所資用而一旦如此？無乃欲除疾而更深之邪？」髦不聽。後（司馬昭）殺經並及其母。將死，垂泣謝母，母顏色不變，笑而謂曰：「人誰不死？往所以止汝者，恐不得其所也。以此並命，何恨之有！」

就王經而言，是將忠君置於孝親之前的，所以才「知死不撓」；但王經的母親亦贊同他的做法，以為死得其所，甘心與兒子「並命」，這樣，忠與孝就在母親的偉大自我犧牲中完成了倫理上的統一。

㈥才性之辨

《世說新語．文學》五條云：

鍾會撰〈四本論〉始畢，甚欲使嵇公一見，置懷中，既定，畏其難，懷不敢出，於戶外遙擲，便回急走。

該條劉注云：

《魏志》曰：「會論才性同異，傳於世。」四本者，言才性同、才性異、才性合、才性離也。尚書傅嘏論同，中書令李豐論異，侍郎鍾會論合，屯騎校尉王廣論離。文多不載。

又〈文學〉九條注引《傅子》：

嘏既達治好正，而有清理識要，如論才性，原本精微，鮮能及之。司隸鍾會年甚少，嘏以明知交會。

同條又引《魏志》：

（傅）嘏嘗論才性同異，鍾會集而論之。

上引資料數條，足證才性之辨是正始清談中一個很重要的問題，曾引起過熱烈廣泛的討論。有才性同、才性異、才性合、才性離等四種主要觀點，其代表人物分別為傅嘏、李豐、鍾會、王廣。

除上述四人外，當時參加過這場討論的人一定很多，論點也不必都同於四本，我們現在還可以找到一些旁證。例如《三國志・二二・魏書・盧毓傳》云：

毓於人及選舉，先舉性行，而後言才。黃門李豐嘗以問毓，毓曰：「才所以為善也，故大才成大善，小才成小善。今稱之有才而不能為善，是才不中器也。」[73]

又如與嵇康、阮籍都是朋友的袁準寫過一篇〈才性論〉，此文之殘存部分載《藝文類聚．二一》，其中有云：

曲直者，木之性也。曲者中鉤，直者中繩，輪桷之材也。賢不肖者，人之性也。賢者為師，不肖者為資，師資之材也。然則性言其質，才名其用，明矣。[74]

稍前還有劉劭曾著《人物志》，書中也論到才性的關係，學術界人所習知，我就不舉例了。更早一些的荀悅（一四八－二〇九），在他著的《申鑒》一書曾討論過才與行的關係，其中有「合而用之，以才為貴，分而行之，以行為貴」[75]的話。行即操行，是「性」的外現，所以才行關係在某種意義上也就是才性關係。荀、劉二書可視為正始才性之辨的先聲。

究竟什麼是「才」，什麼是「性」？東漢思想家王充（二七－約九一）之《論衡．命祿》云：

[73] 《三國志》，頁六五二。

[74] 引自嚴可均輯《全上古三代秦漢三國六朝文》，中華書局影印本，頁一七六九。袁準字孝尼，魏郎中令袁渙之子。他與嵇、阮的交往可參看《世說新語．文學》六七條和〈雅量〉二條。

[75] 《申鑒》，【諸子集成】本，頁二四。

> 夫臨事知愚，操行清濁，性與才也。[76]

又〈骨相〉云：

> 操行清濁，性也。[77]

那麼，按王充的意見，所謂「才」當指一個人的「臨事知愚」，所謂「性」則指一個人的「操行清濁」。王充是對魏晉清談家有大影響的人[78]，正始間討論才性問題很可能即以他的定義為起點。但觀點不同的人很可能對才與性的定義也不完全一致，可惜原始材料佚缺，無法細論了。

至於「四本論」各自的精義如何，我們所能做的也僅止於推測。陳寅恪先生在〈書世說新語文學類鍾會撰四本論始畢條後〉一文中認為當時對才性問題持不同看法的人與其政治背景有密切聯繫，主張才性離、異者為曹氏黨羽，而主張才性合、同者為司馬氏黨羽。此說誠不可易，然亦有不足，即未能對才性論的學術淵源提出分析，因而不能解釋為什麼才性之辨在魏晉之爭結束之後二百多年還能一直引起清談家們的興趣。《世說新語．文學》三四條云：

---

76 《論衡》，【諸子集成】本，頁五。

77 前書，頁二五。

78 參閱本章第五節「論鬼神的有無」條。

殷中軍雖思慮通長，然於才性偏精，忽言及「四本」，便若湯池鐵城，無可攻之勢。

又〈文學〉五一條：

支道林、殷淵源俱在相王許，相王謂二人[79]：「可試一交言。而才性殆是淵源崤函之固，君其慎焉！」支初作，改轍遠之；數四交，不覺入其玄中。相王撫肩笑曰：「此自是其勝場，安可爭鋒！」

又〈文學〉六〇條：

殷仲堪精覈玄論，人謂莫不研究。殷乃歎曰：「使我解四本，談不翅爾。」

又《晉書．阮裕傳》：

裕雖不博學，論難甚精。嘗問謝萬云：「未見〈四本論〉，君試為言之。」萬敘說既畢，裕以傅嘏為長，於是構辭數百言，精義入微，聞者皆嗟味之。[80]

---

[79] 「二人」是「支」字之誤，參看第二章注[20]。

[80] 《晉書》，頁一三六八。

以上資料足以證明東晉時還有不少清談家從事〈四本論〉的研究與討論。甚至到南朝也還是如此，《南史・隱逸・顧歡傳》：

會稽孔珪嘗登嶺尋歡，共談「四本」。歡曰：「蘭石危而密，宣國安而疏，士季似而非，公深謬而是。總而言之，其失則同；曲而辯之，其塗則異。何者？同昧其本而競談其末，猶未識辰緯而意斷南北。羣迷暗爭，失得無準，情長則申，意短則屈。所以四本並通，莫能相塞，夫中理唯一，豈容有二？四本無正，失中故也。」於是著〈三名論〉以正之。[81]

總之，正始以後直至南朝，「四本論」成了清談家中無人不曉的大題目，正如王僧虔說的，是「言家口實」[82]。但是要精通卻也很難，連殷仲堪都歎不解，那麼真懂的人大概也就不多了。

一九八七年出版的王葆玹《正始玄學》一書第九章第二節「才性之辨」對才性論的學術淵源作了許多探討，提出了一些新的看法。王氏的主要觀點有四：第一，才性之辨是正始玄學辨形上形下、辨本末體用的總體哲學思想在人才論上的表現。他根據袁準「性言其質，才名其用」的話，說明性為形上、為本、為體；才為形下、為末、為用。第二，才性之辨乃上承漢末仁孝

[81] 《南史》，頁一八七五。

[82] 參閱本書第二章第三節所引王僧虔〈誡子書〉。

之辨，中經智行之辨，演變而來。蓋「孝」完全是倫理的，與「性」有相通之處；而「仁」卻含有事功之意，與「才」相近。第三，才性之辨可以由言意之辨的角度來解釋。言意之辨有意及言兩個因素，才性之辨則有性與才兩個因素。意可通性，言可稱才。言意關係有二，一為「言盡意」，一為「言不盡意」，而才性四本亦可分為合、同及離、異兩端。歐陽建〈言盡意論〉曰：「興之論者，以為言不盡意，由來尚矣。至乎通才達識，咸以為然。若夫蔣公之論眸子，鍾傅之言才性，莫不引此為談證。」王氏之推測蓋由此而出。第四，才性之辨又可從名理學的角度來解釋。「才性同」、「才性合」有似於惠施的「合同異」，「才性異」、「才性離」則有似於公孫龍的「離堅白」[83]。

王氏之論證還有許多待商榷之處，尤其是第三點。我以為從歐陽建的文章來看，僅可證明「才性同」、「才性合」觀點的持有者傅嘏與鍾會曾引「言不盡意」作為論據，卻不能說主張「才性離」、「才性異」的王廣、李豐也引過同樣的論據。更不能說鍾、傅主張「言盡意」，而王、李主張「言不盡意」。蓋主張才性同或合者認為才出於性，雖不即是性，而方向不悖，這就像言出於意而不盡意一樣，所以可以引「言不盡意」為談證；而主張才性離異者以才性為二事或至相反，引言意關係作論據的可能性很小。雖然其論點有待進一步推敲，但王氏的努力無疑是可貴的，為深入的探討提供了更多的角度。

[83] 參看《正始玄學》第九章第二節，頁三八九—四一一。

五、魏晉清談的其他內容

在以上四節中，我探討了魏晉清談的主要內容，大致可分為兩個大方面：一、對先秦舊經典的研究與討論；二、新哲學命題的提出與辯論。但無論是這兩方面中的哪一方面，都只能說是約舉其要，還有很多內容並沒有涉及到。由於資料的遺缺，一部分魏晉清談的內容是永遠不可能知道了；另有一部分則是尚可推見而以上四節沒有談到的，現在都歸到這一節裏作一個簡略的考察。

㈠討論其他經典

《世說新語・言語》六四條云：

> 劉尹與桓宣武共聽講《禮記》。桓云：「時有入心處，便覺咫尺玄門。」劉曰：「此未關至極，自是金華殿之語。」

首先需要確定的是：這算不算清談活動？我想應當算是，即使不算典型的清談，畢竟也相當接近了。因為參加的人，如劉惔、桓溫（當然還有其他與桓、劉身分相當的人）均為當時清談名士，可見這不是諸生在太學裏聽五經博士講課，而是清談家之間的講論。從桓、劉的對話來看，也顯然帶有清談的特色。

這則記載告訴我們，東晉士大夫「禮玄雙修」的學風也影響到清談的內容，清談不僅談玄，也談禮。他們在討論禮制的時候，明顯地貫穿著一種哲學的精神，即不僅討論具體的制度，也探討禮制的哲學根據、形而上的原理，所以桓溫才會有「咫尺玄門」之感。東晉南朝的貴族知識分子曾寫下無數討論禮制的文章，我們有理由推測，其中不少就是清談的產物[84]。

又《世說新語・言語》九〇條云：

孝武將講《孝經》，謝公兄弟與諸人私庭講習。車武子難苦問謝，謂袁羊曰：「不問則德音有遺，多問則重勞二謝。」袁曰：「必無此嫌。」車曰：「何以知爾？」袁曰：「何嘗見明鏡疲於屢照，清流憚於惠風？」

這也應當算作清談活動，理由同前。在清談中講論《孝經》，或說以清談的方式講論《孝經》，東晉以後相當流行，至南朝尤盛（參看本書第六章第六節）。例如《陳書・文學・岑之敬傳》云：

---

[84] 參看牟潤孫《論魏晉以來之崇尚談辯及其影響》（香港中文大學出版，一九六六年）第七節「談辯之影響經學」，頁二六－三〇。

梁武帝省其策曰：「何妨我復有顏閔邪？」因召入面試。令之敬昇講座，勑中書舍人朱异執《孝經》，唱〈士章〉，武帝親自論難。之敬剖釋縱橫，應對如響，左右莫不嗟服。

《禮記》、《孝經》等儒家經典之成為清談中研討的內容並不足奇，事實上，前面提過的著名清談話題，如自然名教、聖人有情無情、君父先後等等，都是同這些經典的內容有這樣那樣的關聯的。

由此不難推論，魏晉清談家們在清談中也一定還研討過其他先秦經典，只是材料缺乏，我們無法確知了。

(二)論人物批評與品鑒之理

人物批評與品鑒之風從東漢以來就很盛，至晉不衰。但東漢的人物批評與品鑒多是具體的、指實的，魏晉以後則於具體指實之人物批評與品鑒之外，增加了探討人物批評與品鑒之原理與規則的內容。

近代學術界有一種相當流行的觀點，認為魏晉清談起源於東漢的人物批評。即由於漢末黨錮之禍及魏初曹氏父子對諸名士的摧抑，具體指實的人物批評一變而為抽象原理之探討[85]。此

85 參看陳寅恪〈逍遙遊向郭義及支遁義探源〉、〈陶淵明之思想與清談之關係〉及湯用彤〈讀「人物志」〉。

說很值得重新加以檢討。魏晉清談起源於漢末太學的「游談」之風，人物批評只是「游談」風氣中的一部分內容，這一點我將在本書第四章第一節中詳細論述，這裏暫不多說。即單就人物批評一端而論也需要指出：具體指實的人物批評與品鑒在魏晉時依然存在，這只要看《世說新語》中的〈識鑒〉、〈賞譽〉、〈品藻〉等篇就可以清楚，不煩多所論證。所以，魏晉時探討人物批評品鑒之理是「踵事增華」，而非「改途易轍」，其中學理演進的因素重於政治壓迫的因素。

但是具體指實的人物批評與品鑒雖然在魏晉時依然存在，卻不被當時人視為「清言」——即我們現在所說的「清談」。而只有探討人物批評與品鑒的原理的部分，如前面談到的「才性之辨」，才能叫作「清言」。這裏有一種情形特別值得注意，即表面上看來是談有名有姓的具體人物（多是古代人物），但實質上卻是通過討論這些人物引出評鑒之理則，那麼，這樣的討論就是清談了。例如《世說新語・言語》二三條：

> 諸名士共至洛水戲，還，樂令問王夷甫曰：「今日戲，樂乎？」王曰：「裴僕射善談名理，混混有雅致；張茂先論《史》、《漢》，靡靡可聽；我與王安豐說延陵、子房，亦超超玄箸。」

這次諸名士在洛水旁清談，其中王衍與王戎談的是歷史人物延陵（即吳季札）與子房（即張良），這兩個人是當時人研究人物批評的一般原則時常常舉來作例子的，例如劉劭《人物志・

流業・三》中就舉延陵為「清節家」的代表，張良為「術家」的代表；又如姚信《士偉新書》也是一本泛論人物評鑒的書，其中也舉延陵為例。可以推見王衍、王戎當時談的一定不是這兩個互不相干的人物的故事，而是由此泛論人物批評之理，這自然是典型的「清談」，因而可以與「談名理」、「論《史》、《漢》」並列。

又如《世說新語・言語》七二條載伏滔與習鑿齒論青、楚人物，基本上也屬於這一類。

㈢辨養生延年之可能性

前引〈文學〉三一條說王導過江只談三理，養生為其中之一。魏晉貴族知識分子好談養生，這與他們尚老莊的思想有關，更與他們生活優裕而又多患難的實際狀況有關。

養生論的源頭在嵇康。他曾作〈養生論〉，大意說神仙雖有，然非積學可致；而導養得理，延年益壽至數百歲乃至千餘歲都是可能的。後向秀作〈難養生論〉，與他辯論，他又作〈答難養生論〉以申述之。自嵇、向以後，養生問題大約就成為清談的常見話題了。

嵇康又著〈難宅無吉凶攝生論〉，並與阮侃反覆辯難，亦與養生有關[86]。

[86] 嵇康與向秀辯論養生及與阮侃辯論宅無吉凶等文均已收入戴明揚之《嵇康集校注》，北京，一九六二年。

㈣辨聲音有無哀樂之分

「聲無哀樂」也是王導過江所談三理之一，其源頭也在嵇康。在嵇康前，儒家經典一般都認為聲音或說音樂是有哀樂的，例如《禮記・樂記》說「治世之音安以樂」，「亂世之音怨以怒」，「亡國之音哀以思」之類。而嵇康獨主聲音只有善惡即好壞的區別，而沒有哀樂之分。哀樂是聽者已有的，聲音只起觸發的作用而已。

嵇康在〈聲無哀樂論〉一文中託為「秦客」與「東野主人」的辯論來闡明自己的觀點，前後八問八答，論析詳盡、鋒穎精密，既是論辯文的傑作，亦可視為一次激烈、精彩的清談的書面記錄，所以後來同「才性四本」一樣，也成為「言家口實」[87]。

㈤論夢的成因及意義

關於夢的成因、意義和解析，直到本世紀佛洛伊德提出潛意識學說和精神分析方法以後，才有較大的進展，但是我們在《世說新語》裏可以看到當時的學者已經在思考這個問題了。例如〈文學〉一四條：

[87] 參注[82]。〈聲無哀樂論〉亦載《嵇康集校注》。

衛玠總角時，問樂令夢，樂云：「是想。」衛曰：「形神所不接而夢，豈是想邪？」樂云：「因也。未嘗夢乘車入鼠穴、擣齏噉鐵杵，皆無想無因故也。」衛思因經日不得，遂成病。樂聞，故命駕為剖析之，衛即小差。樂歎曰：「此兒胸中當必無膏肓之疾。」

樂廣析夢為「想」，而「想」是清醒時（形神相接）的意識活動，年輕的衛玠不滿意，認為夢是不清醒時（形神不接）產生的，樂廣乃加以修改，說是「因也」，即因「想」而起但不即是「想」的某種介於清醒與不清醒之間的意識活動。請看，這豈不已經接近潛意識學說的邊緣了嗎？又如〈文學〉四九條：

人有問殷中軍：「何以將得位而夢棺器，將得財而夢矢穢？」殷曰：「官本是臭腐，所以將得而夢棺屍；財本是糞土，所以將得而夢穢污。」時人以為名通。

殷浩的回答不過是俏皮話，但也接觸到夢的象徵含意這個直到今天仍待深入研究的問題。

(六)論鬼神的有無

論鬼神有無看來也是當時清談內容之一，《世說新語・方正》二二條：

阮宣子論鬼神有無者。或以人死有鬼，宣子獨以為無，曰：「今見鬼者云，著生時衣服，若人死有鬼，衣服復有鬼邪？」

這不算阮脩的新見，其說出於王充，劉注引《論衡》云：

世謂人死為鬼，非也。人死不為鬼，無知，不能害人。如審鬼者死人精神，人見之，宜從裸袒之形，無為見衣帶被服也。何則？衣無精神也。由此言之，見衣服象人，則形體亦象人，象人，知非死人之精神也。凡天地之間有鬼，非人死之精神也。

王充為東漢具反叛精神之大思想家，其學說實開魏晉思潮之先河。漢季以來名士多取《論衡》以為談資，是見於歷史記載的88。

大抵王充之後，士人中持無鬼論者漸多，但以為有鬼者仍佔優勢，二者之間不免常常辯論，於是鬼神有無也就成為清談內容之一。以下一則有趣的故事取自干寶的《搜神記》，主角正是阮脩的姪子阮瞻，從中可以推見當時人辯論鬼神有無的情形：

阮瞻字千里，素執無鬼論，物莫能難。每自謂此理足以辯正幽明。忽有客通名詣瞻，寒

88 《後漢書・四九・王充傳》注引袁山松書曰：「充所作《論衡》，中土未有傳者。蔡邕入吳始得之，恆秘玩以為談助。其後王朗為會稽太守，又得其書。及還許下，時人稱其才進。或曰：不見異人，當得異書。問之，果以《論衡》之益。由是遂見傳焉。」（頁一六二九）《太平御覽・六〇二》引《抱朴子》亦有類似記載。參看孫道昇〈清談起源考〉，《東方雜誌》四二卷三號（一九四六年二月）。

溫畢，聊談名理。客甚有才辨。瞻與之言良久，及鬼神之事，反復甚苦。客遂屈，乃作色曰：「鬼神古今聖賢所共傳，君何得獨言無？即僕便是鬼。」於是變為異形，須臾消滅。瞻默然，意色太惡。歲餘，病卒。[89]

「談名理」而「及鬼神之事」，而且「反復甚苦」，可見是典型的清談。清談發生於人、鬼之間，當以此例為最早。

《世說新語》中還有一段關於阮宣子的記載，也是否認鬼神之存在的。〈方正〉二一條：

阮宣子伐社樹，有人止之，宣子曰：「社而為樹，伐樹則社亡；樹而為社，伐樹則社移矣。」

《晉書》本傳「亡」、「移」二字位置互換，更好理解。其意為，社神如果真有而託身為樹，則伐樹時社神必遷移至它處，伐之何損？如果是老樹成精而被當成社神，則伐掉樹社神也就隨之而亡，則何懼之有？這話骨子裏當然是根本不承認有所謂社神之存在的。

(七)論視覺的形成

《世說新語．文學》四八條云：

[89] 《搜神記》，北京，一九七八年，頁一八九—一九〇。《晉書．阮瞻傳》亦載此事，見頁一三六四。

殷、謝諸人共集。謝因問殷：「眼往屬萬形，萬形來入眼不？」

我們可以立刻確定：第一，這是清談。殷、謝諸人皆清談要角，開頭點出「共集」，然後謝發問，挑起論辯，這正是當時名士典型的清談架式；第二，這段記載不完整。因為謝既問殷，殷決無不回答之理，而且可能是往復辯難，但是現在我們只看到謝的問話而無殷的答語。

視覺如何形成？眼睛看萬物時，到底是眼光去？還是萬物來？這個問題看似簡單，其實是很複雜的科學問題，在現代物理學、光學出現之前是根本不可能解釋的。而東晉名士已經提出來討論了，我們不能不佩服我們先人的研究精神。早已有學者指出，中國古代的科學，儘管總的說起來不發達，但魏晉南北朝時代是很有科學精神的，只是後來沒有得到發揚罷了[90]。這一則可為此說提供一證。

---

[90] 例如章太炎於本世紀初寫的〈五朝學〉一文中就說過：「夫經莫穹乎禮樂，政莫要乎律令，技莫微乎算術，形莫急乎藥石，五朝諸名士皆綜之。其言循虛，其藝控實，故可貴也。凡為玄學，必要之以名，格之以分。而六藝方技者，亦要之以名，格之以分。治算、審形、度聲則然矣。服有衰次，刑有加減。傳曰：『刑名從商，文名從禮。』故玄學常與禮相扶。自唐以降，玄學絕，六藝方技亦衰。」見《太炎文錄初編》，收入【章太炎全集】(四)，上海，一九八五年，頁七五－七六。

下篇

清談的起源、發展及其演變

第四章　清談的醞釀與成形

從本章開始，我將嘗試對魏晉清談作一個分階段性的描述。大致分三段：⑴漢末到魏初；⑵魏晉之交到西晉末；⑶東晉到南朝。在這個描述中，我希望能夠說明：各階段清談同當時政治的關係；各階段清談的重點內容及其貢獻；各階段清談的代表人物及其聚合等內容。無庸諱言，由於材料的缺乏，這個描述很可能是不全面的。

一、漢末太學的「游談」之風

清談萌芽於漢季，而衰微於晉末，南朝之後，只剩下一點回聲。《世說新語》一書的敘事亦上起自漢末陳蕃、郭泰、李膺諸人而下迄於晉宋之交之謝靈運。與其說這是一個巧合，毋寧說其中有相當的必然性。近代學者已注意到這一事實。陳寅恪先生在〈陶淵明之思想與清談之關係〉一文中說：

《世說新語》記錄魏晉清談之書也。其書上及漢代者，不過追溯原起，以期完備之意。惟其下迄東晉之末劉宋之初迄於謝靈運，固由其書作者只能述至其所生時代之大名士而止，然在吾國中古思想史，則殊有重大意義。蓋起自漢末之清談適至此時代而消滅，是臨川康王不自覺中卻於此建立一劃分時代之界石及編完一部清談之全集也。❶

余英時先生在其所著〈漢晉之際士之新自覺與新思潮〉一文中對陳先生這一觀點評論說：

按陳先生注重清談思想之流變，故重視《世說》年代之下限，其說誠不可易。但若從士大夫新生活方式之全部著眼則尤當注意其上限，清談特其一端耳，而《世說》所載固不限於清談也。❷

今按二家的意見甚是，合之更佳。陳先生注重清談思想流變，故重下限，余先生注重士大夫生活方式，故重上限。其實《世說》的上、下限都值得我們特別重視，即僅從清談一端而言亦是如此。

清談的遠源可以追溯到兩漢的講經，無論就內容或形式來看，清談都是對兩漢講經的揚棄，

❶【陳寅恪先生文集】之二，《金明館叢稿初編》，臺北，一九八一年，頁一九四。

❷《中國知識階層史論（古代篇）》，臺北，一九八〇年，頁二二八，注⑲。

即一方面，清談是對兩漢講經的反動與否定，另一方面，清談又是對兩漢講經在某種意義上的繼承。而漢末黨錮之禍正是這一揚棄過程的起點。當時集中於京師太學後來又因亂流散各地的知識分子則是這一揚棄過程的推動者。

東漢後期政治上的顯著特點是宦官外戚集團和士大夫集團之間為爭奪政權，尤其是中央政權所進行的殘酷鬥爭，長達二十多年的黨錮之禍正是這一鬥爭的集中反映。在這場鬥爭中，太學學生顯然扮演了很重要的角色，成為士大夫集團反抗宦官外戚集團的重要力量。當時太學規模很大，學生很多，其中又有不少貴族子弟、高官子弟。《後漢書．儒林列傳》說：

> 順帝感翟酺之言，乃更脩黌宇，凡所造構二百四十房，千八百五十室。試明經下第補弟子，增甲乙之科員各十人，除郡國耆儒皆補郎、舍人。本初元年，梁太后詔曰：「大將軍下至六百石，悉遣子就學，每歲輒於鄉射月一饗會之，以此為常。」自是遊學增盛，至三萬餘生。❸

兩漢士人「通經致仕」，經學蓋利祿之階，而通過太學的策試而登仕途，則更是仕宦中最便捷、最榮耀的途徑。所以兩漢的太學可以說是官吏的搖籃，太學學生就是未來的官吏，參政意識本來就很強，現在再加這麼多的貴族、高官子弟，這種意識當然更強了。但是太學學生發展得這

❸《後漢書》，中華書局標點本，香港，一九七一年，頁二五四七。

麼快，最高時達三萬多人，哪有那麼多官可做？而宦官外戚相繼把持朝政，弄得烏煙瘴氣，士大夫早就看不慣；加上宦官外戚的子弟遍布中外，也堵塞了太學諸生的仕宦之路。在這種情形下，太學諸生和中央政府裏士大夫集團的領袖人物結合起來，批評朝政，推動風潮，就成為不可避免的事情了。我們看《後漢書・黨錮列傳》追述黨錮的緣起，說最初是起於甘陵南北部，但造成聲勢則是在京師的太學：

因此流言轉入太學，諸生三萬餘人，郭林宗、賈偉節為其冠，並與李膺、陳蕃、王暢更相褒重。學中語曰：「天下模楷李元禮，不畏強禦陳仲舉，天下俊秀王叔茂。」又渤海公族進階、扶風魏齊卿，並危言深論，不隱豪強。自公卿以下，莫不畏其貶議，屣履到門。❹

這樣才引起宦官集團的恐懼，同時也給他們以鎮壓的藉口。後來與宦官集團有關係的牢脩乃上書誣告李膺等人，而誣告的內容正是說「膺等養太學遊士，交結諸郡生徒，更相驅馳，共為部黨，誹訕朝廷，疑亂風俗。」「於是天子震怒，班下郡國，逮捕黨人，布告天下，使同忿疾，遂收執膺等。其辭所連及陳寔之徒二百餘人，或有逃遁不獲，皆懸金購募。使者四出，相望於道。明年，尚書霍諝、城門校尉竇武並表為請，帝意稍解，乃皆赦歸田里，禁錮終身。而黨人之名，

❹《後漢書》，頁二一八六。

猶書王府。」❺是為第一次黨錮之禍，時在公元一六六年至一六七年。太學學生在這中間起了什麼樣的作用，是非常清楚的。我們甚至不妨說，黨錮事件實際上是一次太學學生的學潮，郭泰、賈彪是這次學潮的領袖，而李膺、陳蕃等人則是這次學潮所擁護的政治代表。

事實上，在這次學潮之前，太學的風氣已開始變化。前引《後漢書・儒林列傳》那一段後作者緊接著就說：「然章句漸疏，而多以浮華相尚，儒者之風蓋衰矣。」就是說，死啃書本的人少了，而另一種風氣，即作者稱為「浮華」的，開始起來了。這種被范曄稱為「浮華」的風氣究竟是一種怎樣的風氣呢？《後漢書・循吏列傳・仇覽傳》有一段記他在太學中的故事，很可以給我們一些啟發，特錄如次：

> 覽入太學。時諸生同郡符融有高名，與覽比宇，賓客盈室。覽常自守，不與融言。融觀其容止，心獨奇之，乃謂曰：「與先生同郡壤，鄰房牖。今京師英雄四集，志士交結之秋，雖務經學，守之何固？」覽乃正色曰：「天子脩設太學，豈但使人游談其中！」高揖而去，不復與言。後融以告郭林宗，林宗因與融齎刺就房謁之，遂請留宿。林宗嗟嘆，下牀為拜。❻

❺《後漢書》，頁二一八七。
❻《後漢書》，頁二四八一。

由此可見，當時太學裏有一種「游談」之風，即交游與談論之風。這種風氣同死啃書本、拘守章句的老風氣比較起來，顯然是「捨本治末」，魏晉人的口頭禪則稱之為「浮華」。這種風氣的產生，一方面是大量的知識分子從全國各地來到京師，長年累月地聚集在太學裏，很自然會導致的結果；另一方面則是當時的政治形勢使然，試看符融對仇覽說的話，說現在「京師英雄四集」，是「志士交結之秋」，就可明瞭於此點了。郭泰、符融正是當時太學學生的領袖，又與李膺等人特別交厚，他們顯然是感覺到時局的腐敗，感覺到宦官集團之必須清除，政治之必須改革，因此想藉太學的有利條件，團結一批志同道合的人，做一番除舊布新、「澄清天下」的大事業❼。符融薦郭泰於李膺❽，符、郭對仇覽的注意與推誠，都應當從這個角度去理解。

既要團結一批同志，游談自不可免。其中談論一項尤其重要。因為只有通過談論，才能發現對方是不是人才；也只有通過談論，才能判斷對方是不是同志。簡言之，通過談論以知人交

❼ 當時黨人領袖都有「澄清天下」之志，如《世說新語・德行》一條云：「陳仲舉言為士則，行為世範，登車攬轡，有澄清天下之志。」四條云：「李元禮風格秀整，高自標持，欲以天下名教是非為己任。」《後漢書・黨錮列傳・范滂傳》云：「滂登車攬轡，慨然有澄清天下之志。」（頁二二〇三）此語亦見於張璠之《漢紀》，字句小異，見《世說新語・賞譽》三條劉注引。

❽《後漢書・郭符許列傳》云：「郭林宗始入京師，時人莫識，融一見嗟服，因以介於李膺，由是知名。」（頁二二三二）

友，這就是當時太學中形成的新風氣，而這新風氣的產生又是適應當時政治鬥爭的需要的。由此也容易明白，為什麼當時的學生領袖，如郭泰、符融，都是既善於談論，又善於鑒別人才的人。《後漢書・郭泰傳》說郭泰「善談論，美音制」、「性明知人，好獎訓士類」❾，〈符融傳〉說符融「幅巾奮袖，談辭如雲」、「郭林宗始入京師，時人莫識，融一見嗟服」❿。至於他們談論的內容，雖無明白直接的史料記載，但根據各種間接資料，我們可以推測，大約不外乎以下三個大的方面：⑴對於時政的議論；⑵對於人物的品評；⑶對於學術思想的討論。

這些人既以「澄清天下」為己任，那麼議論時政自然是他們談論的主旨，而品評人物則一方面是議論時政的一部分，另一方面又是知人交友的需要。議論時政與品評人物合起來，就是前人常說的「漢末清議」的內容。亦即《後漢書・黨錮列傳》所說的「逮桓靈之閒，主荒政繆，國命委於閹寺，士子羞與為伍，故匹夫抗憤，處士橫議，遂乃激揚名聲，互相題拂，品覈公卿，裁量執政。」⓫前人於此已經說得很多了。討論學術思想一層，直接資料最少，也最為前人之所忽視。唯余英時先生在其所著之〈漢晉之際士之新自覺與新思潮〉一文中特別將此點提出，他說：「鄙見以為漢末士大夫之清談實同時包括人物批評與思想討論二者：李元禮每擯絕它賓

❾《後漢書》，頁二二二五。

❿《後漢書》，頁二二三二。

⓫《後漢書》，頁二一八五。

聽符融言論，而為之捧手歎息。符融之言論所以如此引人入勝者，豈能盡在於具體人物之批評，又豈能僅為其辭藻華麗或音調鏗鏘之故哉！斯二人在思想上殆必有符合冥會之處，故聽者為之心醉而不覺深為歎賞耳。」❶²並在該文注八七中引《後漢書・孔融傳》中路粹奏孔融「前與白衣禰衡跌蕩放言，云父之於子，當有何親？論其本意，實為情欲發耳。子之於母，亦復奚為，譬如寄物瓶中，出則離矣」之議論，謂為漢末談論已涉及思想討論之一例❶³。這實在是很對的。現在可以補充一點，即前面說過，漢末這種談論的風氣不是發生在別的地方，而是發生在太學。太學是當時研究學問（雖然主要是儒學）的最高學府，老師是當時最好的學者，學生是各地來的精英分子，這樣的人聚在一起，談論而不涉及學術思想的討論是不可想像的。合理的解釋是，這些人在一起，固然因為國事時局及自我切身利益的關係，常常議論時政、品覈公卿、知人論世、互相題拂，但也一定經常展開學術思想的討論與交流。而且，這兩者還必然互相影響，互為表裏，即學術思想支持論人議政，而論人議政又發展學術思想。可以想見，在論人議政之風影響下的學術思想，棄泥守章句、墨守家法之舊風，而向著探求義理、追求融會貫通方面發展，自是必然的趨勢。所以漢末許多有作為的名士，都「不好章句」、「不守章句」，而重視「博」、「通」，也就不是一個偶然的現象了❶⁴。

---

❶² 《中國知識階層史論（古代篇）》，頁二四八。

❶³ 前書，頁三〇〇。

總括起來說，就是：在漢末黨錮事件前後那一段時期裏，由於京師太學的發展和現實政治的刺激，逐漸在太學諸生中形成了一種交游與談論的新風氣，他們議論時政、品評人物，同時也討論學術思想。這個新風氣同從前太學中兩耳不聞窗外事，一心只讀聖賢書和墨守家法、拘泥章句的舊學風很不相同。

黨錮之禍雖使士大夫集團受到沉重打擊，太學中的「高名善士」，即領袖人物，也「多坐流廢」⑮，但是這種交游和談論的新風氣並未因此而消滅，反倒隨著這些高名善士的流廢而從京師播散到地方，從太學諸生播散到一般士人之中。讀漢末到魏初這一段歷史，我們不難感到這股新風氣之流播，其時士人中以善於談論或評鑒人物著稱的人也特別地多起來。試舉數例如下：

> 謝甄字子微，汝南召陵人也。與陳留邊讓並善談論，俱有盛名。每共候林宗，未嘗不連日達夜。⑯
>
> 許劭字子將，汝南平輿人也。少峻名節，好人倫，多所賞識。……初，劭與（從兄）靖

---

⑭《後漢書・荀淑傳》云：「荀淑……少有高行，博學而不好章句，多為俗儒所非。」（頁二〇四九）〈韓韶傳〉云：「子融，字元長，少能辯理而不為章句學。」（頁二〇六三）〈盧植傳〉云：「盧植……少與鄭玄俱事馬融，能通古今學，好研精而不守章句。」（頁二一一三）

⑮《後漢書・儒林列傳》，頁二五四七。

⑯《後漢書》，頁二二三〇。

俱有高名，好共覈論鄉黨人物，每月輒更其品題，故汝南俗有「月旦評」焉。⑰

鄭泰字公業，河南開封人，司農眾之曾孫也。少有才略。靈帝末，知天下將亂，陰交結豪桀。……卓既遷都長安，天下飢亂，士大夫多不得其命。而公業家有餘資，日引賓客高會倡樂，所贍救者甚眾。⑱

孔融字文舉，魯國人，孔子二十世孫也。……性寬容少忌，好士，喜誘益後進。及退閑職，賓客日盈其門。常歎曰：「坐上客恆滿，尊中酒不空，吾無憂矣。」⑲

孔公緒（名伷）清談高論，噓枯吹生。⑳

初平中，焦和為青州刺史。……入見其清談干雲，出則渾亂，命不可知。㉑

許靖字文休，汝南平輿人。少與從弟劭俱知名，並有人倫臧否之稱。……靖雖年逾七十，愛樂人物，誘納後進，清談不倦。㉒

---

⑰《後漢書》，頁二二三四—二二三五。

⑱《後漢書》，頁二二五七、二二六〇。

⑲《後漢書》，頁二二七七。

⑳《後漢書》，頁二二五八。

㉑《三國志》，中華書局標點本，北京，一九五九年，頁二三二，注引《九州春秋》。

㉒《三國志》，頁九六七。

黨錮之後，士人談論的具體內容或許有些變化，例如批評中央政治及當權者的「危言覈論」可能減少或幾乎沒有了，而一般性的人物品評及思想討論多起來。但是喜交游、重談論、不守章句之風則依舊。這種風氣直接醞釀了稍後出現的魏晉清談。所以我們有足夠的理由把從漢末黨錮事件前後到魏初這一段時期，稱為清談的醞釀期，而其代表人物則是郭泰（一二八—一六九）、符融（生卒年無考）和許劭（一五〇—一九五）。

二、太和初荀粲等人的清談

漢末士人中所流行的談論之風，還不是我們所說的魏晉清談，它頂多只能看成是魏晉清談的先聲。雖然當時人也稱之為清談，如前引《後漢書》稱孔伷「清談高論」，《抱朴子》稱郭泰「清談閭閻」，《三國志》說許靖「清談不倦」，但那都是指廣義的清談，即雅談，亦即「清談」一詞的本來意義。而我們所說的魏晉清談，指的是當時貴族知識分子為探討人生、社會、宇宙的哲理，以講究修辭與技巧的談說論辯為基本方式而進行的學術活動。這裏有兩個根本特點：第一，它須是探討哲理而非談論具體問題；第二，它須講究修辭與談辯技巧。以此二點衡之，則漢末之談論可謂已具端倪，卻尚不顯明。例如前面說過太學諸人的談論大約可分為議論時政、品評人物及討論學術思想三項，這三項中只有最後一項與第一點相合，其他兩項則不合格；又如郭泰史稱「善談論、美音制」，可說與第二點相合，但給人的感覺還是相當模糊、籠統。什麼時候這兩個特點變得顯明起來了呢？從現有資料來看，是在魏太和初年，即公元二二七年。下面先引一點資料。

《世說新語・文學》九條云：

傅嘏善言虛勝，荀粲談尚玄遠，每至共語，有爭而不相喻。裴冀州釋二家之義，通彼我之懷，常使兩情皆得，彼此俱暢。

注引〈荀粲別傳〉云：

粲太和初到京邑，與傅嘏談，善名理，而粲尚玄遠，宗致雖同，倉卒時或格而不相得意。裴徽通彼我之懷，為二家釋。頃之，粲與嘏善。

注又引〈荀粲別傳〉云：

粲字奉倩，潁川潁陰人，太尉彧少子也。粲諸兄儒術論議各知名。粲能言玄遠，常以子貢稱「夫子之言性與天道，不可得而聞也」，然則六籍雖存，固聖人之糠秕。能言者不能屈。

《三國志·一〇·魏書·荀彧傳》裴注亦引此段而稍詳：

粲諸兄並以儒術論議，而粲獨好言道，常以為子貢稱夫子之言性與天道，不可得聞，然則六籍雖存，固聖人之糠秕。粲兄俁難曰：「《易》亦云聖人立象以盡意，繫辭焉以盡言，則微言胡為不可得而聞見哉？」粲答曰：「蓋理之微者，非物象之所舉也。今稱立象以盡意，此非通於象外者也㉓，繫辭焉以盡言，此非言乎繫表者也；斯則象外之意，繫表之言，固蘊而不出矣。」及當時能言者不能屈也。㉔

《世說新語·識鑒》三條云：

何晏、鄧颺、夏侯玄並求傅嘏交，而嘏終不許，諸人乃因荀粲說合之，……。

按荀粲、傅嘏、裴徽、何晏、鄧颺、夏侯玄等人在京師交游、談論，這正是上承漢末之風。但他們的談論與漢末的談論卻顯然不同了，不再有具體的議論時政和品評人物的內容，而是「言虛勝」、「尚玄遠」，討論性與天道之類的人生、宇宙之哲理，修辭與談辯技巧也特別受到重視了，這從裴徽充當荀、傅二家之騎驛者的角色可以看出一些消息。總之，一種新式的談論開始

㉓ 王葆玹云：「象外」各本作「意外」，非。明《丹鉛雜錄·十》載《晉陽秋》引文作「象外」，是。

㉔ 《三國志》，頁三一九—三二〇。

成形了。

荀粲的「六經皆聖人之糠秕」說也顯然繼承了漢末談論中的不拘守章句之精神，但是大膽得多了，也深刻細緻得多了。從荀粲的觀點我們可以很合乎邏輯地得出如下結論：(1)六經只表達了聖人之意的粗糙部分，拘泥於六經是不能得到真正的、深刻的聖人之意的；(2)聖人之意的精微部分「蘊而不出」，或說在「象外」，在「繫表」，因此有待於我們去發掘，而且不妨離開六經去發掘；(3)「象外之意」是微理，「繫表之言」是微言，這二者之間當有某種關聯，即聖人之「微意」、「微理」，只有用一種精妙的「微言」才能表達。我們不難看出，魏晉玄學與清談的主要特點與基本精神都已具備於此了。那麼，太和初荀粲等人的談論標誌著魏晉清談的開始成形，這個結論應該沒有疑義。

我覺得這裏需要特別說幾句的是關於荀粲的思想體系屬於何派的問題，即荀粲究竟是道家或是儒家？日本學者青木正兒認為是道家，其論據是說他「尚玄遠」，而且《三國志》注中說：「粲諸兄並以儒術論議，而粲獨好言道。」儒、道並舉，可見此「道」即老莊之意。據此，青木以為魏晉清談不始於正始之王、何，而始於太和之荀、傅。余英時先生在〈漢晉之際士之新自覺與新思潮〉一文中曾引青木此說而辯之，認為荀粲還是儒家，其「好言道」之「道」是對「術」而言，非對「儒」而言，「玄遠」乃抽象之謂，亦非老莊之意。據此，余先生以為援引道家、正式建立玄學體系，仍非王、何莫屬㉕。今按余先生的意見很對，我們的確沒有足夠的材料證明荀粲即是道家。我們只能說，他是要在原有儒家體系中打開一個缺口（例如說「六經皆聖人之糠秕」）。當然，打開缺口即為了引進新的東西，這新的東西不一定就是道家，但也不排斥道家。當時的風氣及後來的發展證明，魏晉思想家在打開了儒家的正統體系的大門之後的確引進了許多新東西，包括道、名、法、佛，以及他們自己的創造，而其中道家是主要的大宗（事實上連荀粲的「六經皆聖人之糠秕」說也顯然是受《莊子・天道》輪扁與齊桓公對話的影響）。我已在本書第三章第四節中說過，魏晉玄學的宗旨並非以道代儒，或崇道黜儒，它的目的乃在援道入儒，最終融合儒道。所以玄學家並非道家，把玄學家與道家等同起來，乃是一種有意無意的誤解。玄學家就是玄學家，他們從一個角度看可說是非道非儒，從另一角度看又可說是亦道亦儒。所以，我們要證明一個人是玄學家，並不需要證明他說的「道」一定是道家的「道」才行；同樣，我們即使證明了一個人所說的「道」不等於道家之「道」，我們也並沒有同時就證明他不是一個玄學家。荀粲所「好言」之「道」的確不能證明就是老莊，但也的確不是正統儒家的「道」，不是載於「六經」之「道」。那麼他「好言」的正是某種介於二者之間的東西，亦即玄學家之「道」。在這一點上，荀粲和王、何並無不同，所不同者在程度之差異。荀粲較早，功在打開儒家之門；王、何稍晚，功在引進道家之實。所以，就正式建立玄學體系而言，誠如余先生所說，非王、何莫屬；但如僅就魏晉清談而言，荀粲之談的確是其開始成形的標誌，青

㉕《中國知識階層史論（古代篇）》，頁二九七—三〇〇。

木之說仍可存，唯無需坐實荀粲所言之道為《老》、《莊》也。

說太和初清談開始成形還有一層理由，就是當時這種探討哲理且講究技巧之談論已不是只發生在一、兩個人之間的孤立現象，而頗有蔚然成風之勢。《三國志》注引〈荀粲別傳〉說他與他的哥哥荀俁辯論，提出「象外之意」、「繫表之言」等，而「當時能言者不能屈」。可見荀粲不僅跟傅嘏談、跟裴徽談、跟荀俁談，而且還跟許多當時號稱「能言」的人談。荀粲固然是談中佼佼者，但當時樂於此道、擅長此道的人顯然已有一批。前引《世說新語．識鑒》三條云：「何晏、鄧颺、夏侯玄並求傅嘏交，而嘏終不許，諸人乃因荀粲說合之。」又鄧颺、李勝、丁謐、畢軌等人當時已結交為「浮華友」（見下），這些人應該都在「能言者」之流。為了證明當時談論確有蔚然成風之勢，我們還可以舉出一個有力的例子，《三國志．二九．魏書．管輅傳》注引〈管輅別傳〉云：

父為琅邪即丘長，時年十五，來至官舍讀書。始讀《詩》、《論語》及《易》本，便開淵布筆，辭義斐然。於時黌上有遠方及國內諸生四百餘人，皆服其才也。琅邪太守單子春雅有材度，聞輅一黌之儁，欲得見，輅父即遣輅造之。大會賓客百餘人，坐上有能言之士，輅問子春：「府君名士，加有雄貴之姿，輅既年少，膽未堅剛，若欲相觀，懼失精神，請先飲三升清酒，然後言之。」子春大喜，便酌三升清酒，獨使飲之。酒盡之後，問子春：「今欲與輅為對者，若府君四坐之士邪？」子春曰：「吾欲自與卿旗鼓相當。」輅言：「始讀《詩》、《論》、《易》本，學問微淺，未能上引聖人之道，陳秦、漢之事，但欲論金木水火土鬼神之情耳。」子春言：「此最難者，而卿以為易邪？」於是唱大論之端，遂經於陰陽，文采葩流，枝葉橫生，少引聖籍，多發天然。子春及眾士互共攻劫，論難鋒起，而輅人人答對，言皆有餘。至日向暮，酒食不行。子春語眾人曰：「此年少盛有才器，聽其言論，正似司馬犬子游獵之賦，何其磊落雄壯，英神以茂。必能明天文地理變化之數，不徒有言也。」於是發聲徐州，號之神童。㉖

依《魏志》本傳及裴注之考辯，知管輅生於建安十五年㉗，即公元二一〇年，那麼管輅十五歲入學當在二二四年，現假定這次談論發生在管輅入學之次年，則為二二五年，正是太和前夕。〈管輅別傳〉的作者為管輅之弟管辰，其可信度很高。從這裏的敘述看來，當時主要發生在管輅和單子春之間的這一場談論，無論就其內容（陰陽哲理）和形式（請與第二章「論清談形式」參讀）來看，都可說已經是典型的魏晉清談了。

㉖《三國志》，頁八一二。
㉗《三國志》，頁八二六—八二八。

三、太和四年以後清談的沉寂

當然，魏晉清談之真正形成氣候、打下牢固基礎，還是在魏齊王曹芳的正始年間（公元二四〇—二四九年）。這樣說的主要原因有三：第一，作為魏晉清談的理論支撐之魏晉玄學是在這個時候形成體系的；第二，魏晉清談的傑出代表人物何晏、王弼，是在這段時間內成名的；第三，清談在上層名士中成為普遍風氣，並且形成一種為後世所企慕的風格，也是發生在這一段時間裏。

在開始論述正始清談之前，我們不妨先注意一個事實，即從太和初期到正始，這中間有十來年的時間，清談頗為沉寂——至少首都的清談活動是如此，史料上似乎找不到有關的記載。這是什麼原因呢？看來可能是與魏明帝曹叡在太和四年（公元二三〇年）下詔禁「浮華」有關。《三國志・三・魏書・明帝紀》云：

四年春二月壬午，詔曰：「世之質文，隨教而變。兵亂以來，經學廢絕，後生進趣，不由典謨。豈訓導未洽，將進用者不以德顯乎？其郎吏學通一經，才任牧民，博士課試，擢其高第者，亟用；其浮華不務道本者，皆罷退之。」㉘

查同書卷九〈諸夏侯曹傳〉云：

南陽何晏、鄧颺、李勝，沛國丁謐、東平畢軌咸有聲名，進趣於時，明帝以其浮華，皆抑黜之。[29]

（夏侯）玄字太初。少知名，弱冠為散騎黃門侍郎。嘗進見，與皇后弟毛曾並生，玄恥之，不悅形之於色。明帝恨之，左遷為羽林監。[30]

注引《魏略》云：

初，（鄧）颺與李勝等為浮華友，及在中書，浮華事發，被斥出，遂不復用。[31]明帝禁浮華，而人白（李）勝堂有四窗八達，各有主名。用是被收，以其所連引者多，故得原，禁錮數歲。[32]

---

[28]《三國志》，頁九七。
[29]《三國志》，頁二八三。
[30]《三國志》，頁二九五。
[31]《三國志》，頁二八八。
[32]《三國志》，頁二九〇。

又同書卷二八〈諸葛誕傳〉：

（誕）與夏侯玄、鄧颺等相善，收名朝廷，京都翕然。言事者以誕、颺等脩浮華，合虛譽，漸不可長。明帝惡之，免誕官。㉝

可見，當時一大班名士都受到相當沉重的打擊，或斥或貶，甚至禁錮不用。在這樣嚴峻的形勢下，名士中的交游與談論的活動自然不得不停止了。

但是明帝一死，齊王曹芳繼位，曹爽與司馬懿受遺命輔政，情形立刻起了一個大變化。曹爽為了抑制司馬懿，用丁謐之計，奏請曹芳轉司馬懿為太傅，陽尊其位而陰削其權，而將選舉用人等實權抓在自己手中。前述在明帝禁浮華的運動中受到打擊的諸名士，與曹爽不是親戚就是朋友，或朋友的朋友，這時都被曹爽請出來當參謀、任要職。例如夏侯玄是曹爽的姑表弟，升為散騎常侍、中護軍，掌握重兵；何晏「曲合于曹爽，亦以才能」，用為散騎常侍，遷侍中尚書，主選舉；丁謐是曹爽的老朋友，「宿與相親」，被拔為散騎常侍，轉尚書；李勝「少遊京師，雅有才智，與曹爽善」，這時被任為洛陽令，後又遷滎陽太守、河南尹；鄧颺、畢軌都是李勝的「浮華友」，鄧颺在正始初出為潁川太守，轉為曹爽的長史，遷侍中尚書；畢軌則為司隸校尉；夏侯玄、鄧颺的朋友諸葛誕，因為「玄等並在職」，乃復職為御史中丞尚書，出為揚州刺史，加

㉝《三國志》，頁七六九。

昭武將軍[34]。這樣一來，從前被明帝壓下去的交游與談論之風自然首先在這班名士中復活；而且由於這班身居高位的大名士的帶動，這股風氣立刻在士大夫中廣泛蔓延，很快在正始中期以後達到高潮。

四、正始談坐（上）：何晏與王弼

這時的清談領袖是何晏（約二〇七－二四九），《世說新語．文學》六條云：

何晏為吏部尚書，有位望，時談客盈坐。

《世說》該條注引《文章敘錄》曰：

晏能清言，而當時權勢、天下談士多宗尚之。

又引《魏氏春秋》曰：

晏少有異才，善談《易》、《老》。

[34]《三國志》，頁二九五、二八三－二八四、七九六等。

可見何晏不僅本人是個很好的清談家，而且是清談活動的組織者，是清談界公認的領袖人物。除何晏外，曹爽、曹羲兄弟也是清談活動的組織者。《北堂書鈔．九八》引〈何晏別傳〉云：

曹爽常大集名德，長幼莫不預會。晏清談雅論，紛紛不竭。曹羲嘆曰：「妙哉，何平叔之論道，盡其理矣！」[35]

同書卷六四引《傅子》云：

曹羲為領軍將軍，慕周公之下士，賓客盈坐也。[36]

正始清談最傑出的代表人物則是王弼。王弼生於公元二二六年（魏文帝末年，即黃初七年），卒於二四九年（正始十年），才活了二十四歲（實足年齡二十三歲）。不到二十歲即已鋒芒畢露，壓倒當時清談羣雄，包括公認的首席清談家何晏。前引〈文學〉六條續云：

王弼未弱冠，往見之。晏聞弼名，因條向者勝理語弼曰：「此理僕以為極，可得復難不？」弼便作難，一坐人便以為屈。於是弼自為客主數番，皆一坐所不及。

---

[35] 【文淵閣四庫全書】，冊八八九，頁四七五。

[36] 前書，冊八八九，頁二八一。

又同篇七條云：

> 何平叔注《老子》始成，詣王輔嗣，見王注精奇，迺神伏，曰：「若斯人，可與論天人之際矣！」因以所注為《道》、《德》二論。

又《三國志・二八・魏書・鍾會傳》裴注引何劭所作〈王弼別傳〉云：

> 弼天才卓出，當其所得，莫能奪也。……其論道傳會文辭，不如何晏，自然有所拔得，多晏也。[37]

何晏與王弼是魏晉玄學的奠基者。我在上篇第三章第四節中已經說過，何、王對魏晉玄學的重要貢獻在於他們為魏晉玄學提供了一個基本的理論架構，這個架構就是：以無為本、為體；以有為末、為用。有了這樣一個架構，玄學家們就有可能一步一步援道入儒，最終融合儒道，而這也就是魏晉玄學的根本宗旨與根本目的。

何晏是第一個提出「以無為本」的基本命題的人。《列子・天瑞》張湛注引何晏《道論》曰：「有之為有，恃無以生；事而為事，由無以成。」而據上引《世說新語・文學》七條可知，何晏之《道論》在見到王弼《老子注》以前已經寫成。但是何晏雖然首倡此論，而真正完成「以

37 《三國志》，頁七九五。

無為本、為體；以有為末、為用」這個玄學理論架構的則是王弼。因為何晏雖倡「貴無」，提倡老莊，可是並沒有成功地解決援道入儒、融合儒道的問題。例如他注《論語》，雖然偶然以《老》解孔，但這樣的地方並不多；而王弼的《周易注》則幾乎通篇是以《老》解《易》，真做到了援道入儒。王弼的《老子注》則把「以無為本，以有為末」的思想作了充分的發揮。又如儒道異同、孔老高下問題，何晏也未能解決，而王弼則非常高明地解決了。《世說新語・文學》一〇條注引《文章敘錄》云：「自儒者論以老子非聖人，絕禮棄學。晏說『與聖人同』，著論行於世也。」儒道的不同是顯然的，如果一定要說它們相同，必得有一番精緻的、深刻的論證，否則斷難令人信服。何晏之論今天已不可見，王弼之說則見於《世說新語・文學》八條：

王輔嗣弱冠詣裴徽，徽問曰：「夫無者，誠萬物之所資，聖人莫肯致言，而老子申之無已，何邪？」弼曰：「聖人體無，無又不可以訓，故言必及有；老、莊未免於有，恆訓其所不足。」㊳

㊳《三國志・二八・魏書・鍾會傳》裴注引何劭〈王弼別傳〉亦載此事，字句略不同：「時裴徽為吏部郎，弼未弱冠，往造焉。徽一見而異之，問弼曰：『夫無者誠萬物之所資也，然聖人莫肯致言，而老子申之無已者何？』弼曰：『聖人體無，無又不可以訓，故不說也。老子是有者也，故恆言無（其）所不足。』」末句「無」當作「其」。

從裴徽的問話可以推測王弼之前沒有人（包括何晏）真正令人信服地解決了這個問題，而王弼數語直如利刃剖瓜，把這個非常複雜艱難的問題解決得乾淨俐落。第一，他承認了儒道的不同：一個言有，一個言無，因而不必在這個顯明昭著的問題上同世人唁唁爭辯；第二，他說明了儒道在根本上是相同的，因為大家都是「以無為本」；第三，他說明了儒道為什麼表面不同的道理：一個是本體具足，故言末以訓世，一個是本體未足，故屢屢強調根本；第四，他因而也就解決了孔老高下問題，即孔高於老，或說「老不及聖」，孔子（廣義地講，則包括周公、文王、伏羲等）仍然是聖人，老子（廣義地講，則包括莊子）只是「上賢亞聖」㊴；第五，他已經按照自己的意思改造了孔子，使孔子成為本體上不異於道家的孔子，他也按照自己的意思改造了老子，使老子成為末用上不異於儒家的老子，換言之，他已把傳統的孔、老改造為玄學的孔、老；第六，他把孔子說成是「體無言有」，即體其本而言其末，這就同荀粲的「六經為聖人之糠秕」說相通而更精緻、更深刻，我前面說荀粲之說標誌魏晉清談之開始成形，於此再得一證；第七，聖人既「體無言有」，亦即聖人之言雖為「有」，而其意則在「無」，而無為本，有為末，故意為本，言為末，讀聖人之書自應以究本為目的，而不可拘泥於言辭章句之末，於是「得意忘言」之玄學方法論亦由之而出矣㊵；第八，聖人言有，老子言無，則聖人六經所言之名教為

㊴ 關於這一點，王葆玹《正始玄學》辯之甚詳，參看該書第一章第二節，頁七一一六。

㊵ 參看湯用彤〈言意之辨〉，《湯用彤學術論文集》，北京，一九八三年，頁二一四－二三二。

有、為末，而老子所言之自然為無、為本，於是「名教出於自然，二者不相悖」的結論就是必然的了；第九，既然六經為末，老莊為本，這就實際上隱藏著一種重道輕儒的傾向，雖然這不一定是何、王的本意；第十，既然老子尚且未免於有而言不離無，沒有達到聖人「體無」的境界，那麼一般人就更不用說無法企及「體無」的境界了，因而更須言無，更須不斷地探求這個根本，魏晉清談以玄虛為宗，理論根據就在這裏。從以上的簡略分析不難看出，王弼這幾句話實在包含了非常豐富的內容，可說把魏晉玄學的精神、基本內容及方法論都包括進去了。我們完全有理由把這短短數語看成是整個魏晉玄學的思想策略和總綱領（參考上篇第三章第四節㈠「本末有無之辨」）。從現有資料來看，這個思想策略和總綱領是王弼提出來的，而不是何晏提出來的。此外，王弼的「聖人有情，應物而無累於物」說也較何晏的「聖人無喜怒哀樂」說更精緻、更接近事實。

五、正始談坐（下）：夏侯玄諸人

總之，何晏、王弼是魏晉清談的奠基者，而王更高於何。除何、王外，正始談坐上尚有幾個值得注意的人物，現分別述之於次。

(一)夏侯玄

夏侯玄（二〇九—二五四）不僅是著名的玄學家，而且是正始時期重要的政治家和軍事家，他當時的名氣在何晏等人之上。袁宏作〈名士傳〉，以他為正始名士第一；又作〈三國名臣贊〉，共取二十人，夏侯玄為其中之一[41]；傅玄所作《傅子》也說他是何晏、鄧颺名士集團的「宗主」[42]。夏侯玄的玄學著作主要有〈本無論〉，已佚[43]，他在清談方面的表現也找不到具體的記載，《世說新語》中有關他的軼事亦與清談無直接關係，看來是為其他方面的盛名所掩。此外，夏侯玄在正始初年即任軍職，後又任征西將軍，去長安主持軍事，戎務倥傯[44]，大約參加清談

---

41 參看《世說新語・文學》九四條及劉注，以及《晉書・袁宏傳》，頁二三九一—二三九八。

42 《三國志・傅嘏傳》裴注引，頁六二三—六二四。

43 《三國志・夏侯玄傳》引《魏氏春秋》云：「玄嘗著〈樂毅〉、〈張良〉及〈本無〉、〈肉刑論〉，辭旨通遠，咸傳於世。」（頁三〇二，標點將「本無」「肉刑」連讀，誤。）又《文心雕龍・論說》云：「詳觀蘭石之〈才性〉、仲宣之〈去伐〉、叔夜之〈辨聲〉、太初之〈本玄〉、輔嗣之〈兩例〉、平叔之〈二論〉，並師心獨見，鋒穎精密，蓋人倫之英也。」（范文瀾注本，北京，一九六二年，頁三二七）據前者則玄所著為〈本無論〉，據後者則玄所著為〈本玄論〉，孫詒讓《札迻》以為「本玄」為「本無」之誤，王葆玹《正始玄學》則以為「本無」為「本玄」之誤。參看《文心雕龍》范文瀾注及《正始玄學》頁二三—二四。今從孫說。

的機會也確比其他人少。但考慮到他在玄學上的造詣、和諸清談名士的關係及其領袖地位，他自然仍應視為正始談坐上的重要人物。

(二) 裴　徽

太和初年，裴徽（約二〇九－約二四九）就是京師清談圈中的活躍人物之一，他為荀粲、傅嘏二家作騎驛，「常使兩情皆得，彼此俱暢。」已見前述。正始前期裴徽作吏部郎，曾與王弼討論儒道異同，亦見前述。又常與何晏等討論《老》、《莊》及《易》，見《三國志・二九・魏書・管輅傳》引〈管輅別傳〉㊺。正始後期，他出任冀州刺史，與管輅一見如故，「清論終日，不覺罷倦。」且舉管輅為秀才進京，並介紹他與何晏、鄧颺等人論《易》㊻。《晉書・三五・裴秀傳》說：「叔父徽有盛名，賓客甚眾。」㊼可見裴徽也是當時清談活動的組織者之一。

㊹ 按夏侯玄正始初為中護軍，正始五年為征西將軍，與曹爽共興駱谷之役，駱谷之役後即留守長安。參看《三國志・九・魏書・諸夏侯曹傳》。

㊺ 傳云：「吾數與平叔共說《老》、《莊》及《易》。」見《三國志・二九・魏書・管輅傳》，頁八二一。

㊻ 裴徽正始九年十月舉管輅為秀才，見《三國志・二九・魏書・方技傳》正文及注，頁八一九。

㊼ 《晉書》，中華書局標點本，北京，一九七四年，頁一〇三七。

(三)傅嘏

傅嘏（二〇九—二五五）「善言虛勝」、「尚名理」，太和初就同荀粲、裴徽結為論友，那時他們都不過是十八、九歲的青年。正始時，荀粲已卒，傅、裴則仍然活躍於京師的談坐。其時傅嘏先除尚書郎，後遷黃門侍郎。正始後期，傅嘏在政治立場上逐漸靠攏司馬氏集團，而對曹爽、何晏等人表示不滿，因而被何晏免官，後又被司馬懿所起用㊽。傅嘏在清談中的主要事跡是論才性。才性四本是清談中的大題目，據《世說新語・文學》五條劉注說是傅嘏論同、李豐論異、鍾會論合、王廣論離，則傅嘏之論為四本之一。但《三國志・二一・魏書・傅嘏傳》云：「嘏常論才性同異，鍾會集而論之。」裴注引《傅子》云：「嘏既達治好正，而有清理識要，好論才性，原本精微，尠能及之。司隸校尉鍾會年甚少，嘏以明智交會。」㊾則似乎傅嘏所論不局限於一本，而鍾會後來之作〈四本論〉，乃係述嘏之說。

(四)鍾會

鍾會（二二五—二六四）是王弼的朋友，比王弼大一歲，也是二十歲左右就已知名㊿。他

㊽《三國志・二一・魏書・傅嘏傳》，頁六二四。

㊾《三國志》，頁六二七、六二八，《世說新語・文學》九條注亦引，文字略有不同。

顯然也是正始談坐中的活躍人物，少年聰敏，很為長輩們賞識。傅嘏論才性同異，他集而論之，作〈四本論〉，見《世說新語・文學》五條及九條注文。又「何晏以為聖人無喜怒哀樂，其論甚精，鍾會等述之」，見《三國志》本傳注引〈王弼別傳〉51。此外，他還著有《老子注》、〈周易盡神論〉、〈周易無互體論〉，見《隋書・經籍志》。又《三國志》本傳說：「會死後，於會家得書二十篇，名曰《道論》，而實刑名家言，其文似會。」鍾會不僅是思想家，也是曹魏後期著名的政治家和軍事家，這與夏侯玄的情形相似。

(五)管　輅

管輅（二一〇—二五六）52與何晏、夏侯玄、傅嘏、裴徽、荀粲等人年齡差不多，但因為不在京師，不與諸人相識，直到正始九年（公元二四八年）才為裴徽舉為秀才，至京師，得與

---

50 《三國志》本傳云：「初，會弱冠與山陽王弼並知名。」見頁七九五。

51 《三國志》，頁七九五。

52 翼明按：《三國志・二九・魏書・管輅傳》云管輅卒於正元三年（公元二五六年），年四十八，則其生年應為建安十四年，即公元二〇九年。但裴松之已指出管輅的生年應為建安十五年，即公元二一〇年，因為管輅自己說過「本命在寅」（頁八二八），建安十五年為庚寅年。坊間流行各書或作二〇九—二五六（如《辭海》，頁一八八九；Mather 英譯本，頁五四三），或作二〇八—二五五（如姜亮夫《歷代人物年里碑傳綜表》，頁三七），或作二〇八—二五六（如《辭源》，頁二三六二），皆誤。

何、鄧等人論《易》。但管輅其實很早就表現了清談的才能，十五、六歲時已有「神童」之目（見前）。尤精於《易》，《三國志・二九・魏書・管輅傳》注引〈管輅別傳〉就記載了他先後與琅邪太守單子春、安平太守王基、新興太守諸葛原、冀州刺史裴徽、魏郡太守鍾毓、平原太守劉邠、清河令徐季龍等人論《易》、陰陽、「聖人著作之原、五帝三王受命之符」等等。

㈥鄧 颺

鄧颺（？—二四九）是何晏、夏侯玄的朋友，也是曹爽集團的重要謀士。他年輕時即與夏侯玄、諸葛誕等「收名朝廷」，且「共相題表」，有「四聰」、「八達」之目，結果被免官禁錮[53]。曹爽秉政後起用，與何晏、丁謐同為尚書[54]。曹爽集團聚集了一批當時頗負盛名的名士，這些人想來都是正始清談中的角色，鄧颺似乎是其中的佼佼者。裴徽曾向管輅稱讚他與何晏「有經國才略，於物理無不精」[55]，管輅也認為他是一流的清談家，是少數幾個能令人「精神清發，昏不暇寐」的清談對手之一[56]。直到東晉時，習鑿齒與伏滔論青、楚人物，還說：「何、鄧二

53 《三國志・二八・魏書・諸葛誕傳》裴注引《世語》，頁七六九。

54 《三國志・九・魏書・曹爽傳》，頁二八四。

55 《世說新語・規箴》六條注引〈管輅別傳〉，《三國志・二九・魏書・管輅傳》裴注引同，頁八一九。

56 《三國志・二九・魏書・管輅傳》裴注引〈管輅別傳〉，頁八二七。

尚書獨步於魏朝。」見《世說新語・言語》七二條劉注。

㈦司馬師

因為司馬師（二〇八—二五五）的特殊身分和後來所扮演的角色，人們往往忘記了他在年輕時是一個翩翩貴公子，以名士自居。他與夏侯玄、何晏年齡相若、家世相當，名氣也差不多，頗有鼎足而三，為名士領袖之勢。《三國志・九・魏書・何晏傳》裴注引《魏氏春秋》云：「初，夏侯玄、何晏等名盛於時，司馬景王亦預焉。晏嘗曰：『唯深也，故能通天下之志，夏侯泰初是也；唯幾也，故能成天下之務，司馬子元是也；惟神也，不疾而速，不行而至，吾聞其語，未見其人。』蓋欲以神況諸己也。」[57]這雖然不是論清談或玄學，但令夏侯玄、何晏得盛名的重要原因之一是清談與玄學方面的才華，司馬師既與夏侯、何齊名，想來也不會與此無關。又《三國志・二八・魏書・鍾會傳》注引〈王弼別傳〉云：「弼之卒也，晉景王聞之，嗟歎者累日，其為高識所惜如此。」[58]王弼是一個純粹的玄學清談家，司馬師如果不是自己也內行的話，豈會如此欣賞王弼的才華？所以我們大致可以推斷，在太和初期和正始前期，司馬師尚未擔負軍政要職，尤其是司馬氏尚未與曹爽集團決裂之前[59]，他應當是談坐中的重要人物之一。

---

[57] 《三國志》，頁二九三。

[58] 《三國志》，頁七九六。

(八)劉劭

劉劭（二〇〇—二四〇）[60]嚴格地說不能算正始談坐上的人物，我把他放在這裏只是為了方便，同時藉此說明一些其他的問題。劉劭是一個博學多才的人，生平著作很多，其中《人物志》最有名，至今尚存。《人物志》兼採儒、道、名、法諸家之旨，開魏晉學術之端，湯用彤先生〈讀「人物志」〉一文論之甚詳。《人物志》相當強調談論對於鑒別人物的重要性，〈接識〉篇云：「談不三日，不足以盡之。一以論道德，二以論法制，三以論策術，然後乃能竭其所長而舉之不疑。」[61]〈材理〉篇對於材理不同的人在論辯時的不同表現尤有精闢的描述[62]。據此我們可以推定，劉劭本人一定是一個善談且有豐富談論經驗的人。事實上，《三國志》本傳載散騎侍郎夏侯惠薦劭表就說：「臣數聽其清談，覽其篤論，漸漬歷年，服膺彌久。」但奇怪的是，

---

59 按司馬師於正始五年接夏侯玄為中護軍，見《三國志・九・魏書・夏侯玄傳》注引《魏略》，頁二九九。司馬氏集團與曹爽集團決裂在正始八年，司馬懿稱疾不與政事，見《晉書・宣帝紀》，頁一六。

60 劉劭之劭亦作邵、卲，《四庫提要・一一七・子部・雜家・人物志》提要謂作「卲」是。今依《三國志》本傳作「劭」。

61 影印【文淵閣四庫全書】，冊八四八，臺北，一九八三年，頁七七四。

62 前書，頁七六八—七七〇。

我們在《世說新語》中完全看不到劉劭的名字，在其他資料中也看不到他參與清談的記載。是不是太和初至正始他不在京師呢？也不是，查本傳，劉劭從黃初年間起就在京師作太子舍人、秘書郎、尚書郎、散騎侍郎等官，太和初雖曾出任陳留太守，但不久就徵回，拜騎都尉，與庾嶷、荀詵等人定科令，景初中受詔作《都官考課》，傅嘏曾難之。正始中，則執經講學，看來也在京師❻❸。解釋只能是他大概的確沒有參與荀粲、傅嘏、何晏、王弼等人的清談圈子。這原因大半在年齡。劉劭生卒年不可確考，據本傳說：「正始中，執經講學，賜爵關內侯。凡所撰述，《法論》、《人物志》之類百餘篇。卒，追贈光祿勳。」❻❹這樣看來，可能是卒於正始年間。而本傳又說他「建安中，為計吏，詣許。太史上言：『正旦當日蝕。』劭時在尚書令荀彧所。」考荀彧為尚書令在建安初，至建安十七年，即公元二一二年卒。則劉劭見荀彧當在二一二年以前，且已成年，那麼他的生年當在公元一九〇年左右或更早。所以太和年間他已是四十歲左右之人，比荀、傅、何、夏侯等人要大出二十餘歲，自然不大可能參加青年們的時髦清談圈，而劉劭曾經熟悉的那種「清談」也漸漸地不被這些年輕人欣賞了。有人說，歷史上每當大轉變的時代，常有兩個大家同時出現，一以結束舊傳統，一以開創新潮流。如果說荀粲是新式清談，即魏晉清談（或說「清言」）的創始者，那麼劉劭就不妨說是舊式清談，即漢末以來那種清談

❻❸《三國志》本傳，頁六一八—六二〇。

❻❹前書，頁六二〇。

（或說「雅談」）的結束者。太和、正始間正是新舊交替之時。

六、堪稱典範的正始之音

如果說，從漢末黨錮到魏初約五十餘年是魏晉清談的醞釀期，則從太和初至正始末這二十餘年就是魏晉清談的成形期。太和初，年輕的荀粲來到京師洛陽，帶動了一批與他同樣年輕的十八九歲、二十歲的貴族子弟何晏、夏侯玄、傅嘏、裴徽、鄧颺等人[65]，在當時已經頗為流行的談論風氣中掀起了一場理論性的革命，其旗幟是探討六經背後的聖人微意，即性與天道。這場革命在明帝禁浮華後暫停，而於正始初在何晏的領導下復興，到正始後期因王弼、鍾會等的

---

[65] 夏侯玄、傅嘏皆生於公元二〇九年，可從《三國志》本傳推出。何晏生年無記載，姜亮夫的《歷代人物年里碑傳綜表》推作公元一九〇年，容肇祖在〈魏晉的自然主義〉中推為一九四年。而王葆玹《正始玄學》推為二〇七年，我以為最為近之，參看該書頁一二三－一二六，今從王說作二〇七年。裴徽生卒年不詳，但正始九年尚在，舉管輅為秀才，見《三國志・二九・魏書・管輅傳》注引〈管輅別傳〉，而《三國志・二一・魏書・傅嘏傳》注引《傅子》云：「嘏自少與冀州刺史裴徽、散騎常侍荀粲善，徽、粲早亡。」（頁六二八）若裴徽與傅嘏同年生，則至正始九年已四十矣，年過四十在魏晉時代很難稱為「早亡」，故知裴徽或晚於傅嘏生，至多與嘏同年。惟鄧颺生年無從推算，但他既與夏侯玄為「四聰」、「八達」，則其年亦當相差不遠。

加入而達到高潮，逐漸奠定了後來被稱之為「玄學」的一種新學術的理論基礎。這種新學術的主要內容是用「以無為本，以有為末」的基本架構，把道家思想（及其他，非儒家思想）引入儒家，最後融合儒道而加以新的發展。漢末以來流行於士大夫中的雅談風氣從此一變而為探討、切磋此種新學術的專門性清談。

這時期的清談在魏晉清談史上是一座聳然屹立的高峰，引起後世清談家無窮的仰慕，尊曰「正始之音」，屢見於文籍。如《世說新語・賞譽》五一條云：「王敦為大將軍，鎮豫章，衛玠避亂，從洛投敦，相見欣然，談話彌日。於時謝鯤為長史，敦謂鯤曰：『不意永嘉之中，復聞正始之音。阿平若在，當復絕倒。』」又〈文學〉二二條云：「殷中軍為庾公長史，下都，王丞相為之集，……既共清言，遂達三更。……既彼我相盡，丞相乃歎曰：『向來語，乃竟未知理源所歸。至於辭喻不相負，正始之音，正當爾耳。』」[66]

「正始之音」無論在內容、形式乃至風標上都為後世清談樹立了堪稱為典範的榜樣。

在內容方面，這時期的清談有著極其堅強的理論支撐。這時是魏晉玄學的奠基時期，理論創獲特多，像荀粲的「六經皆聖人糠秕」論、何晏的「貴無」論、「聖人無喜怒哀樂」論、王弼的「聖人體無、老子是有」論、「聖人有情，應物而無累於物」論、「名教出於自然」論、「得意

---

[66] 參看顧炎武《日知錄・一三》「正始」條，《日知錄集釋》（上），上海，一九八五年，頁一〇一二—一〇一三。

忘言」論、傅嘏、鍾會等人的「才性」論等等，都可以說是從來沒有人說過的破天荒的理論。清談有了這樣嶄新的內容作話題，其能引人入勝，引起熱烈爭辯是可想而知的。後世的清談家也提倡「拔新領異」、欣賞「尋微發幽」，但除郭象、支遁等一、二人外，很少有人接近正始間何、王的水平。

在形式方面，這時期的清談也幾乎是近乎完美的。清談的最高境界是「言約旨遠」，寥寥數語而含蘊深廣，如不可窮。這方面的典範自然是王弼，試看他答裴徽之問，是何等簡至，何等深刻，包含了多少內容，我已在前文詳加剖析，這裏就不再重複了。何晏的清談也是非常漂亮的，《世說新語・文學》七條注引《魏氏春秋》甚至說「弼論道約美不如晏」，則其境界之高可知，可惜沒有具體的資料流傳下來，令人悵然。

這時期的清談在風標上也是為後世楷模。它是真正為追求真理、切磋學術而不尚尊卑、不涉意氣的。何、王的關係是最好的例子。何晏長王弼十九歲，地位高低更是懸殊，但何晏對王弼之尊重、稱讚屢屢見於辭色，說他「後生可畏」，歎道：「若斯人者，可與論天人之際矣！」見王弼《老子注》精奇，即刻將自己的注改作「道」、「德」二論[67]。

總之，「正始之音」在各方面都帶有典範的意義。魏晉清談在這個時期定形，同時也就達到

---

[67]《三國志・二八・魏書・鍾會傳》注引何劭〈王弼別傳〉，頁七九五，以及《世說新語・文學》七條、十條。

高峰，後世的清談竟然沒有能夠超越這第一座高峰，這不能不說是魏晉清談的悲劇。不僅此也，即在人才方面，後世似乎也不如此時之盛。像荀粲、王弼、何晏，都是極富創造力的思想家，而夏侯玄、鍾會、傅嘏等也可稱一代人傑。可惜荀、王都沒有活過三十歲，這樣短的生命，這樣燦爛的火花，令人歎訝不置，也令人惋惜不已。魏晉的玄學與清談在中國學術史上的命運，也多少有點與它的這兩位創始人類似：像一顆耀眼的彗星，掠過學術史的廣袤天穹，才一回眸，便消失在遙遠的黑暗中了。但它留下過一道美麗的光弧，也曾經照亮過幽邃的天空，是我們後人所不當忘記的。

第五章 清談的將絕而復興

一、竹林七賢與清談

魏晉清談在太和初開始成形，而在正始間達到高潮。正始十年，即公元二四九年春，司馬懿發動政變，殺曹爽（及其弟曹羲、曹訓）、何晏、鄧颺、丁謐、畢軌、李勝、桓範、張當等八族，控制了曹魏政權。王弼也在這次事變中被免官，是年秋遇癘疾亡。隨著何、王這兩大玄學領袖及眾多名士的凋零，魏晉清談的第一個崢嶸絢爛的高峰轉眼間成為歷史陳跡。

在這次事變中倖免於難的夏侯玄從此「不交人事，不畜筆研」❶，盡量避免觸犯司馬氏，

❶《世說新語・方正》六條注引《魏氏春秋》云：「玄字太初，譙國人，夏侯尚之子，大將軍前妻兄也。風格高朗，弘辯博暢。正始中，護軍曹爽誅，徵為太常。內知不免，不交人事，不畜筆研。及太傅薨，許允謂玄曰：『子無復憂矣！』玄歎曰：『士宗，卿何不見事乎？此人尤能以通家年少遇我，

但五年之後還是被司馬師安上一個謀反的罪名殺掉了。同時被殺的名士有李豐與張緝❷。次年，即公元二五五年，正月，毌丘儉起兵反司馬氏，為司馬師所滅；不到一月之後，司馬師自己也病死了。再過不久，幫助司馬師滅毌丘儉的傅嘏也死了，都在同一年❸。至二五六年二月管輅去世後，曾經活躍在正始談坐上的主要人物，除鍾會一人以外，全都「風流雲散」了❹。

自何、王死後，名士間的交游與清談活動便驟然消歇，從前引夏侯玄的「不交人事，不畜筆研」可以想見當時氣氛之恐怖與蕭瑟。在現存的史料中，我們找不到清談活動的記載，至少在京師洛陽，先前那種熱熱鬧鬧、多姿多彩的交游談論是看不到了。但是，在京城之外，在與曹魏集團關係不深或雖有關係但名氣還不大、地位還不重要的名士中間是不是還繼續著某種形式的交游談論呢？

《三國志‧二一‧魏書‧王粲傳》注引《魏氏春秋》云：

子元、子上不吾容也。』」又《三國志‧九‧魏書‧夏侯玄傳》注引《魏略》亦云：「玄自西還，不交人事，不畜華妍。」（梁章鉅云：「華妍恐是筆研之誤。」是。）見中華書局標點本，北京，一九五九年，頁三〇二。

❷ 《三國志‧九‧魏書‧夏侯玄傳》，中華書局標點本，頁二九九。

❸ 《三國志‧二一‧魏書‧傅嘏傳》，中華書局標點本，頁六二七，及《晉書‧二‧景帝紀》，中華書局標點本，北京，一九七四年，頁三一。

❹ 裴徽大約死於正始末，參看第四章注65。

（嵇）康寓居河內之山陽縣，與之遊者，未嘗見其喜慍之色。與陳留阮籍、河內山濤、河南向秀、籍兄子咸、琅邪王戎、沛人劉伶相與友善，遊於竹林，號為七賢。❺

《世說新語・任誕》一條亦云：

陳留阮籍、譙國嵇康、河內山濤三人年皆相比，康年少亞之。預此契者，沛國劉伶、陳留阮咸、河內向秀、琅邪王戎。七人常集於竹林之下，肆意酣暢，故世謂「竹林七賢」。

又〈傷逝〉二條云：

王濬沖為尚書令，著公服，乘軺車，經黃公酒壚下過。顧謂後車客：「吾昔與嵇叔夜、阮嗣宗共酣飲於此壚。竹林之遊，亦預其末。自嵇生夭、阮公亡以來，便為時所羈紲。今日視此雖近，邈若山河。」

這就是後人所豔稱的「竹林七賢」故事。關於此事的記載還散見於《世說新語・文學》九四條劉注、〈排調〉四條、〈賞譽〉二九條、酈道元《水經注・清水》條、陶潛《羣輔錄・竹林七賢》條等。專著則有東晉戴逵的〈竹林七賢論〉，已佚，《世說新語》劉注引該書達十七處之多。

---

❺ 中華書局標點本，頁六〇六。

竹林故事東晉以後盛傳於世，七賢的處世態度為後世人所倣傚，「竹林」二字，幾乎成了清談、隱居、避世、飲酒、放達等等的代名詞，在魏晉思潮發展史上影響很大。雖然有的學者懷疑「竹林之遊」這件事根本就是子虛烏有，但也並沒有非常堅強的論據❻。這七個人之間存在著某種關係是不必懷疑的，阮籍、嵇康、山濤、向秀之間的交往不僅史有明文，而且有他們自己的詩文作證❼；王戎與嵇康同居山陽❽，少為阮籍所賞識❾；阮咸是阮籍的姪子，劉伶是阮籍的酒友。如果說，他們有一段時期曾在山陽同住，常常去竹林喝酒，這並不是什麼難以想像的事。至於他們後來各奔前程，結局非常不一樣，則是魏晉間的特殊政治狀況使然，不足深異。

不過竹林七賢的遇合顯然只是一件很短暫的事，當時也並無深義，後世「竹林七賢」一詞所具有的風流浪漫色彩，則是歷代「好事者」緣飾所致，這大概也是可以肯定的。事實上東晉戴逵所作的〈竹林七賢論〉中就已經透露了這一點，他說：

---

❻ 例如陳寅恪先生在〈陶淵明之思想與清談之關係〉一文中即認為「先有七賢」，即取《論語》「作者七人」之事數，再加天竺「竹林」之名於其上，見【陳寅恪先生文集】之二，頁一八一。何啓民《竹林七賢研究》一書亦認為竹林七賢之事出於後人之造作，見該書「前言」。

❼ 嵇康有給山濤的〈絕交書〉，文中提到阮籍；向秀有〈思舊賦〉，文中提到嵇康、呂安；嵇康又有〈答向秀難養生論〉等文。

❽ 《世說新語・德行》一六條。

❾ 《晉書・四三・王戎傳》，中華書局標點本，頁一二三一。

俗傳若此。潁川庾爰之嘗以問其伯文康，文康云：「中朝所不聞，江左忽有此論，蓋好事者為之耳！」⑩

七賢竹林之遊的時間諸書不載，惟陶潛《羣輔錄》云：「魏嘉平中並居河內山陽，共為竹林之遊，世號竹林七賢。」⑪嘉平乃齊王曹芳年號，接正始之後，從公元二四九年到二五四年。以七賢的生平和年輩推之，此說可信度很高。《晉書．四三．山濤傳》云：

濤年四十，始為郡主簿、功曹、上計掾。舉孝廉，州辟部河南從事。與石鑒共宿，濤夜起蹴鑒曰：「今為何等時而眠邪！知太傅臥何意？」鑒曰：「宰相三（日）不朝，與尺一令歸第，卿何慮也！」濤曰：「咄！石生，無事馬蹄間邪！」投傳而去。未二年，果有曹爽之事，遂隱身不交世務。

與宣穆后有中表親，是以見景帝。帝曰：「呂望欲仕邪？」命司隸舉秀才，除郎中。轉驃騎將軍王昶從事中郎。久之，拜趙國相，遷尚書吏部郎。⑫

⑩《世說新語．傷逝》二條注引。

⑪【叢書集成新編】，冊一〇〇，臺北，一九八五年，頁四九六。

⑫《晉書》，頁一二二三—一二二四。

據此，可知山濤在正始末（二四九年）曹爽被殺後曾有一段「隱身不交世務」的時期，以後便去找司馬師求官，結束隱居生活，從此忙於仕途，也必然和堅決不與司馬氏合作的嵇康分道揚鑣了。「竹林之遊」如果不完全是子虛烏有，便只能發生在這一段時間裏。考司馬師於嘉平四年，即公元二五二年，春正月，「遷大將軍，加侍中，持節、都督中外諸將軍、錄尚書事」，到正元二年，即二五五年，春正月征毌丘儉後即發目疾死，前後執政三年⑬，則山濤之見司馬師求官必在此三年內。換言之，「竹林之遊」的下限必在二五二年至二五四年之間。至於上限，則最早不會超過二四九年。其年王戎十六歲，剛剛與阮籍認識不久，見《晉書・四三・王戎傳》⑭。總之，七賢「在嘉平中並居山陽，共為竹林之遊」，這個說法是可以接受的。

也許對於我們來說，比考證時間、地點更重要的是，竹林七賢及其故事在魏晉清談中究竟佔什麼地位？說明什麼問題？

如前所述，七賢竹林之遊，如果真有其事，也只是一個短暫的結合，三、五年而已，甚或更短。他們在一起究竟做了些什麼？從現存的資料看來，實在是沒做什麼，除了喝酒還是喝酒。至於為什麼喝酒，似乎各人內心的想法也不一樣。嵇康是看不慣司馬氏集團那一班偽君子，口裏講仁義、稱周、孔，心裏想的只是如何翦除異己、奪權篡位，手段之卑劣、殘酷令人髮指，

⑬ 參看《晉書・二・景帝紀》，中華書局標點本，頁二六—三一。

⑭ 同注⑨。

所以他要「非湯、武而薄周、孔」⑮，「越名教而任自然」⑯，而自知自己的性格是「剛陽疾惡，輕肆直言，遇事便發」，一定為「世教所不容」⑰，所以只好隱居山陽，到竹林裏找一塊乾淨地，與幾個談得來的朋友喝喝酒，免得看到京城裏那些烏煙瘴氣的事，也免得成為司馬氏集團的眼中釘。山濤的想法就不一樣了，他之所以隱居山陽是因為看到司馬氏和曹氏爭權，而鹿死誰手，大勢未定，他不想在這種時候出去做官，弄得不好會成兩家鬥爭的犧牲品。他勸石鑒的話「無事馬蹄間」很清楚地表達了他的這種心態。所以當司馬氏代魏的大勢一定，他就結束隱居，主動向司馬師求官去了。其餘的人，雖然各有各的想法，但大致不外乎以上兩種心態。王戎接近山濤，阮籍和向秀則接近嵇康⑱。至於劉伶和阮咸，不過是跟著喝喝酒罷了。

所以，嚴格地說來，所謂「竹林七賢」根本就不能算是一個集團，既不是一個政治集團，甚至也不是一個清談集團。他們的共同活動主要是喝酒，他們的結合點則是在老莊哲學的外衣

⑮ 〈與山巨源絕交書〉，戴明揚《嵇康集校注》，北京，一九六二年，頁一二二。

⑯ 〈釋私論〉，戴明揚《嵇康集校注》，頁二三四。

⑰ 同注⑮。

⑱ 王戎一生仕晉，官至司徒，情形跟山濤非常相像。阮籍雖也做司馬氏的官，甚至也寫過〈勸進表〉，但內心很矛盾痛苦，只是沒有嵇康那樣剛烈的個性罷了；向秀在嵇康、呂安死後「舉郡計入洛」則完全是不得已的，看他的〈思舊賦〉就可知他內心的感情了。

下，以一種不問世事、放浪形骸的姿態來迴避當時的政局。

但是，我們仍然不能忽視「竹林七賢」在魏晉清談史上的影響和地位。

首先，七賢故事在東晉以後流傳甚廣，無論其中緣飾的成分有多少，它已然在清談名士的意識中成為一個客觀存在，因而就不能不正視它的影響。七賢故事中的飲酒、避世、做官而不辦事、放達不守禮法等特色在清談名士，即貴族知識分子中廣泛受到稱讚、宣揚與仿效。雖然也受到一部分人的批評與抵制，但勢力似乎遠不及前者。於是清談與任誕合流，清談名士中從此多放蕩之士。其末流甚至只會放蕩而不能清談，所以東晉王恭就曾說過：「名士不必須奇才，但使常得無事，痛飲酒，熟讀〈離騷〉，便可稱名士。」⑲後世一提到清談，立即就想到放蕩，想到喝酒，想到做官不做事、不負責，其實二者並無必然的聯繫，把它們聯繫在一起的正是竹林七賢的傳說。

第二，竹林傳說標誌的這種清談與放蕩合流之風，是當時政治狀況對知識分子的壓迫所導致的結果。《晉書．四九．阮籍傳》說：「籍本有濟世志，屬魏晉之際，天下多故，名士少有全者，籍由是不與世事，遂酣飲為常。」⑳這種政治狀況在整個魏晉南北朝時代都沒有根本的改善，因而清談與放蕩合流之風也就終魏晉南北朝之世都相當盛行。

⑲《世說新語．任誕》五三條。

⑳《晉書》，中華書局標點本，頁一三六〇。

第三，竹林放達之風，從學術思潮來看，是道家思想備受推崇之後，在知識分子的處世態度上所導致的結果。其中莊子的思想及其對生活的態度，尤其在竹林七賢的傳說中有非常明顯的烙印。同時，竹林七賢的故事反過來又促進了莊子思想的進一步流行。莊學在正始時並未受到足夠的重視，晉以後漸盛，而其轉折點正在竹林。阮籍著〈達莊論〉，向秀為《莊子》作注，此後《莊子》就成為清談中的重要內容了。

第四，竹林雖非清談集團，七賢也不是一流的清談家，但他們大都善談則是沒有疑問的。《晉書・四九・嵇康傳》說他「善談理」、「美詞氣」；〈阮籍傳〉說阮籍「發言玄遠」；〈王戎傳〉說戎「善發談端、賞其要會」、曾論子房、季札，「超然玄著」㉑。此外，若廣義地看，將著論作為清談的一種補充形式，則嵇康、阮籍、向秀都應視為清談大家。嵇康的論文很多，篇篇邏輯嚴密。且思想上的原創性很強，劉勰說他「師心以遣論」㉒，就是說不依傍他人以立論，這一點只有正始間荀粲、何晏、王弼才能與之媲美。他提出的越名教而任自然論、養生論、聲無哀樂論、難自然好學論、宅無吉凶攝生論等都是前人沒有說過的、相當獨到的見解。王導過江只談三理，而其中兩理出於嵇康㉓，可見對後世清談影響之大。阮籍著有〈樂論〉、〈通老

㉑《晉書》，中華書局標點本，頁一三七四、一三六七、一三六一、一二三二。

㉒《文心雕龍・才略》，范文瀾注本，北京，一九六二年，頁七〇〇。

㉓《世說新語・文學》二一條。

論〉、〈通易論〉、〈達莊論〉、〈大人先生傳〉等玄學論文，雖然不如嵇文之嚴密和豐富，但也有一定影響。向秀曾為《莊子》一書作注，「發明奇趣，振起玄風，讀之者超然心悟，莫不自足一時。」後經郭象「述而廣之」，一直流傳至今。向、郭《莊子注》對西晉以後清談內容的發展有很大影響，致使「儒墨之迹見鄙，道家之言遂盛。」㉔尤其是《莊子》之學，從此以後特別為清談家所喜愛，其地位幾乎要超過《老子》與《周易》（參看上篇第三章第一節）。從竹林七賢留下的軼事記載來看，他們在著論方面的成績顯然超過談辯的業績，這大概也是當時的政治狀況使然：交游談辯有結黨之嫌，容易惹禍，寫文章比較安全，當時的文章主要在朋友們之間流傳，不是發表在報章雜誌之上的。然而嵇康終於因寫文章而促禍，則又非始料之所及矣㉕。

從整體來看，竹林七賢之事代表了魏晉清談發展中的一個特殊階段。這個階段始於曹爽、何晏之被殺，終於嵇康之受刑，即公元二四九至二六二年，約十四年。其代表人物為嵇康、阮籍、向秀。從一個方面看，這是正始清談高峰之後的一個低谷；從另一方面看，這是正始清談雅音之後的一個變調。它有三個明顯的特色：(1)清談與放蕩合流；(2)著論多於談辯；(3)《莊子》

㉔《晉書・四九・向秀傳》，中華書局標點本，頁一三七四。

㉕嵇康之死與他的〈答山濤書〉有關，見《三國志・二一・魏書・王粲傳》注引《魏氏春秋》：「及山濤為選曹郎，舉康自代，康答書拒絕，因自說不堪流俗，而非薄湯武，大將軍聞而怒焉。」（中華書局標點本，頁六〇六）

開始受到特別重視。正是這三個特色構成了竹林時期的「低」與「變」。

二、樂廣：清言的絕而復聞

司馬氏以欺偽成功，姦回定業，其主要手段是「誅夷名族，寵樹同己」㉖，魏晉之際，屢興大獄，親曹氏的名士多遭族誅。其中大規模的誅殺異己有三次。第一次是正始十年，即公元二四九年，司馬懿發動高平陵事件，殺曹爽、何晏等八族，其後王淩不服，起兵反，又殺王淩、王廣父子（二五一年）；第二次是嘉平六年，即公元二五四年，司馬師以謀反的罪名殺夏侯玄、李豐、張緝等三族，其後毌丘儉、諸葛誕不服，先後舉兵反，又殺毌丘儉、諸葛誕等族（二五五年及二五七年）；第三次是景元三年，即公元二六二年，司馬昭以所謂「不孝」的罪名殺嵇康、呂安等。何晏、夏侯玄、嵇康可說是魏晉之際三大親魏名士集團的首領，也是當時最負盛名的玄學清談家，經過這樣三次極其殘酷的殺戮，所有的名士都提心吊膽，朝不保夕，話都不

㉖《世說新語・尤悔》七條云：「王導、溫嶠俱見明帝，帝問溫前世所以得天下之由。溫未答頃，王曰：『溫嶠年少未諳，臣為陛下陳之。』王迺具敘宣王創業之始，誅夷名族，寵樹同己，及文王之末高貴鄉公事。明帝聞之，覆面著牀曰：『若如公言，祚安得長！』」又《晉書・一・宣帝紀》制（李世民作）曰：「故晉明掩面，恥欺偽以成功；石勒肆言，笑姦回以定業。」

敢講，更遑論聚在一起清談了。

事實上，自何、王沒後，就已經不復有真正像樣的清談，竹林七賢之事乃是清談的一種扭曲的變形；而自夏侯玄被殺，竹林接著解體，就連這種變形的清談也沒有了。

至於親司馬氏的名士呢，則忙於擁立新朝，接著又忙於伐蜀、平吳，也沒有工夫顧得上清談。所以自嘉平末（二五四年）至太康初（二八〇年）將近三十年中，我們完全看不到關於清談的記載。這一段可說是清談的空白。

直到平吳之後，司馬氏不僅坐穩了皇帝的寶座，而且統一了中國，隱隱顯出一點昇平的氣象來，清談才又逐漸地復活了。

在清談絕而復續的過程中，有一個人似乎扮演了關鍵的角色。此人是樂廣（約二四一—三〇三）[27]。

[27] 翼明按：樂廣生年不能確知，各書均闕疑，惟美國學者馬瑞志（Prof. Richard B. Mather）在其《世說新語》英譯本後所附之人物小傳中作二五二年，見該書頁六一一（*Shih-shuo Hsin-yü: A New Account of Tales of the World*, University of Minnesota Press, 1976），不知何所據。今按《晉書・四三・樂廣傳》（見下文引）說夏侯玄為征西將軍時曾見廣，時廣年八歲。考夏侯玄為征西將軍在誅曹爽前，即二四九年正月前，則樂廣見夏侯玄不得晚於此時，設為二四八年，則樂廣生於二四一年，最遲不得晚於二四二年。至於樂廣之卒年，據《晉書・四・惠帝紀》在永興元年，即三〇四年，但中華書局標點本之校勘者引《通鑑考異》云當在太安二年，即三〇三年，參看該書頁一一一二，校勘記二九。

《晉書·四三·樂廣傳》云：

> 樂廣字彥輔，南陽淯陽人也。父方，參魏征西將軍夏侯玄軍事。廣時年八歲，玄常見廣在路，因呼與語，還謂方曰：「向見廣神姿朗徹，當為名士。卿家雖貧，可令專學，必能興卿門戶也。」方早卒。廣孤貧，僑居山陽，寒素為業，人無知者。性沖約，有遠識，寡嗜慾，與物無競。尤善談論，每以約言析理，以厭人之心，其所不知，默如也。裴楷嘗引廣共談，自夕申旦，雅相欽挹，歎曰：「我所不如也。」王戎為荊州刺史，聞廣為夏侯玄所賞，乃舉為秀才。楷又薦廣於賈充，遂辟太尉掾，轉太子舍人。尚書令衛瓘，朝之耆舊，逮與魏正始中諸名士談論，見廣而奇之，曰：「自昔諸賢既沒，常恐微言將絕，而今乃復聞斯言於君矣。」命諸子造焉，曰：「此人之水鏡，見之瑩然，若披雲霧而覩青天也。」㉘

據此可知，樂廣的清談深為時人所賞，而衛瓘對他的贊語尤其值得我們注意。《世說新語·賞譽》二三條有同樣的記載，該條劉注並引《晉陽秋》曰：

> 尚書令衛瓘見廣曰：「昔何平叔諸人沒，常謂清言盡矣。今復聞之於君。」

㉘《晉書》，頁一二四三。

又引王隱《晉書》曰：

衛瓘有名理，及與何晏、鄧颺等數共談講，見廣，奇之，曰：「每見此人則瑩然，猶廓雲霧而覩青天。」

今檢《晉書．三．武帝紀》，知衛瓘為尚書令在咸寧四年冬十月，即公元二七八年底，次年即大舉伐吳，至二八〇年吳平，由此可以推知衛瓘對樂廣的稱讚多半是在二八〇年之後。而衛瓘的話明確指出自正始末何、王諸人沒後至太康初年，清談是處於「將絕」的狀態的，這正可印證我上文所謂「空白」之說。衛瓘是曾經跟何、鄧等人清談過的，知道「正始之音」的氣象，現在對樂廣讚歎「復聞於君」，可見何、王等人的清談直到太康初年的樂廣才算有了繼承者了。

樂廣清談的最大特色是「簡至」，所謂以約言析理，而厭人之心，這也正是正始之音的風格。《世說新語．文學》一六條是樂廣以約言析理的最好例子，前面已經引過。與他同時齊名的清談家王衍也自負「簡至」，但與樂廣相比，則自認還遜一籌，他說：「與人語甚簡至，及見廣，便覺己之煩。」㉙

至於樂廣清談的主要觀點是什麼？理論上有哪些建樹？可惜都沒有資料留傳下來。我們僅知他於名家似乎很有研究，有人特別向他請教「旨不至」的含義㉚。此外，他和衛玠討論過夢

㉙《晉書》，中華書局標點本，頁一二四三。

的成因；他不贊成放蕩，認為「名教中自有樂地」㉛。他也相當獎掖後起的清談人才，《晉書・九〇・潘京傳》云：

> （潘）京仍舉秀才，到洛。尚書令樂廣，京州人也，共談累日，深歎其才，謂京曰：「君天才過人，恨不學耳。若學，必為一代談宗。」京感其言，遂勤學不倦。㉜

太康以後，至元康年間，清談逐漸復興，我們在《世說新語・言語》中可以找到一條證據，該篇二三條云：

> 諸名士共至洛水戲，還，樂令問王夷甫曰：「今日戲，樂乎？」王曰：「裴僕射善談名理，混混有雅致；張茂先論《史》、《漢》，靡靡可聽；我與王安豐說延陵、子房，亦超超玄箸。」㉝

㉚《世說新語・文學》一六條。

㉛《世說新語・文學》一四條及〈德行〉二三條。

㉜《晉書》，頁一二三五。

㉝《晉書・四三・王戎傳》亦載此事，其中「樂令問王夷甫」作「或問王濟」，其他詞句亦略有不同。見中華書局標點本，頁一二三二。

張華、裴頠死於永康元年，即公元三〇〇年，所以這裏記載的事顯然在此之前。又名士中缺裴楷與衛瓘，此二人均善談，若在世似不應不參與這樣的盛會，考二人同死於永平元年，即公元二九一年，所以這段故事可能是發生在二九一年至三〇〇年中。這段時期雖是賈后主政，但由於任用張華與裴頠兩個正直能幹的大臣共掌機要，天下以安，可算西晉繼太康十年之後又一段小康時期。名士間的清談活動就在這種小康的氣氛中復甦了。

三、元康談坐（上）：王衍與裴頠

當時在理論上繼承正始、紹述何王、能自成系統的則是王衍（二五六—三一一）。王衍字夷甫，是一個很好的清談家，談辯口才極佳，人又長得漂亮，風神瀟灑，且社會地位崇高，屢居顯職，於是逐漸從眾名士中脫穎而出，成為新一代的清談領袖。

《晉書》本傳云：

魏正始中，何晏、王弼等祖述《老》《莊》，立論以為：「天地萬物皆以無為本。無也者，開物成務，無往不存者也。陰陽恃以化生，萬物恃以成形，賢者恃以成德，不肖恃以免身。故無之為用，無爵而貴矣。」衍甚重之。惟裴頠以為非，著論以譏之，而衍處之自

> 若。衍既有盛才美貌，明悟若神，常自比子貢。兼聲名藉甚，傾動當世。妙善玄言，唯談《老》、《莊》為事。每捉玉柄麈尾，與手同色。義理有所不安，隨即改更，世號「口中雌黃」。朝野翕然，謂之一世龍門矣。累居顯職，後進之士，莫不景慕放效。選舉登朝，皆以為稱首。矜高浮誕，遂成風俗焉。[34]

何、王的理論即「以無為本，以有為末」，或簡稱為「貴無」，這是正始間形成的玄學基本架構。有了這個架構，才能援道入儒，逐漸建立玄學的整個體系。但是正始後隨著清談的消歇，這個理論也逐漸被人遺忘。樂廣等人雖「亦體道而言約」[35]，卻顯然沒有注意到這個架構的重要性。而系統地重申這一基本架構，使「貴無」成為一時風尚，其功臣自非王衍莫屬。

當時清談名士中，在理論上足以與王衍相抗衡的，只有一個裴頠（二六七—三〇〇）。裴頠字逸民，他著〈崇有論〉，向當時流行的王衍一派的貴無論挑戰，雖然貴無派人多勢大，卻未能把裴頠駁倒。《晉書・三五・裴頠傳》說：「王衍之徒攻難交至，並莫能屈。」[36]《世說新語・文學》一二條也說：「裴成公作〈崇有論〉，時人攻難之，莫能折，唯王夷甫來，如小屈。時人

---

[34] 中華書局標點本，頁一二三六。

[35] 《世說新語・文學》一二條注引〈晉諸公贊〉。

[36] 《晉書》，中華書局標點本，頁一〇四七。

即以王理難裴，理還復申。」

貴無、崇有二派的辯難是當時清談界一件大事，也是玄學發展史上一件大事，尤其對「有無本末」這一玄學基本命題的進展與完善有極重要的意義。以後郭象的「獨化論」即是從裴頠的〈崇有論〉中化出。這一點我已在上篇第三章第四節中詳細討論過了，這裏不再重複。

不過我們要注意的是，裴頠之倡崇有，並非一般地反對清談，反對玄學。他也並不反對援道入儒，他只是反對走極端，尤其反對在知識分子的實際行為上的放蕩和不事事。他在〈崇有論〉的序文中說，老子立言是「以無為辭，而旨在全有」，「將以絕所非之盈謬，存大善之中節，收流遁於既過，反澄正於胸懷」，而現在這些倡言「貴無」的人未免走得太遠了：「立言藉於虛無，謂之玄妙；處官不親所司，謂之雅遠；奉身散其廉操，謂之曠達。故砥礪之風，彌以陵遲。放者因斯，或悖吉凶之禮，而忽容止之表，瀆棄長幼之序，混漫貴賤之級。其甚者至於裸裎，言笑忘宜，以不惜為弘，士行又虧矣。」[37]這些，才是他要反對的。據《三國志・二三・魏書・裴潛傳》注謂裴頠著有〈崇有〉、〈貴無〉二論[38]，可惜他的〈貴無論〉已佚，否則我們當可更全面地了解裴頠的觀點。

[37]《晉書》本傳，中華書局標點本，頁一〇四四—一〇四六。

[38]《三國志》，中華書局標點本，頁六七三。又東晉孫盛著〈老聃非大賢論〉亦云：「昔裴逸民作〈崇有〉、〈貴無〉二論。」見嚴可均輯《全晉文・六三》，中華書局複製廣雅書局刻本，頁一八一七。

正是因為如此，王、裴二人不僅是論敵，也是論友，他們互相之間其實是很尊敬對方的。《世說新語．文學》一一條云：

中朝時有懷道之流，有詣王夷甫咨疑者，值王昨已語多，小極，不復相酬答，乃謂客曰：「身今少惡，裴逸民亦近在此，君可往問。」

裴、王二人關於崇有、貴無的辯論發生在惠帝元康年間，《世說新語．文學》一二條注引〈惠帝起居注〉曰：「頠著二論」云云，考惠帝於二九〇年嗣立，次年即元康元年，而頠死於永康初年（三〇〇年），為趙王倫所殺，故知〈崇有論〉必作於元康年間（二九一—二九九）。從正始末何、王逝後，到元康間王、裴崛起，魏晉清談經過四十餘年的低谷與斷層，終於又出現了第二個高峰。

四、元康談坐（下）：郭象諸人

元康談坐上圍繞王、裴的，尚有一批相當不錯的清談家。其中最厲害的角色是郭象（二五二—三一二，字子玄），他的口才連王衍都讚賞不已，說他清談起來，如「懸河瀉水，注而不竭。」㊴《世說新語．文學》一九條載他與裴遐的一次清談，相當精彩：

裴散騎娶王太尉女。婚後三日，諸壻大會，當時名士、王裴子弟悉集。郭子玄在坐，挑與裴談。子玄才甚豐贍，始數交，未快；郭陳張甚盛，裴徐理前語，理致甚微，四坐咨嗟稱快。王亦以為奇，謂諸人曰：「君輩勿為爾，將受困寡人女壻。」

這顯然是一次清談盛會，時間大致可以推算出是在元康後期㊵。正始以後，這是我們首次看到的此類記載。郭象的清談對手裴遐（字叔道，裴徽之孫，裴楷之姪㊶）看來也是相當不錯的角色，該條注引鄧粲《晉紀》云：「遐以辯論為業，善敘名理，辭氣清暢，泠然若琴瑟。聞其言者，知與不知，無不歎服。」又《世說新語・品藻》三三條說東晉時人以清談高手殷浩與他相比。可惜有關裴遐的情況，我們所知也僅只此了。

郭象不僅是一流清談家，而且是一流思想家。他的《莊子注》至今仍然是研究莊子最有用

㊴《世說新語・賞譽》三二條及《晉書・五〇・郭象傳》，頁一三九六。

㊵按裴遐為裴綽之子，綽為裴楷之弟。裴楷為裴徽第三子，綽第四，見《三國志・二三・魏書・裴潛傳》注及《唐書・宰相世系表》。《世說新語》此條注引〈晉諸公贊〉云裴遐父緯，緯蓋為綽之誤。裴楷生於二三七年，綽生年不會與楷相去太多，現假定在二四〇年，則裴遐可能生於二六五年左右或稍晚，則元康中正是三十歲上下，是古代男子最適合婚姻的年齡。王衍生於二五六年，若二十五歲生此女（此女為衍第四女，參看《世說新語》該條注引〈永嘉流人名〉），則元康後期亦正是適婚年齡。

㊶參看前注及《晉書・三五・裴楷傳》，頁一〇五〇。

的參考書，同時又是一部有自己思想體系的哲學著作。關於郭象的哲學思想，則已超出本篇範圍，此處暫置不論，近代學者亦有許多論述，可以參閱㊷。在既是優秀的清談家，又是富有創造力的思想家這一點上，郭象不僅超過王衍，也超過裴頠，而可以和正始間何晏、王弼並駕齊驅。當時人對郭象已有這樣的評價，《世說新語·文學》一七條注引《文士傳》云：「象字子玄，河南人。少有才理，慕道好學，託志老莊，時人咸以為王弼之亞。」

在元康談坐上活躍的清談名士，除樂廣、王衍、裴頠、郭象、裴遐以外，還有不少。那時也可以算得上是一個清談人才輩出的時期，與正始時代先後比美。現根據史料，擇其要者，介紹如下。

(一)裴楷

裴楷（二三七？—二九一？）年輩較早，元康初年已去世㊸。嚴格說來，不算元康談坐上

㊷ 其中余敦康所撰〈郭象〉一文討論頗詳細，該文收入辛冠潔等主編之《中國古代著名哲學家評傳·二》，山東，齊魯書社，一九八〇年，頁二五三—二一三。又湯一介《郭象與魏晉玄學》（北京，一九八二年）亦可參看。

㊸ 翼明按：裴楷的生卒年一般定為二三七—二九一，蓋據《晉書》本傳。但《晉書》本傳在敘述裴楷躲過楚王瑋之亂後被任為中書令，王渾代辭，不許，加光祿大夫、開府儀同三司，後疾篤，中間又插敘

的人物，現為方便起見，放在一起敘述。裴楷字叔則，是正始時著名清談家裴徽之子，裴頠從叔。《晉書》本傳說他「博涉羣書，特精理義」，「尤精《老》、《易》，少與王戎齊名」，「善宣吐，左右屬目，聽者忘倦。」❹❹《世說新語．德行》一八條載他答人譏其「乞物行惠」之語曰：「損有餘，補不足，天之道也。」〈言語〉一九條載他巧為晉武帝釋疑之語云：「臣聞天得一以清，地得一以寧，侯王得一以為天下貞。」都是隨口引用《老子》，足見他對《老子》之熟悉以及口才之敏捷。他生活的年代正是清談處於低潮的時候，所以我們很少看到他參加清談活動的記錄。但到他晚年，當太康清談復甦以後，他顯然也是活躍人物之一，《世說新語．賞譽》三八條云：

庾太尉在洛下，問訊中郎。中郎留之云：「諸人當來。」尋溫元甫、劉王喬、裴叔則俱至，酬酢終日。庾公猶憶劉、裴之才儁，元甫之清中。

這是清談家庾亮回憶少年時一段往事。其中提到的幾個人物：庾敳、溫幾、劉疇、裴楷，都是

楷有知人之鑒等等，才說「其年而卒，時年五十五」。楚王瑋之亂在二九一年六月，《晉書》此處的「其年」很含混，可能即二九一年，但也可能到了二九二年，甚至更晚。根據《世說新語．賞譽》三八條（引見正文）所載，庾亮少時曾及見裴楷且猶憶其「才儁」，則庾亮其時年亦當在五歲左右，而亮生於二八九年，然則裴楷之死很可能在二九三年以後了。

❹❹ 中華書局標點本，頁一〇四七—一〇四八。

一時清談名士，他們的「酬酢終日」，自然也少不了清談這個節目的。

裴楷曾與樂廣清談，通宵達旦，對樂廣非常賞識，薦之於賈充，已見前文。但他和王衍卻一直沒見過面，直到病重時，王衍受詔省疾，才見到。他不禁感歎道：「竟未相識。」而王衍也非常佩服他，說「死而有作，當與之同歸。」㊺

㈡王　戎

王戎（二三四—三〇五）是竹林七賢之一，但那時他不過十七、八歲，其實只是跟著混混而已。不久就忙著做官去了，正好又碰上清談的低潮，所以他的「善發談端，賞其要會」，恐怕主要還是太康以後的事。他活到元康以後，從前引《世說新語・言語》二三條看來，他那時還是很活躍的。

㈢庾　敳

庾敳（二六二—三一一）字子嵩，與王敦、謝鯤、阮脩俱為王衍所親善，號為四友㊻。他

㊺　參看《晉書・三五・裴楷傳》，頁一〇五〇，及《世說新語・賞譽》二四條。

㊻　參看《晉書・四三・王澄傳》，頁一二三九。《晉書・四九・胡毋輔之傳》則說「四友」為王澄、王敦、庾敳及胡毋輔之。

自謂是老莊之徒[47]，對《老》、《莊》很有會心，《世說新語・文學》一五條云：「庾子嵩讀《莊子》，開卷一尺許便放去，曰：『了不異人意。』」又很佩服注《莊子》的郭象，每說：「郭子玄何必減庾子嵩！」又對郭象本人說：「卿自是當世大才，我疇昔之意都已盡矣。」[48]他清談的本領不算出色[49]，但在當時名氣頗高[50]，也很活躍。

(四)阮　脩

阮脩（二七〇—三一一）字宣子，也是王衍的談友。《晉書》本傳說他「好《易》、《老》，善清言」，連王衍都歎服：

王衍當時談宗，自以為論《易》略盡，然有所未了，研之終莫悟，每云「不知比沒當見能通之者不？」衍族子[51]敦謂衍曰：「阮宣子可與言。」衍曰：「吾亦聞之，但未知其

---

[47]《世說新語・文學》一五條注引《晉陽秋》。

[48]《世說新語・賞譽》二六條及該條注引《名士傳》。

[49]《世說新語・品藻》五八條載劉惔對他的評價說：「雖言不愔愔似道，突兀差可以擬道。」

[50]《世說新語・品藻》一一條注引《晉陽秋》曰：「初，王澄有通朗稱，而輕薄無行。兄夷甫有盛名，時人許以人倫鑒識。常為天下士目曰：『阿平第一，子嵩第二，處仲第三。』敳以澄、敦莫己若也。及澄喪敦敗，敳世譽如初。」

亹亹之處定何如耳。」及與脩談，言寡而旨暢，衍乃歎服焉。[52]

至於《世說新語・文學》一八條載王衍賞識他的那個有名的「三語掾」故事，《晉書・四九・阮瞻傳》說是阮瞻與王戎間的事，恐怕應以《晉書》為是。原因有二：第一，王衍為太尉在三〇九年，此前阮脩已做了鴻臚丞[53]，似不應再為王衍所辟；第二，此條下又有「衛玠嘲之」云云，按衛玠生於二八六年，少阮脩十六歲，而與阮瞻年相若，衛玠嘲阮瞻較合情理，如嘲阮脩就未免有點輕狂了。

阮脩和他的從弟阮瞻都是無鬼論者，《世說新語》、《搜神記》和《晉書》本傳都載有他們這方面的故事。而論鬼神有無也是當時清談話題之一，我已在「清談內容考察」一章中討論過，茲不贅。

---

[51] 《晉書・四三・王衍傳》說王敦為王衍族弟，此處疑誤。

[52] 《晉書》，中華書局標點本，頁一三六六。

[53] 《晉書・四九・阮脩傳》云：「王敦時為鴻臚卿，謂脩曰：『卿常無食，鴻臚丞差有祿，能作不？』脩曰：『亦復可爾耳！』遂為之。轉太傅行參軍、太子洗馬。」（頁一三六七）而《晉書・六八・王敦傳》曰：「惠帝反正，敦遷散騎常侍、左衛將軍、大鴻臚、侍中。」惠帝反正在永寧元年四月，即公元三〇一年四月。〈王敦傳〉又云：「至永嘉初，徵為中書監。」可見王敦做鴻臚卿是在三〇一年至三〇七年之間，則阮脩為鴻臚丞亦應在此期間。

㈤王　敦

王敦（二六六—三二四）字處仲，自是梟雄式的人物，他一生的主要活動是在政治、軍事方面，是東晉初期野心勃勃的著名軍事強人。但是王敦在年輕時卻以名士自居，「務自矯厲，雅尚清談，口不言財色」54，《世說新語．文學》二〇條注引〈敦別傳〉也說他「少有名理」，可見是善於談辯的。他是王衍四友之一（見前），王衍對他評價甚高，許為天下名士55。由此推測，元康時他也應當是談坐中風雲人物。

㈥歐陽建

歐陽建（約二七〇—三〇〇）字堅石，以文學稱，為賈謐二十四友之一，死於趙王倫之亂。他在清談方面無跡可考，但他留下了一篇重要的清談論文〈言盡意論〉。《世說新語．文學》二一條說王導過江止道三理，「言盡意」為其中之一。從現存的〈言盡意論〉看來，歐陽建對當時的清談命題是很熟悉的56，因此我們有理由認為他也是元康談坐中的積極分子。

---

54 《晉書》本傳，中華書局標點本，頁二五五七。

55 參看注50。

56 〈言盡意論〉我已在「清談內容考察」一章中全文引出，可參看。文中提到「蔣公之論眸子，鍾傅之

(七)張　華

張華（二三二—三〇〇）字茂先，與裴頠同為元康間執政重臣，以文學與博物稱，但從前引《世說新語・言語》二三條看來，他也是清談坐中人。

此外有阮瞻、王承、劉疇、王導諸人亦頭角初露，以後會提到。

五、元康以後至西晉末的清談

可惜好景不常，元康這段亂中之小康很快就為更慘酷的內亂所代替，成為過眼煙雲。公元三〇〇年，趙王倫與梁王肜等舉兵廢殺賈后，並殺張華、裴頠；三〇一年，趙王倫廢惠帝，自立為帝；齊王冏聯合成都王穎、河間王顒、常山王乂誅倫，惠帝復位；三〇二年，河間王顒聯合長沙王乂等，舉兵攻冏；乂殺冏，權歸乂；三〇三年，河間王顒又聯合成都王穎共攻乂；東海王越半路加入，殺乂；三〇四年，越、顒、穎之間混戰；三〇五年，越又起兵攻顒、穎；次

言才性」，皆清談話題。〈言盡意論〉本身的論辯方式也完全是名家式的，名家自是當時清談家們的必修學問。又歐陽建字堅石，我懷疑這個字是他自己取的，亦來源於名家。桓寬《鹽鐵論・褒賢》云：「東方朔自稱辯略，消堅釋石，當世無雙。」「消堅釋石」即離堅白石之意，公孫龍派之學說也。

年，即三〇六年，攻入長安，殺成都王穎，又毒死惠帝，擁立晉懷帝司馬熾，「八王之亂」才算告一段落。然而接著就是各地反叛四起，北方匈奴入寇，西晉政權疲於奔命，連連敗北，至三一一年，懷帝被俘，青衣行酒；三一六年，愍帝出降，執蓋洗爵，西晉於是滅亡。所以元康之後，自公元三〇〇年至三一七年西晉亡，完全是兵連禍結的十八年，在這樣的局面下，要想端坐撚鼻，執麈尾而高談，恐怕誰也沒有這個本事與心情了。

但這並不是說，自元康以後至西晉亡十八年間就再也沒有清談這回事，而是說，像元康間那種從容的，有規模的，在理論上有探索有進展的清談活動不復見於記載了，至於零星的清談，則並未絕跡。這期間甚至也出現過很有發展潛力的清談家，例如衛玠（二八六—三一二）。

衛玠字叔寶，是衛瓘的孫子，王濟的外甥，樂廣的女壻。門第高華，人又聰明漂亮。王濟這麼自負的人，都說跟外甥站在一起，是「珠玉在側，覺我形穢」。王濟與王衍的弟弟王澄、兒子王玄都是當時一流名士，人們卻說：「王家三子，不如衛家一兒。」又拿他同樂廣相比，說「婦公冰清，女壻玉潤」[57]。據《晉書》本傳，衛玠卒於永嘉六年，即公元三一二年，年二十七，則其生年為二八六年，元康末才十四歲。元康清談盛時，他頂多在父輩旁邊聽聽，不可能扮演什麼角色。但耳濡目染，長大後竟是清談高手。《世說新語・賞譽》四五條云：

[57] 參看《晉書・三六・衛玠傳》，中華書局標點本，頁一〇六七。

王平子邁世有儁才，少所推服。每聞衛玠言，輒歎息絕倒。

同條注引〈玠別傳〉云：

玠少有名理，善通《莊》、《老》。琅邪王平子高氣不羣，邁世獨傲。每聞玠之語議，至於理會之間，要妙之際，輒絕倒於坐；前後三聞，為之三倒。時人遂曰：「衛君談道，平子三倒。」

又同篇五一條云：

王敦為大將軍[58]，鎮豫章，衛玠避亂，從洛投敦，相見欣然，談話彌日。於時謝鯤為長史，敦謂鯤曰：「不意永嘉之中，復聞正始之音。阿平若在[59]，當復絕倒。」

同條注引〈玠別傳〉云：

玠至武昌見王敦，敦與之談論，彌日信宿。敦顧謂僚屬曰：「昔王輔嗣吐金聲於中朝，

---

[58] 翼明按：王敦為大將軍在三一七年，鎮江陵；此時是揚州刺史，故鎮豫章，見《晉書・九八・王敦傳》，頁二五五四—二五五五。

[59] 《晉書》本傳此句作「何平叔若在」，蓋唐人妄改。

此子今復玉振於江表，微言之緒，絕而復續。不悟永嘉之中，復聞正始之音。阿平若在，當復絕倒。」

〈文學〉二〇條亦記此事，只是說當晚衛玠清談的主要對象是謝鯤。

從以上記載看來，衛玠清談的本事的確很高明，在永嘉那樣的亂世尤其難得，難怪王敦要感歎再三，把他與王弼相提並論，而欣喜於正始之音不至於絕響了。然而衛玠在清談史上的地位到底不能跟王弼相比，甚至也不能跟元康間王衍、裴頠、郭象等人相比，他既非一時的清談領袖，也沒有在理論上留下足供後人繼續開發的園地。這並不是他的才華不夠，而實在是時代使然，所謂「運涉季世，人未盡才」[60]，令人歎息。

其時為世運所誤的，當然不止衛玠一人，不過衛玠是相當典型的代表。當時還有一批人，因為政治腐敗，時代動亂，既無力匡時救世，又不能隱身自好，便頹廢起來，縱情聲色，喝酒混日子。這些人也清談，但不是探討學術哲理，而只是裝裝門面，自命老莊信徒，竹林遺風。《世說新語・德行》二三條注引王隱《晉書》曰：

魏末，阮籍嗜酒荒放，露頭散髮，裸袒箕踞。其後貴游子弟阮瞻、王澄、謝鯤、胡毋輔之之徒，皆祖述於籍，謂得大道之本。故去巾幘，脫衣服，露醜惡，同禽獸。甚者名之

[60] 《文心雕龍・時序》中語，見范文瀾注本，頁六七四。

為通，次者名之為達也。

又《晉書・四九・光逸傳》云：

(光逸)尋以世難，避亂渡江，復依輔之。初至，屬輔之與謝鯤、阮放、畢卓、羊曼、桓彝、阮孚散髮裸裎，閉室酣飲已累日。逸將排戶入，守者不聽，逸便於戶外脫衣露頭於狗竇中窺之而大叫。輔之驚曰：「他人決不能爾，必我孟祖(逸字)也。」遽呼入，遂與飲，不捨晝夜。時人謂之「八達」。[61]

這些人中有些頗能清談。王澄是王衍之弟，王衍對他評價甚高，他也自負得不得了，除了衛玠以外，他是「少所推服」的。謝鯤為王澄所賞，歎為「可與言」[62]。胡毋輔之至被王澄稱為「後進領袖」，說他「吐佳言如鋸木屑，霏霏不絕」[63]。光逸又為胡毋輔之所賞，一見許為「奇才」[64]。阮放則連服侍太子時都是「常說《老》、《莊》，不及軍國」[65]。但要說這些人在清

[61] 中華書局標點本，頁一三八五。
[62] 《晉書・四九・謝鯤傳》，頁一三七七。
[63] 《晉書・四九・胡毋輔之傳》，頁一三七九。
[64] 《晉書・四九・光逸傳》，頁一三八四。
[65] 《晉書・四九・阮放傳》，頁一三六七。

談上有什麼貢獻，在學術上有什麼造就，那就真正杳如黃鶴，一點痕跡都找不到了。

竹林時的清談與放蕩合流之風到這時發展到頂峰，也跌落為末路。竹林時還有反抗與不合作的成分，這些人則純粹是放縱與麻痺而已。〈竹林七賢論〉的作者戴逵早在元康之後不久就指出：「若元康之人，可謂好遁跡而不求其本，故有捐本徇末之弊，舍實逐聲之行，是猶美西施而學其顰眉，慕有道而折其巾角，所以為慕者，非其所以為美，徒貴貌似而已矣。夫紫之亂朱，以其似朱也。故鄉原似中和，所以亂德；放者似達，所以亂道。然竹林之為放，有疾而為顰者也，元康之為放，無德而折巾者也，可無察乎！」[66]戴逵的話是對的，放蕩本來就不值得提倡，但竹林之放還情有可原，元康之放就沒有多少道理而跡近於墮落了。戴逵在這裏所說的「元康」只是西晉後期的泛稱，不可死扣字面。王澄、謝鯤、胡毋輔之、阮放、阮瞻等人的放蕩行為恐怕主要還是元康以後的事，這從他們的年齡可以推知[67]，而上引〈光逸傳〉更指明是「避亂渡

---

[66]《晉書・九四・戴逵傳》，頁二四五七—二四五八。

[67]例如謝鯤，《晉書》本傳說他死於王敦之前，年四十三，而王敦死於三二四年，可知謝鯤生年當在二八〇年至二八二年之間，元康末還不到二十歲。阮放，《晉書》本傳說他死於成帝初，即公元三二六年，年四十四，則其生年為二八三，比謝鯤更小。阮瞻，《晉書》本傳說：「永嘉中，為太子舍人……後歲餘，病卒於倉垣，時年三十。」永嘉從三〇七年到三一三年，既言「中」，又「後歲餘」，可以假定他死於三一〇年，則其生年為二八一，與謝鯤、阮放相若。

江」以後。

我在「論竹林七賢」一節中已經說過，清談與放蕩二者並無必然聯繫，清談家不一定要行為放蕩，正始間何、王、夏侯諸人就並無放蕩之行；放蕩之士也未必能清談，竹林中的劉伶、阮咸及上引《晉書・光逸傳》所謂「八達」中的畢卓、羊曼、桓彝、阮孚等人都未聞有能談之名。雖然玄學清談家所崇尚的老莊思想與放蕩玩世的處世態度，其間有一息相通之處，但如果沒有外部政治因素，則二者的關係或許不會像我們在魏晉時所見到的一樣。魏晉之際的恐怖政治使這二者掛鉤，而元康以後的腐敗政治又使這二者的關係更緊，後世人遂以為清談與放蕩是一物之二面，連不少學者也作如是觀，這實在是清談的不幸，也是嚴重的誤解。

第六章　清談的重振與衰落

一、承先啟後的清談家王導

八王之亂使西晉國破民殘，元氣喪盡，有心之士知天下已亂，乃潛圖興復。永嘉元年，即公元三〇七年，司馬睿用王導之計，移鎮建鄴❶，開始經營江南。至永嘉五年，劉聰將劉曜、王彌、石勒攻陷洛陽，虜懷帝，人心大恐，士族百姓紛紛逃向江南，多數即僑居於建鄴、京口一帶，這就是歷史上有名的「永嘉南奔」。再過五年，即公元三一六年，劉曜又陷長安，愍帝出

---

❶《晉書・六・元帝紀》：「永嘉初，用王導計，始鎮建鄴。」按建鄴，又稱建業、建康，即今南京。東漢建安十七年（二一二年）孫權改秣陵縣置。吳黃龍元年（二二九年）自武昌遷都於此。晉滅吳後復改名秣陵。太康二年（二八一年）分淮水南為秣陵，北為建業，並改業為鄴。晉建興元年（三一三年）因避愍帝司馬鄴諱，改名建康。參看《晉書・一五・地理下》「揚州、丹陽郡」。

降，西晉隨之而亡；而建康（即原建鄴）方面在王導、王敦、周顗、刁協、劉隗等人的大力輔佐下，也漸成氣候，終於在三一七年建立東晉，司馬睿於次年正式即皇帝位，稱元帝。

西晉末期自三〇〇年以後，十八年中一直是內爭外亂，兵連禍結，幾無寧日。貴族知識分子間的大規模清談活動再也無法進行，偶爾在戰爭的空隙技癢難禁，聊溫昔日之好，如前節所引衛玠與王敦、謝鯤的故事，都難免讓人心生感慨。王敦說：「不意永嘉之中，復聞正始之音。」言中似有意外的驚喜，就是因為此音久已不聞。

逮東晉成立，也並不意味著禍亂從此結束，昇平立刻再現，事實上，當時的情況並不樂觀。北中國已完全淪入胡人之手，長江雖然是一道理想的屏障，但江南並非完全感受不到江北的威脅；而建康一帶本是三國時吳國舊地，吳人及江東士族對於司馬睿及南遷的北方士族懷有強烈的不信任感，甚至有相當的敵對情緒，覺得他們是某種外來的統治者。《世說新語．言語》二九條載元帝始過江時對江東士族顧榮說過「寄人國土，心常懷慚」的話❷，我們不難從中感受到這樣的氣氛。更嚴重的是，在當時被迫南遷的北方士族名士中，籠罩著一股濃厚的悲觀失敗情緒，真有興復之志的人是很少的。《世說新語．言語》三一條云：

❷ 余嘉錫曰：「顧榮卒於元帝未即位以前，不當稱陛下。《世說新語》此條已為敬胤所駁，見汪藻《考異》。」見余氏《世說新語箋疏》，北京，中華書局，一九八三年，頁九二。翼明按：余氏之言誠是，然字句或許記錄有誤，這句話所反映的元帝心情卻是真實的。

衛洗馬初欲渡江，形神慘顇，語左右云：「見此芒芒，不覺百端交集。苟未免有情，亦復誰能遣此！」

又《晉書・七五・王承傳》云：

尋去官，東渡江。……既至下邳，登山北望，歎曰：「人言愁，我始欲愁矣。」❸

最為人所熟知的當然還是「新亭對泣」的故事，見《世說新語・言語》三一條：

過江諸人，每至美日，輒相邀新亭，藉卉飲宴。周侯中坐而歎曰：「風景不殊，正自有山河之異！」皆相視流淚。唯王丞相愀然變色曰：「當共戮力王室，克復神州，何至作楚囚相對！」

在這樣的客觀情勢和主觀心境之下，要想立即恢復從前的作為學術探研和心智享受的清談活動當然是不可能的。何況東晉新立，制度、憲章、人事，在在都需從頭擘畫，士大夫們也的確有很多比清談更重要的事要做。接著，東晉統治階級內部又發生為利益擺不平而產生的矛盾。南遷士族與江東舊族之間有矛盾，南遷士族和東晉王族之間有矛盾，南遷士族彼此之間也有矛

❸《晉書》，中華書局標點本，北京，一九七四年，頁一九六一。

盾。公元三二二年到三二四年王敦、王含之亂和三二七年到三二九年蘇峻、祖約之亂就是這些矛盾的集中爆發。直到這兩次內亂平息下去之後，東晉政權才算真正確立。

這以後，東晉境內漸漸平靜下來，王導、庾亮勉力合作，經過幾年修復、建設，到咸康（三三五—三四二）年間終於露出一點承平的氣象。士族知識分子的清談活動大約在這個期間重新頻繁起來。而帶頭的正是當時的士族領袖同時也是政治領袖的王導。

王導（二七六—三三九），字茂弘，是西晉時著名清談領袖王衍的族弟。王導比王衍小二十歲，他小時候似乎很得王衍的喜愛，顯然受到王衍很多薰陶。《世說新語・雅量》八條記載了這樣一個故事：

> 王夷甫嘗屬族人事，經時未行。遇於一處飲燕，因語之曰：「近屬尊事，那得不行？」族人大怒，便舉樏擲其面。夷甫都無言，盥洗畢，牽王丞相臂，與共載去。在車中照鏡，語丞相曰：「汝看我眼光，迺出牛背上。」

這當然是王導兒時經歷的事，其時王衍也還年輕，官還做得不大，否則不會有族人舉樏擲其面這樣的事發生；「牽臂」、「共載」這樣的字眼也說明王導那時還是個小孩。同時，我們有理由假定這是王導後來回憶王衍時說出來的故事，否則車中兩人間說的話第三者怎麼會知道？果如此，則王導對王衍的欽敬也就很顯然了。王導對王衍的佩服我們還可以從以下兩則《世說新語》

看出：

王丞相云：「雒下論以我比安期、千里，我亦推此二人；唯共推太尉，此君特秀。」❹

王公目太尉：「巖巖清峙，壁立千仞。」❺

這裏王丞相、王公指王導，太尉則指王衍。尤其是後面八個字，把王導對王衍的欣賞與推崇可說表達無遺。

在王衍的影響下，王導也對清談發生濃厚的興趣，不僅積極參與，而且年輕時就已經有了談名。《世說新語．企羨》二條云：

王丞相過江，自說昔在洛水邊，數與裴成公、阮千里諸賢共談道。羊曼曰：「人久以此許卿，何須復爾？」王曰：「亦不言我須此，但欲爾時不可得耳！」（「欲」一作「歎」）

這一條材料很有用，它至少說明：第一，王導是元康談坐上的人物之一，因為裴頠死於元康之

---

❹《品藻》二〇條。按《世說新語》坊間通行本「雒下」均作「頃下」，第二句首無「我」字，此據《御覽》四四七引《郭子》改，參看徐震堮《世說新語校箋》（頁二八一）及余嘉錫《世說新語箋疏》（頁五一五）。

❺《賞譽》三七條。

次年（公元三〇〇年），王導與裴頠等人「談道」只能發生在元康間；第二，王導那時只有二十來歲，在樂廣、王衍、裴頠、郭象等巨星的光芒下，他雖然扮演不了要角，但顯然是清談的積極參與者，而且表現不俗，否則羊曼就不會說「人久以此許卿」了；第三，王導對自己當時的表現也頗得意，而且對當時的清談盛況非常留戀；第四，王導的話還說明東晉早期確實沒有什麼清談活動，這可以印證我前面的論斷。按羊曼死於三二八年蘇峻之亂，王、羊對話顯然是三一八至三二八年之間的事。

王導年輕時的談友除了裴頠和阮瞻以外，他自己提到的還有王承和劉疇。王承字安期，號稱中興名士第一。他的清談特色是「約而能通」，即「言理辯物，但明其指要而不飾文辭」，所以王衍至以之比樂廣❻。洛下輿論以王導比王承、阮瞻，已見前引。又《世說新語・輕詆》六條載王導詆蔡謨之語云：「我與安期、千里共遊洛水邊，何處聞有蔡克兒！」❼亦一證。劉疇字王喬，「善談名理」，見《世說新語・賞譽》三八條注引曹嘉之《晉紀》。王導拜司徒時，曾歎息說：「劉王喬若過江，我不獨拜公。」❽可見王導對他的推許和二人交誼之深。至於王家的同輩兄弟，如王澄、王敦等，自然也是王導早年的清談夥伴❾。

---

❻《晉書・七五・王承傳》，頁一九六〇。
❼《世說新語》明袁氏嘉趣堂本作「蔡充」，誤，《世說新語》影宋本及《晉書》皆作「蔡克」。
❽《世說新語・賞譽》六一條。

永嘉以後，王導即全力輔佐司馬睿，出謀建策，為江左第一重臣，號為「仲父」，當然也是江左第一忙人。無論是東晉早期的整體情況，或是王導個人身上的重荷，恐怕都叫王導無心於清談。但他始終對清談不能忘懷，對昔日的盛況有深深的留戀。倥傯政務之暇，動亂憂患之隙，會不會有技癢難熬，偶一為之之時呢？這當然是可能的。《世說新語・文學》二一條說他過江後只談聲無哀樂、養生、言盡意三理，然而「宛轉關生，無所不入」。這裏沒有指明時間，大概是有興致、有機會的時候就會談談的吧⑩。

到咸康以後，東晉大局底定，王導也開始做起承平宰相來。對於政事，他覺得可以不須事必躬親了，正不妨採取無為而治的辦法。《世說新語・政事》一五條云：「丞相末年，略不復省事，正封籙諾之。」他一直念念不忘的早年經歷過的清談舊夢到這時才有了重新溫習的可能。從現有的資料看來，東晉第一次這樣的清談盛會正是王導發起的，其大致情形見於《世說新語・文學》二二條：

> 殷中軍為庾公長史，下都，王丞相為之集，桓公、王長史、王藍田、謝鎮西並在。丞相

---

⑨ 參看《世說新語・賞譽》四六條王敦與元帝表，說他賞識王舒、王導；王衍、王澄則對王舒表示懷疑，大概王舒清談較差，而王導則常與王敦、王澄等談。

⑩ 《世說新語・賞譽》五七條說王導與祖約夜語，至曉不眠，可為一例。

自起解帳帶麈尾，語殷曰：「身今日當與君共談析理。」既共清言，遂達三更。丞相與殷共相往反，其餘諸賢略無所關。既彼我相盡，丞相乃歎曰：「向來語，乃竟未知理源所歸。至於辭喻不相負，正始之音，正當爾耳。」明旦，桓宣武語人曰：「昨夜聽殷、王清言甚佳，仁祖亦不寂寞，我亦時復造心；顧看兩王掾，輒翣如生母狗馨。」

這條資料我們前面也已經見過，我之所以不嫌重複再引於此者，蓋因其確實重要，實標誌東晉清談高潮之到來。現在請讓我再就此條資料作一點分析。

首先是這次清談發生的時間和地點。先說地點。地點是首都建康，殷浩當時從庾亮駐所武昌來，武昌在長江上游，建康在下游，故曰「下都」⑪。時間則是在殷浩「為庾公長史」時，殷浩在什麼時候作庾亮的長史呢？如果能確定殷浩為庾亮長史的時間，也就可以確定這次清談發生的時間範圍。查《晉書・七七・殷浩傳》云：

三府辟，皆不就。征西將軍庾亮引為記室參軍，累遷司徒左長史⑫。安西庾翼復請為司

---

⑪ 庾亮為征西將軍時取殷浩為長史，見下文所引《晉書・七七・殷浩傳》。又《晉書・七三・庾亮傳》云：「陶侃薨，遷亮都督江、荊、豫、益、梁、雍六州諸軍事，領江、荊、豫三州刺史，進號征西將軍、開府儀同三司、假節。亮固讓開府，乃遷鎮武昌。」（頁一九二一）可見當時殷浩是從武昌來。

⑫ 《晉書》，頁二〇四三。《世說新語・文學》二二條劉孝標注云：「按〈庾亮僚屬名〉及《中興書》，

馬，除侍中、安西軍司，並稱疾不起。遂屏居墓所，幾將十年，于時擬之管、葛。⑬

那麼殷浩做庾亮的長史是在庾亮做了征西將軍之後，而且先做過一段記室參軍。據《晉書・庾亮傳》及《晉書・七・成帝紀》，庾亮為征西在咸和九年（公元三三四年）六月，則殷浩為長史最早不得早過此時，很可能是咸和十年以後。從〈浩傳〉引文可以看出，殷浩做長史之後不久就因親喪去職，後喪滿而庾翼復請，殷浩稱疾不起，在墓所待了將近十年。而據《晉書・八・穆帝紀》云：永和二年（三四六年）「三月丙子，以前司徒左長史殷浩為建武將軍、揚州刺史。」⑭〈浩本傳〉云：「浩頻陳讓，自三月至七月，乃受拜焉。」⑮是殷浩於三四六年三月

浩為亮司馬，非為長史也。」但《世說新語・企羨》四條亦云：「王司州先為庾公記室參軍，後取殷浩為長史。」《晉書》亦云「累遷司徒左長史」，想必有所據。徐震堮云：「庾亮未嘗為司徒，安得有司徒官屬？」見徐氏《世說新語校箋》該條下注。翼明按：徐氏誤，庾亮拜征西時，同時進「開府儀同三司」，庾亮「固讓開府」，「儀同三司」則未讓。（見《晉書・七三・庾亮傳》，頁一九二一）開府儀同三司及儀同三司皆漢魏兩晉間大臣之加銜，三司謂太尉、司徒、司空，儀同三司謂與三司體制待遇相同，亦有官屬。庾亮既「儀同三司」，當然可以有「司徒左長史」之類的官屬。

⑬《晉書》，頁二〇四三—二〇四四。

⑭《晉書》，頁一九二。

⑮《晉書》，頁二〇四五。

被徵，七月上任，那麼由此可以推出殷浩當年離任奔喪的時間必在三三六年八月至三三七年六月之間，因為早於此則已為十年，晚於此則只九年，都不得說「幾近十年」也。又殷浩喪滿而庾翼復請，證明殷浩喪滿時庾亮已經去世⑯，由此可以進一步確定殷浩離任是在三三七年一月以後，因為古代親喪三年，而庾亮之卒在三四〇年（咸康六年）一月也⑰。這樣殷浩做庾亮長史的時間充其量是在三三四年六月至三三七年六月，而離任是在三三七年一月至六月之間。那麼這次清談盛會也只可能發生在這三年之間，而最可能是三三七年一月至六月間殷浩奔喪之時⑱。

其次是參加這次盛會的人物及其年齡。「王丞相為之集」，說明王導是這次盛會的發起者和組織者，王導是主人，「自起解帳帶麈尾，語殷曰」等等，說明王導發起這次盛會的目的就是為了清談，而且相當鄭重其事。殷浩是王導選定的清談對手，也是這次盛會的主賓。桓溫、王濛、王述、謝尚則是陪客，是清談的聽眾兼觀察家、評論家。其餘還有沒有其他次要一點的客人，不得而知，但多半是有的，只是因為這些人名氣不大，記錄這個故事的人就把他們給省略了。

⑯ 晉時主官與僚屬之間的關係有如君臣，殷浩喪滿時若庾亮尚在世，庾翼決不可能「復請」殷浩為司馬。

⑰ 《晉書・七三・庾亮傳》及〈成帝紀〉（頁一八二）。

⑱ 古代交通不便，自武昌至建康至少得一個月以上，殷浩在任中「下都」的可能性不大。

關於殷浩等人的情況下文還要談到，現在我們先來看看這些人的年齡。王導生於二七六年，這時應當是六十二歲，兩年之後他就去世了。桓溫生於三一二年，這時二十六歲；王述生於三〇三年，這時三十五歲；謝尚生於三〇八年，這時三十歲。以上諸人年齡均可從《晉書》各人本傳推出。王濛的年齡，據《世說新語．傷逝》一〇條注引〈濛別傳〉云：「濛以永和初卒，年三十九。」永和初為三四五年，則他生於三〇七年，這時三十一歲。殷浩生年諸書不載，但《世說新語．文學》二八條劉孝標注云：「按殷浩大謝尚三歲」，若劉注可靠，則殷浩生於三〇五年，這時三十三歲。很顯然地，這是一個年屆花甲、曾經親身經歷過西晉清談盛況的老者率領一羣二、三十歲的在東晉長大的後生青年進行鄭重其事的清談活動，這個老者不久後辭世，而這些青年則成為東晉下一期清談的要角，其中這次清談中作為老者對手的那個青年正是下一階段清談的領袖人物。這簡直就像是一次隆重的交接儀式。王導作為咸康初年清談活動的領導者、組織者的角色，他對清談後進的熱心培植，他在兩晉清談中的承先啟後的作用，都在這則記載中清清楚楚地表現出來了。

第三，這次清談的效果相當出色，殷、王二人旗鼓相當，不分勝負，雖然沒有得出一個勝理（不一定要），但是雙方論證（「喻」）之佳，言辭（「辭」）之美，在王導看來，「正始之音」也就不過如此了。而桓溫次日的回憶說明，這次清談對於每個參與者都是一次生動而印象深刻的經驗。我們竟不妨說，王導組織這次清談的目的乃在給年輕的清談家們樹立一個標準與榜樣，難怪他要如此認真、如此鄭重其事，如此全力以赴了。如果真是如此，我們顯然可以說，他的目的是達到了。

這裏順便談談庾亮。

與王導同時且同為東晉初期重臣的庾亮（二八九－三四〇），字元規，據說也是一個清談好手。《晉書》本傳說他「美姿容，善談論，性好《莊》、《老》。」[19]但他比王導年輕十三歲，西晉元康末年才是十歲小孩子，無緣參與當時的清談盛會。東晉初年，他與王導一樣，忙於軍國大事，蘇峻之亂，主要因他而起，他比王導自然更狼狽得多。迨蘇峻亂平後，他先為平西將軍，鎮蕪湖，後為征西將軍，鎮武昌，長期不在京城，直到三四〇年去世。以上簡歷大概可以說明他沒有成為清談組織者，甚至也沒有多少清談事跡留下來的原因。但是他在武昌做征西將軍時手下幕僚中清談好手卻不少[20]，前面提到的殷浩就是其中最有名的一個。這些幕僚大概不時有清談之舉，而庾亮偶爾也會參加，《世說新語・容止》二四條記載了這樣一個故事：

庾太尉在武昌，秋夜氣佳景清，使吏殷浩、王胡之之徒登南樓理詠，音調始遒，聞函道

---

[19] 《晉書・七三・庾亮傳》，頁一九一五。

[20] 除殷浩外，范汪「善談名理」，曾參庾亮軍事，為亮佐吏十有餘年，見《晉書》本傳；王胡之為庾亮記室參軍，見《世說新語・企羨》四條；孫盛、孫綽、王羲之均曾為庾亮參軍、主簿、長史等，各見《晉書》本傳。

中有屐聲甚厲。定是庾公。俄而率左右十許人步來。諸賢欲起避之，公徐云：「諸君少住，老子於此處興復不淺。」因便據胡牀與諸人詠謔，竟坐甚得任樂。後王逸少下，與丞相言及此事，丞相曰：「元規爾時風範不得不小頹。」右軍答曰：「唯丘壑獨存。」

庾亮據說是一個很嚴肅的人，《晉書》本傳說他「風格峻整，動由禮節，閨門之內不肅而成」㉑，這次放下架子同幕僚們談謔，很不容易，所以王導有那樣的評語。殷浩等人在南樓「理詠」、「詠謔」的內容到底是什麼，我們不得而知，但想來總是清談或與清談接近的語言遊戲吧㉒。

㉑《晉書・七三・庾亮傳》，頁一九一五。

㉒ 關於當時的語言遊戲，《世說新語・排調》六一條是一個很好的例子，茲錄如下：

桓南郡與殷荊州語次，因共作了語。顧愷之曰：「火燒平原無遺燎。」桓曰：「白布纏棺豎旒旐。」殷曰：「投魚深淵放飛鳥。」次復作危語。桓曰：「矛頭淅米劍頭炊。」殷曰：「百歲老翁攀枯枝。」顧曰：「井上轆轤臥嬰兒。」殷有一參軍在坐，云：「盲人騎瞎馬，夜半臨深池。」殷曰：「咄咄逼人！」仲堪眇目故也。

又《洛陽伽藍記・三・報德寺》條也有一個好例，錄如下：

高祖大笑，因舉酒曰：「三三橫，兩兩縱，誰能辨之賜金鐘。」御史中尉李彪曰：「沽酒老嫗瓮注瓨，屠兒割肉與秤同。」尚書右丞甄琛曰：「吳人浮水自云工，妓兒擲繩在虛空。」彭城王勰曰：「臣始解此字是習字。」高祖即以金鐘賜彪。

二、咸康至永和間的清談熱潮（上）：殷浩諸人

東晉自咸康至永和，前後二十餘年（三三五—三五六），是一段比較平靜的時期，王導、庾亮、庾翼、桓溫相繼秉政，內部尚稱穩定，沒有大的動亂，外部雖與北方少數民族政權時有接觸，但亦未構成威脅，還偶有勝利。社會的相對安定與生活的相對平靜給清談的發展創造了有利的條件，加上居高位者，如王導、庾亮、桓溫、司馬昱等人的喜愛與倡導、支持，終於使沉寂了幾十年的談坐又漸漸熱鬧起來，而且形成了一個前所未有的熱潮，成為魏晉清談史上的第三個高峰。

如果單就規模之大，參加人數之多，高手之眾而言，咸康至永和間的清談熱潮可以說超過了正始與元康。《世說新語・文學》所載故事與魏晉清談有關的大約六十來則（從五條至六五條大體都是），而發生在咸康至元和間的就有將近四十則之多（從二一條到五九條大體都是），其中提到的清談名手不下二十人。

我們還是以人物為中心來看看這一段清談的面貌吧。先來看看幾個「談主」式的關鍵人物。王導和庾亮前面已經說過，他們不久後就去世了。王、庾都是從西晉過來的老一輩，他們的作用是承先啟後，真正造成咸康至元和間清談熱潮的主力卻是在東晉長大的一批年輕人。讓我們

從殷浩談起。

㈠殷　浩

殷浩（三〇五—三五六或三六二）㉓字淵源，咸康前後，他是最負時譽的名士，也是最負時譽的清談家。前節所引王導選他作清談對手的故事，我已經說過，實在含有某種「交棒」的象徵意味。他當時名氣之高簡直叫人難以相信，《晉書》本傳云：

> 遂屏居墓所，幾將十年，于時擬之管、葛。王濛、謝尚猶伺其出處，以卜江左興亡。因相與省之，知浩有確然之志。既反，相謂曰：「深源不起，當如蒼生何！」㉔

《世說新語・賞譽》九九條與〈識鑒〉一八條所載與此略同。他後來被朝廷起用為建武將軍、揚州刺史，以牽制桓溫的勢力。以後又拜中軍將軍（所以《世說新語》中又稱「殷中軍」）、都督揚、豫、徐、兗、青五州軍事，率眾北伐。結果由於北伐失敗，被桓溫趁機奏免為庶人。殷

㉓ 翼明按：殷浩生年為三〇五年，說見前文，Mather 英譯本作三〇六年（頁六〇四），誤。卒年則據《晉書》本傳為永和十二年，即三五六年。但唐許嵩《建康實錄・八》謂浩卒於隆和元年即三六二年，與本傳異。

㉔ 《晉書・七七・殷浩傳》，頁二〇四四。深源即淵源，唐時避高祖李淵諱改。

浩的政治、軍事才能究竟怎樣，是否名過其實，不是本書所要討論的，我這裏只想說他的清談。

殷浩的談名很高，王導死後，他可說是一時的清談領袖。《世說新語・賞譽》八六條注引《中興書》云：

> 浩能言理，談論精微，長於《老》、《易》，故風流者皆宗歸之。

從下面《世說新語・文學》四七條可以看出殷浩為當時「風流」所「宗歸」的事實：

> 康僧淵初過江，未有知者，恆周旋市肆，乞索以自營。忽往殷淵源許，值盛有賓客，殷使坐，麤與寒溫，遂及義理。語言辭旨，曾無愧色。領略麤舉，一往參詣。由是知之。

殷浩在這裏的「談主」地位非常清楚。康僧淵別的地方不去，偏選擇了殷浩，自然也有「收名定價於君侯」之意，而其結果，也果然是一登「龍門」，便身價十倍。

殷浩的清談修養非常全面、廣博，他對於儒、道、名、法各家的思想都有精湛的研究，晚年又下苦功鑽研佛理，所以當時人普遍認為他「思慮通長」、「思緯淹通」㉕。前引《中興書》說他「長於《老》、《易》」，《世說新語》又說他對於名、法色彩很濃的「才性四本」論尤其擅長，無人可與「爭鋒」，連東晉最傑出的清談家支遁也敗在他手下㉖。

㉕《世說新語・文學》三四條及〈品藻〉五一條。

「才性四本」是魏晉清談中的重要論題，「原本精微」㉗，雖然清談家們無人不曉，但要精通卻非常難，東晉末期重要清談家殷仲堪號稱於玄論「莫不研究」，就自承不解「四本」㉘。正始鍾、傅以後，真正懂得而且精通「四本」的，大約就只有殷浩一人。

殷浩對於佛理的鑽研，也很值得稍加分析。《世說新語・文學》中提到他研究佛學的地方共有四處，在非佛徒的清談家中，再找不到第二個人像殷浩這樣在佛經上下過苦功的。他之認真研佛是在晚年被廢之後，《世說新語・文學》五〇條云：「殷中軍被廢東陽，始看佛經。」他被廢東陽在元和十年，即公元三五四年，兩年後（若據《建康實錄》則是八年後）他就去世了。殷浩晚年「大讀佛經」㉙，一方面當然同他被廢之後的心情和有閑有關，另一方面，恐怕也是為保持他的首席清談家的地位而不得不然。何以知之？試看〈文學〉四三條注引《語林》：

> 浩於佛經有所不了，故遣人迎林公。林乃虛懷欲往，王右軍駐之曰：「淵源思致淵富，

㉖ 參看《世說新語・文學》三四條及五一條。

㉗ 《世說新語・文學》九條注引《傅子》：「嘏既達治好正，而有清理識要，如論才性，原本精微，鮮能及之。」

㉘ 參看《世說新語・文學》六〇條：「殷仲堪精覈玄論，人謂莫不研究。殷乃歎曰：『使我解四本，談不翅爾。』」

㉙ 《世說新語・文學》五九條。

既未易為敵，且己所不解，上人未必能通。縱復服從，亦名不益高；若佻脫不合，便喪十年所保。可不須往。」林公亦以為然，遂止。

王羲之的話道出在當時清談高手中爭勝的風氣之盛和保持聲譽的重要。〈文學〉四五條還記載了于法開和支道林爭名的故事，說支講《小品》，于派弟子去挑戰，並事先「示語攻難數十番」，然後說：「舊此中不可復通。」弟子如言前往，與支「往反多時，林公遂屈」。殷浩當時對佛經已有相當研究，〈文學〉四三條說他「讀《小品》，下二百籤，皆是精微，世之幽滯」，他所籤的既是「世之幽滯」，其中也必有于法開所謂舊不可通者，他如果真的提出來與支道林討論，支也很可能「遂屈」，那麼支道林作為名僧中的首席清談家的聲譽豈不要破產？王羲之勸阻他，真可說是設身處地。反過來，我們也就不難看出，殷浩之下苦功研讀佛經，就必含有努力保持清談盛譽之意了。

殷浩清談的特色是思慮週到，辭藻豐贍，而且辯才極佳。我在前面論清談形式一章中說過，如果把清談家分為簡約與豐贍兩派，則他無疑屬於後者。《世說新語．文學》二八條說他對謝尚清談，「既有佳致，兼辭條豐蔚，甚足以動心駭聽。謝注神傾意，不覺汗流交面」（前已引），就是證明。又〈賞譽〉八二條說王胡之與他清談後，非常傾服，歎息說：「己之府奧，蚤已傾寫而見；殷陳勢浩汗，眾源未可得測。」

優點與缺點常常是孿生姊妹，與豐贍相伴而至的當然就是不簡至，偶爾還會辭勝於理。例如《世說新語．文學》三三條記他與劉惔一次清談，理已「小屈」，尚「遊辭不已」，結果為劉惔所嗤。但是殷浩清談最大的不足還不在此，他的最大的不足乃在於缺乏獨到的見解，在理論上沒有新的建樹。〈賞譽〉一一三條錄簡文之評云：

> 淵源語不超詣簡至，然經綸思尋處，故有局陳。

這話相當公允，可說把殷浩清談的優缺點兩面都談到了。此外，〈品藻〉六七條謝安把他的清談與支遁的清談作了一個比較，也很得當：

> 正爾有超拔，支乃過殷；然亹亹論辯，恐殷欲制支。㉚

所謂「超詣」、「超拔」，都是指「拔新領異」，有超過前人之新見而言。在這一點上，殷浩的確不如支遁，也不如西晉的郭象，更趕不上正始間的何、王了。公平地說，殷浩可算是一流的清談論辯家，但不是一流的清談思想家，他在魏晉清談史上的地位與西晉時的王衍差不多。

㉚ 第二個「殷」字原文為□，程炎震云：「此處□必是殷字，宋初諱殷，後來未及填寫耳。」

(二)劉惔

劉惔（約三一四—約三四九）㉛字真長，是晉明帝的女壻，謝安的內兄，仕至丹楊尹，年三十六卒官。他也是當時一個有名的清談家，論者比之荀粲。他的清談本事與殷浩相比，似乎在伯仲之間。劉、殷是清談對手，常在一起辯論問題，各有勝負。《世說新語・文學》二六條和三三條記他們兩次清談，第一次「劉理如小屈」，第二次則「殷理小屈」。他們一方面互相譏嘲，如劉理屈時，殷說：「惡卿不欲作將善雲梯仰攻。」㉜殷理屈時，劉說：「田舍兒強學人作爾

㉛《晉書・七五・劉惔傳》云「年三十六，卒官。」（頁一九九二）而不載其生卒年。翼明按：唐許嵩《建康實錄・八》，云孝宗穆皇帝永和三年（三四七年）「冬十二月以侍中劉惔為丹陽尹」，則惔之卒必在此後；又《晉書》本傳載惔卒後孫綽向褚裒稱惔，為裒所詬，則惔之卒又在裒前，而裒卒於永和五年十二月（《晉書・八・穆帝紀》）；又《世說新語・輕詆》九條云：「褚太傅南下，孫長樂於船中視之，言次及劉真長死，孫流涕」，似是褚裒北伐失利南下之時。按《晉書・八・穆帝紀》云褚裒於永和五年（三四九年）七月北伐，旋失利，於八月退屯廣陵，孫見褚似即此時，而真長必新卒，故言次及之而流涕也，如此解不錯，則劉惔之卒當在三四九年夏秋之交。

㉜翼明按：此句意晦，疑「欲」、「善」二字錯置，本為：「惡卿不善作將，欲雲梯仰攻。」仰攻，謂以下攻上也，調侃語。〈言語〉六六條注引《語林》曰：「仲祖語真長曰：『卿近大進。』劉曰：『卿仰看邪？』王問何意，劉曰：『不爾，何由測天之高也？』」「仰攻」與「仰看」同一寓意。

謦語。」但內心裏，他們也還是互相佩服的，例如《世說新語・賞譽》八六條說：

> 王仲祖、劉真長造殷中軍談，談竟俱載去。劉謂王曰：「淵源真可。」王曰：「卿故墮其雲霧中。」

但他們二人的清談風格卻有明顯的區別，殷浩是豐贍派，劉惔則傾向於簡約。殷劉相辯，殷理小屈，而「遊辭不已」，劉惔便覺得不耐，不再相答，且譏殷為「田舍兒」，蓋亦因兩人論辯風格迥異之故。又〈文學〉五六條稱他與孫盛辯論時「辭難簡切」，〈品藻〉四八條王濛稱讚他與人辯論時「往輒破的」，都顯然說明他清談有簡至之風。劉惔清談不僅簡至，而且出語警辟、漂亮，所以當時人又以「秀」、「令」許之㉝。大致「簡秀」二字可為劉惔清談風格的恰評㉞。《世說新語・文學》四六條載他答殷浩之問「自然無心于稟受，何以正善人少惡人多」云：「譬如寫水著地，正自縱橫流漫，略無正方圓者」，正是給他的「簡秀」風格下了一個注腳

㉝ 例如《世說新語・品藻》七六條：「王孝伯問謝太傅：『林公何如長史？』太傅曰：『長史韶興。』問：『何如劉尹？』謝曰：『劉尹秀。』」又同篇八四條：「王孝伯道謝公濃至。又曰：『長史虛，劉尹秀，謝公融。』」又同篇三六條：「撫軍問孫興公：『劉真長如何？』曰：『清蔚簡令。』」

㉞ 「簡秀」二字評語見《世說新語・品藻》三〇條：「時人道阮思曠骨氣不及右軍，簡秀不如真長，韶潤不如仲祖，思致不如淵源，而兼有諸人之美。」

（參看上篇第三章第四節的分析）。

劉惔既是明帝女壻，丹楊尹又是晉時的京兆尹㉟，地位崇高，加上劉惔的清談才華，所以在建元及永和初，劉惔的府邸也自然成了清談中心之一，而劉惔也顯然扮演了「談主」之一的角色。《世說新語・文學》五三條載張憑有才而未顯名，至劉惔處，值諸賢來清言，張發言驚四座，立刻被劉惔賞識，並推薦給司馬昱，即任為太常博士。其情形可說與康僧淵之見殷浩如出一轍。

㈢王　濛

王濛（三〇七—三四五）㊱字仲祖，是晉哀帝的岳父，仕至司徒左長史，故《世說新語》中常稱為王長史。他與劉惔是很好的朋友，情同手足。他死時，劉惔放一把犀柄麈尾在他的棺

㉟丹楊之「楊」亦作「陽」。《宋書・三五・州郡志》云：「晉武帝太康二年，分丹陽為宣城郡、治宛陵，而丹陽移治建業。元帝太興元年改為尹。」（頁一〇二九）東晉都建業，所以丹楊尹也就相當於京兆尹。《世說新語・寵禮》四條劉惔對許詢說：「卿復少時不去，我成輕薄京尹。」可證。

㊱翼明按：《世說新語・傷逝》一〇條注引〈王濛別傳〉云：「濛以永和初卒，年三十九。」永和初為三四五年，故知王濛之生卒年應為三〇七—三四五。姜亮夫《歷代人物年里碑傳綜表》（頁五一）及Mather英譯本（頁五九一）均作三〇九—三四七，不知何據。

中，悲痛得暈了過去㊲。

王濛在清談上也跟劉惔齊名，王、劉並為當時風流所宗㊳，《世說新語》中許多記載都是王、劉並提，幾乎像一對雙胞胎似的。王濛的清談風格也偏於簡約一派，《世說新語・賞譽》一三三條注引〈王濛別傳〉說：

> 濛性和暢，能清言，談道貴理中，簡而有會。

王濛在語辭音調的講究方面似乎還超過劉惔，當時人紛紛用「令音」、「溫潤恬和」、「韶潤」之類的詞來形容他的清談㊴，他自己也說在「韶音令辭」方面，劉惔不如他㊵。劉惔是非常自大的人㊶，在清談方面自視尤高，許多人他都瞧不起，但從沒說過比王濛高明㊷。由此可見，王

㊲《世說新語・傷逝》一〇條。

㊳《晉書・九三・王濛傳》云：「時人以惔方荀奉倩，濛比袁曜卿，凡稱風流者，舉濛、惔為宗焉。」見頁二四一九。

㊴例如《世說新語・賞譽》一三三條：「謝公云：『長史語甚不多，可謂有令音。』」〈品藻〉三六條：「撫軍問孫興公……『王仲祖何如？』曰：『溫潤恬和。』」又參見注㉞。

㊵《世說新語・品藻》四八條。

㊶關於劉惔的自大，可參看《世說新語・品藻》三七條、五〇條、七三條及〈賞譽〉一四六條。

㊷《世說新語・品藻》七三條云：「謝太傅謂王孝伯：『劉尹亦奇自知，然不言勝長史。』」至於〈言

濛在當時清談名士中地位之高、名譽之好。《世說新語．文學》五五條記支遁、許詢、謝安等人「共集王家」，以《莊子．漁父》為題舉行清談盛會，可見王濛的家也是當時的一個清談中心，而王濛與劉惔等人大約輪流充當「談主」的角色。

至於王濛當時清談的內容究竟是些什麼，他的特長在哪些方面，可惜我們現在一點都不知道了。

㈣桓溫

桓溫（三一二—三七三）是東晉中期著名的政治家、軍事家，是一個很有抱負、很有野心的人，其梟雄的一面頗似東晉初年的王敦，而年輕時之愛好清談也跟王敦相像。

桓溫在永和初繼庾翼為荊州刺史，帶重兵鎮守武昌。從那以後，他就計畫西伐、北伐，欲通過征戰以獨攬東晉的軍政大權。大約也是從那時起，他對清談的看法開始改變，時有批判清談之言㊸。但那以前他在京都卻是談坐上的活躍人物，這可從《世說新語．文學》二二條（前已引）、〈品藻〉三七條看出（見後）。尤其值得注意的是〈文學〉二九條，說他「集諸名勝講

語〉六六條（參看注㉜）則是朋友之間的互相調侃。

㊸ 例如《世說新語．輕詆》一一條云：「桓公入洛，過淮泗，踐北境，與諸僚屬登平乘樓，眺矚中原，慨然曰：『遂使神州陸沉，百年丘墟，王夷甫諸人不得不任其責！』」

《易》，日說一卦」，這當然是三四五年前他尚在京都的事，因為下有「簡文欲聽」之語，其時簡文也是在京城的（見後）。這條記載說明桓溫當年不僅是清談愛好者，也曾經是清談活動的組織者之一。

(五)司馬昱

司馬昱（三二〇—三七二）即簡文帝，司馬睿少子，初封琅邪王，咸和元年，徙封會稽王，三七一年即位。他雖然只做了兩年皇帝，但實際上執政的時間卻長達二十八年之久。永和元年，即公元三四五年，他的姪兒穆帝即位，年方一歲，崇德太后臨朝，任命他為撫軍大將軍，錄尚書六條事，也就是實際上的宰相了，時人以「周公」目之[44]。太和元年（三六六年）更進位丞相、錄尚書事，直到三七一年登皇帝位。《世說新語》中稱他為簡文，又稱會稽王、相王、撫軍等。

司馬昱在咸康至永和間那一羣赫赫有名的清談高手中，他年齡最輕，清談本事也不算高，劉惔說他只是「第二流中人耳」[45]，但是他的政治地位卻無疑最高，與其他人比較起來，他更

---

[44] 參看《世說新語・言語》五四條。

[45] 《世說新語・品藻》三七條：「桓大司馬下都，問真長曰：『聞會稽王語奇進，爾邪？』劉曰：『極進，然故是第二流中人耳。』桓曰：『第一流復是誰？』劉曰：『正是我輩耳。』」

有條件成為清談的組織者。事實也正是如此，試看《世說新語・文學》所記載的當時的清談活動，明確說發生在他家裏的就有三次（四〇條、五一條、五六條）。

司馬昱是一個蹩腳的政治家，輔政四分之一個世紀無所建樹，大權一直在桓溫手裏。面對桓溫的霸道，除了哭鼻子之外，幾乎一籌莫展㊻。常識也很缺乏，連稻和草都分不清㊼。所以謝安說他是「惠帝之流」㊽，真沒冤枉他。但作為東晉中葉一個重要的清談活動組織者，他卻功不可沒。一時清談名士，都集中在他的門下。劉惔、王濛最受他的寵禮，「俱蒙上賓禮」㊾，「號為入室之賓」㊿。此外，孫盛、支遁、許詢、韓伯之徒，都是他門下的談客。彬彬之盛，大備於時矣。以清談名士而為皇帝，司馬昱大概是中國歷史上僅有的一個51。

㊻《世說新語・尤悔》一二條云：「桓宣武對簡文帝，不甚得語。廢海西後，宜自申敘，乃豫撰數百語，陳廢立之意。既見簡文，簡文便泣下數十行。宣武矜愧，不得一言。」

㊼《世說新語・尤悔》一五條：「簡文見田稻，不識，問是何草，左右答是稻。簡文還，三日不出，云：『寧有賴其末而不識其本！』」

㊽《晉書・九・簡文帝紀》：「帝雖神識恬暢，而無濟世大略，故謝安稱為惠帝之流，清談差勝耳。」見頁二二二四。

㊾《晉書・七五・劉惔傳》，頁一九九〇—一九九一。

㊿《晉書・九三・王濛傳》，頁二四一九。

51 簡文的兒子孝武帝司馬曜也好清談，但不如他有名。

三、咸康至永和間的清談熱潮（下）：孫盛諸人

以上幾位清談家都不僅是談士，而且在一定程度上或在一段時間裏多少扮演著一種「談主」的角色。但更多的清談家則不一定有足夠的社會地位或足夠的聲望來從事清談的組織活動，而只是作為「談客」的身分，在各種清談活動中出現。現亦擇要介紹如下。

(一)孫　盛

孫盛（三〇七—三七八）[52]字安國，先後做過陶侃、庾亮、庾翼、桓溫等人的幕僚，後來出補長沙太守，最後做到秘書監。孫盛學問非常淵博。《晉書》本傳說他「篤學不倦，自少至

[52] 翼明按：孫盛生卒年諸書不載，《晉書》本傳只說他「年七十二卒」。今按本傳云：「盛年十歲，避難渡江。」凡《晉書》言「避難渡江」之「難」一般都指七一一年洛陽陷，懷帝被俘，或七一六年，長安陷，愍帝出降。考《晉書・五六・孫楚傳》附〈統傳〉云：「統字承公，幼與綽及從弟盛過江。」（頁一五四三）而孫綽已知生於三一四年（唐許嵩《建康實錄・八》太宗簡文皇帝咸安元年（三七一年）下云：「是歲散騎常侍領著作孫綽卒……卒時年五十八。」故知綽生於三一四年），則渡江避難必是三一六年而非三一一年明矣。由此可以推斷，孫盛生於三〇七年，卒於三七八年。Mather英譯本作三〇二—三七三（頁五七三），蓋誤以為孫盛「避難渡江」在三一一年也。

老，手不釋卷」，在歷史學方面成就尤高，「著《魏氏春秋》、《晉陽秋》，並造詩賦雜論復數十篇。《晉陽秋》詞直而理正，咸稱良史焉。」[53]

孫盛是一個清談好手。《世說新語・文學》三一條注引《續晉陽秋》云：

孫盛善理義。時中軍將軍殷浩擅名一時，能與劇談相抗者，唯盛而已。

該條正文記殷、孫間的一次「劇談」，謂「往反精苦，客主無間。左右進食，冷而復煗者數四。彼我奮擲麈尾，悉脫落滿餐飯中，賓主遂至莫忘食。」殷、孫之談，其所以如此劇烈的原因，蓋在於二人所持的觀點正相反對。殷、孫皆精《老》、《易》，然殷浩之論《老》、《易》，實承正始間王弼、何晏一系而來，是魏晉清談中的主流派[54]；而孫盛卻崇儒反老，論《易》則不滿於王弼，顯然是一個非主流派。

孫盛著有〈老子疑問反訊〉、〈老聃非大賢論〉，二文今存[55]。老子為大賢亞聖，這是魏晉玄

---

[53] 《晉書》，頁二一四八。

[54] 《世說新語・文學》七四條說殷浩常與其叔殷融清談，該條注引《中興書》又說殷融著有〈象不盡意論〉，「象不盡意」正是王弼的觀點，與孫盛的〈易象妙於見形論〉正相對立。由此可以推測殷氏叔姪論《易》皆承王弼之說，屬於魏晉清談中的主流派。

[55] 〈老聃非大賢論〉及〈老子疑問反訊〉二文均載唐釋道宣所編之《廣弘明集・五》，見影印【文淵閣

學的基本認知，孫氏之論對當時崇尚《老》、《莊》之風，不啻當頭棒喝。而其論《易》，亦是反潮流的，即反對自王弼以來不重卦象，而重寄言出意的解《易》方法。《三國志・二八・魏書・鍾會傳》裴松之注云：

> 孫盛曰：《易》之為書，窮神知化，非天下之至精，其孰能與於此？世之注解，殆皆妄也。況弼以傅會之辨而欲籠統玄旨者乎？故其敘浮義則麗辭溢目，造陰陽則妙賾無閒[56]，至於六爻變化，羣象所效，日時歲月，五氣相推，弼皆擯落，多所不關。雖有可觀者焉，恐將泥夫大道。[57]

孫盛的傾向這裏表達得很清楚了。他又著〈易象妙於見形論〉。其文雖佚，但從劉孝標在《世說新語・文學》五六條注中所撮的大要，可以看出是強調《周易》卦象之妙，與他批評王弼擯落卦象正是一意相通的（參閱上篇第三章第一節及該章注[19]）。

四庫全書》，冊一〇四八，頁二八四—二八八。嚴輯《全晉文》收入卷六十三（頁一八一六）及卷六十四（頁一八二五）。又「大賢」文淵閣本作「大聖」。

[56] 翼明按：「無閒」疑是「無聞」之誤，與前「溢目」作對，一正一反，謂僅有麗辭以敘浮義，而無妙賾以造陰陽也。

[57] 《三國志》，頁七九六。

平心而論，孫盛的論《易》、論《老》都偏於保守，於魏晉玄學的精神無所深會，但在當時一片崇尚《老》、《莊》、矜貴虛無的空氣中，他能獨立思考，敢於反潮流，是相當難能可貴的。《世說新語・文學》五六條生動地記述了他舌戰主流派羣賢的一次清談盛會，這條材料我們前面已經見過，但是它的重要性使我覺得有必要再引一次，並略加分析：

殷中軍、孫安國、王、謝能言諸賢，悉在會稽王許，殷與孫共論易象妙於見形，孫語道合，意氣干雲，一坐咸不安孫理，而辭不能屈。會稽王慨然歎曰：「使真長來，故應有以制彼。」即迎真長，孫意已不如。真長既至，先令孫自敘本理，孫粗說己語，亦覺殊不及向。劉便作二百許語，辭難簡切，孫理遂屈。一坐同時拊掌而笑，稱美良久。

《晉書・七五・劉惔傳》亦敘此事，辭略不同：

以惔雅善言理，簡文帝初作相，與王濛並為談客，俱蒙上賓禮。時孫盛作〈易象妙於見形論〉，帝使殷浩難之，不能屈。帝曰：「使真長來，故應有以制之。」乃命迎惔。盛素敬服惔，及至，便與抗答，辭甚簡至，盛理遂屈。一坐撫掌大笑，咸稱美之。58

從這兩條材料不難看出，孫盛的觀點在當時相當孤立，幾乎所有清談名士都站在他的對立

58 《晉書》，頁一九九〇—一九九一。

面。他的觀點似乎激怒了多數派，以致引起了這次「圍攻」式的論戰。但他顯然不示弱，且相當有理，論述得相當漂亮，連當時大名鼎鼎的殷浩竟也辯不過他。最後是請了劉惔來，才算勉強把他制服。但他之輸給劉惔，部分是因為劉之聲勢奪人，部分是因為被圍攻後已經疲乏，很難說真的認了輸。

這件事之所以重要，還不在於殷、孫或孫、劉之勝負，這件事之重要乃在於它標誌著咸康至永和間清談熱潮的顛峰。據《晉書・七五・劉惔傳》，我們知道這次清談盛會發生在簡文「初作相」的時候，亦即永和元年，公元三四五年。當年穆帝以一歲幼童繼位，崇德太后臨朝，簡文以「撫軍大將軍」的名義輔政，錄尚書六條事，所謂「作相」即指此。這次盛會由簡文發起，參加者有殷浩、劉惔、孫盛、王濛、謝尚諸人，除桓溫在武昌，支遁、許詢等人在會稽外，當時的清談高手可謂畢集。這使我們想起大約八年前由王導發起的那次清談盛會。如果把這兩次盛會作一個比較，可以發現無論就內容的深淺，對立面的有無、辯爭的激烈程度與談坐中人的參與程度哪一方面來看，後者都比前者成熟多了。這說明八年之中，東晉清談的確有了長足的進展，當年王導熱心寄望的青年現在都是清談中的驍將了。在東晉，這次清談的盛況不但空前，恐怕也是絕後。王濛、劉惔都於不久後去世，殷浩則於次年七月離開丹楊墓所（丹楊治所即在京城），受任為揚州刺史，這樣的聚會再不可能，而東晉的清談雖然也還出現過一些小熱鬧，但大體上是盛年不再了。

(二)謝尚

謝尚（三〇八—三五七）[59]字仁祖，謝鯤之子，官至鎮西將軍，故《世說新語》中常稱「謝鎮西」。他年輕時很得王導喜愛，比之王戎，常叫他「小安豐」，並辟他為掾。後來又遷會稽王友[60]，即作司馬昱的幕僚。由於他跟王導和簡文的關係密切，又長期在京師[61]，所以自然而然地成為清談坐上的常客。但他在清談方面似乎並沒有什麼專長，也沒有多少表現，不能同殷浩、劉惔、王濛、孫盛等人相提並論。劉惔比他年輕，但在清談方面卻毫不客氣把他視為弟子，有一次對他說：「自吾有回也，門人加親。」他「受而不恨」[62]，而且還謙虛地說：「昔嘗北

---

[59] 《晉書》本傳云：「升平初，又進都督豫、冀、幽、并四州。病篤，徵拜衛將軍，加散騎常侍，未至，卒於歷陽，時年五十。」《晉書・穆帝紀》亦云尚卒於升平元年，即三五七年。

[60] 翼明按：晉時有「王友」之官，例如王悅「歷吳王友」（頁一七五四）、謝瑤「官至琅邪王友」（頁二〇七七）、謝安「除琅邪王友」（頁二〇七二）、謝尚「遷會稽王友」（頁二〇七〇）等。按《晉書・六五・王導傳》附〈洽傳〉云：「待以友臣之義。」（頁一七五六）所謂「王友」殆即「友臣」之一。

[61] 《晉書》本傳說他先為王導掾，後轉西曹屬，繼遷會稽王友，入補給事黃門侍郎，這些都是京官。後來他「出為建武將軍、歷陽太守，轉督江夏、義陽、隨三郡軍事、江夏相」，常與鎮武昌之安西將軍庾翼議事，則顯然在三四〇年庾亮死後。

[62] 《世說新語・品藻》五〇條。

面」[63]。

(三)阮裕

阮裕（約三〇〇—約三六一）[64]字思曠，阮放之弟。一生做官時間不多，做京官時間尤短，大半住在會稽剡縣之東山[65]。所以我們在京師談坐上很少見到他。但是他的清談在當時卻頗有名，《晉書》本傳說：「裕雖不博學，論難甚精。嘗問謝萬云：『未見〈四本論〉，君試為言之。』萬敘說既畢，裕以傳嘏為長，於是構辭數百言，精義入微，聞者皆嗟味之。」[66]《世說

---

[63] 《世說新語・賞譽》一二四條。

[64] 《晉書・四九・阮裕傳》云：「年六十二卒。」中華書局校勘記云：「『二』，南監本作『三』，局本作『一』，今從宋本、吳本、殿本。」按《世說新語・德行》三二條注引〈阮光祿別傳〉云：「年六十一卒。」至於生卒年則諸書皆不載。但本傳說他「咸和初（三二六年），除尚書郎」，而此前他已做過太宰掾、王敦主簿、溧陽令等官，則其生年應不晚於三〇〇年，今假定生於三〇〇年，則卒年為三六〇或三六一或三六二。

[65] 《晉書》本傳云：「咸和初，除尚書郎，時事故之後，公私弛廢，裕遂去職還家，居會稽剡縣。……在東山久之。……」中間只短期做過王舒的撫軍長史及臨海太守、東陽太守，但不久就回到剡縣，以後累徵不起。

[66] 《晉書》，頁一三六八。

新語・文學》二四條記謝安少時曾向他請教〈白馬論〉。他的年齡在當時那班清談名流中稍長，大家似乎都對他有幾分敬畏。《世說新語・方正》五三條載有這樣一個故事：

> 阮光祿赴山陵，至都，不往殷、劉許，過事便還。諸人相與追之。既亦知時流必當逐己，乃遄疾而去，至方山不相及。劉尹時索會稽，乃歎曰：「我入（東），當泊安石渚下耳，不敢復近思曠傍。伊便能捉杖打人，不易。」67

(四)謝　安

謝安（三二〇－三八五）字安石，謝尚從弟，是東晉中期最有名的政治家，與王導並為東晉名相。謝安不僅在功業上可與王導相埒，在清談修養及對清談的愛好方面也可以跟王導媲美，甚或過之。《晉書》本傳說他為相時，「德政既行，文武用命，不存小察，弘以大綱，威懷外著，人皆比之王導，謂文雅過之。」68

---

67 「劉尹時索會稽」，明袁氏嘉趣堂本「索」作「為」，非，此據影宋本。劉惔未嘗為會稽也。又「我入」之後《晉書》有「東」字，徐震堮云：「時阮裕居剡山，謝安方隱居東山，並在會稽，故云：『我入東，當泊安石渚下耳，不敢復近思曠傍。』『東』字疑傳刻誤脫。」見徐氏《世說新語箋疏》該條箋注。

68 《晉書》，頁二〇七四。

謝安到四十歲時才出仕，四十歲前都住在會稽，與王羲之、許詢、支遁、孫綽等人遊山玩水，放浪形骸。但亦時去京城，所以在京師的談坐上也不時有他的踪影。例如《世說新語・文學》四八條載他與殷浩的問答，五五條載他與支遁、王濛、許詢等人論《莊子・漁父》顯然就是發生在京師的事，而他少年時向阮裕請教〈白馬論〉則是在會稽，當時阮裕也住在東山。

謝安的清談本事很不錯，王導、王濛都很賞識。他不到二十歲時，第一次從會稽來到京師，與王濛清談就已小試鋒芒，王濛給他的評語是：「向客亹亹，為來逼人」[69]，「向客」即指謝安，因為是謝安去後王濛的兒子問他的印象，不到二十歲已使清談老將王濛感到「亹亹逼人」，可見是不簡單的角色。稍後，他再與王濛、支遁、許詢等人論《莊子・漁父》時就已經很成熟了，《世說新語・文學》五五條記此事（第三章第一節已引）說他最後發言，先是略略批評別人的觀點（「麤難」），接著發表自己的見解（「因自敘其意」），「作萬餘語，才峰秀逸，既自難干，加意氣擬託，蕭然自得，四坐莫不厭心」。清談中一次作萬餘語，恐怕是創記錄的，至少我們在現存的史料中還沒見過第二宗這樣的記錄。萬餘語用普通的速度說出來，大約得一個小時或更多一點。如果只是一般聊天，當然也不算什麼，但這是清言，遣辭造語，駁難鋪陳，都是要十分講究的。何況在坐的又都是一流高手，要讓四坐厭心，沒有絕佳本事怎麼可能？那時謝安最多二十五歲（王濛死時他才滿二十五歲），比其他三人都年輕。

---

[69]《世說新語・賞譽》七六條。

三七一年，簡文帝即位，次年卒，桓溫受遺詔輔政；又次年桓溫亦卒，謝安代桓溫執政，直至三八五年去世。簡文即位後（三七一年）京師清談活動的組織者當然非謝安莫屬了。可惜關於這一點，我們並沒有什麼直接材料以資說明，但有一條頗堅強的旁證在，這就是《世說新語・言語》七〇條：

王右軍與謝太傅共登冶城。謝悠然遠想，有高世之志。王謂謝曰：「夏禹勤王，手足胼胝；文王旰食，日不暇給。今四郊多壘，宜人人自效；而虛談廢務，浮文妨要，恐非當今所宜。」謝答曰：「秦任商鞅，二世而亡，豈清言致患邪？」

這段記載沒有點明時間，但《晉書・七九・謝安傳》敘此在謝安為相之後，我想是可信的，因為無論就王的建言與謝的答語來看，都與謝之執政身分相合，否則不僅王的話變成無的放矢，謝之答亦不著邊際了。同時，我們也不難看出，王羲之的話已暗示謝安實是當時清談活動的組織者與支持者，而王擔心清談誤國，乃提醒謝不宜助長此風；謝則以為國家的治亂在政治不在清談，只要政治不出問題，清談是不會亡國的。

㈤許詢

許詢（三二五左右－三六〇左右）⑩字玄度，少有「神童」之目，一生未做過官，死得很早[71]。他是東晉中期著名的玄言詩人，與孫綽並稱為「一時文宗」[72]。孫、許與王羲之、謝安、支遁等人同居會稽多年，交往甚厚[73]。孫綽在清談上表現平平，許詢卻頗出色。《世說新語・言語》七三條注引《晉中興士人書》[74]曰：

> 許詢能清言，於時士人皆欽慕仰愛之。

當時士人對許詢如何「欽慕仰愛」？試看以下兩例。

---

[70] 翼明按：許詢《晉書》無傳，生卒年不詳。考許詢與謝安、簡文、王羲之皆交厚，三人皆生於三二〇年左右；又《世說新語・文學》五五條說他曾與王濛等人論《莊子・漁父》，則王濛死時（三四五年）他應已成年，由此可以推論他的生年當在三二〇至三二七之間。現假定為三二五年。又《世說新語・言語》六九條注引《晉陽秋》說他「蚤（同早）卒」，晉時若年過四十通常都不算「早卒」，故假定他的卒年在三六〇年左右。

[71] 《世說新語・言語》六九條注引《續晉陽秋》云：「許詢字玄度，高陽人，魏中領軍許允玄孫。總角秀惠，眾稱神童。長而風情簡素，司徒掾辟，不就，早卒。」《世說新語》有時稱「許掾」，蓋曾為司徒掾辟，但許詢事實上沒有上任。

[72] 參看《世說新語・文學》八五條注引《續晉陽秋》。

[73] 參看《晉書》王羲之、謝安等傳。

[74] 徐震堮云：「當即『晉中興書』，士人二字疑衍。」見徐氏《世說新語箋疏》該條箋注。

《世說新語・寵禮》四條云：

許玄度停都一月，劉尹無日不往，乃歎曰：「卿復少時不去，我成輕薄京尹。」

《世說新語・賞譽》一四四條云：

許掾嘗詣簡文，爾夜風恬月朗，乃共作曲室中語。襟情之詠，偏是許之所長，辭寄清婉，有逾平日。簡文雖契素，此遇尤相咨嗟，不覺造膝，共叉手語，達於將旦。既而曰：「玄度才情，故未易多有許。」

許詢平時住在會稽，這次是到京城來接他的姐姐[75]，劉惔、簡文都如此賞識他，可見其才情之高。「無日不往」與共語達旦，其內容無疑主要是清談。

許詢曾和謝安、王濛、支遁等人論《莊子・漁父》，見《世說新語・文學》五五條。又曾和王濛的兒子王脩比賽清談，結果許詢贏了王脩，見同篇三八條。

(六)王脩

王脩（約三二六－約三四九）[76]字敬仁，小名苟子，是王濛之子。王脩很聰明，書法漂亮，

---

[75] 參看《世說新語・賞譽》一四四條注引《續晉陽秋》。

又能清談，可惜只活了二十四歲就死了，跟當年王弼一樣，所以他的姪兒王熙歎息說：「無愧於古人，而年與之齊也。」[77]

王脩十三歲的時候就作了一篇〈賢人論〉，他父親拿給劉惔看，劉惔誇獎說：「見敬仁所作論，便足參微言。」[78]「足參微言」就是說足以領悟精微奧妙的玄言了。事實上，《世說新語．品藻》四八條說王濛與劉惔清談，他倚在牀邊很仔細地聽，事後還要問父親：「劉尹語何如尊？」可見他的確聽得懂了。謝安來談，他也提出差不多同樣的問題（見前）。支遁也誇他「是超悟人」[79]。總之，王脩可說是一個清談神童，難怪會跟另一個神童許詢比賽高下了。

但是王脩的清談記錄似乎並不佳，他不僅輸給了許詢，而且輸給了一個並不知名的和尚僧意。《世說新語．文學》五七條載他在瓦官寺與僧意辯論聖人有情無情，他執無情論，結果竟被

---

76 翼明按：王脩生卒年《晉書》本傳不載，只說他卒年二十四。《世說新語．文學》三八條載許詢與他爭勝，那麼二人年齡應相若，故假定如此。

77 參看《世說新語．文學》三八條注引《文字志》。但文中「脩弟熙乃歎曰」一句中「弟」下顯脫「子」字，王熙與王蘊均為脩弟蘊之子，見〈雅量〉四二條注引《中興書》、劉盼遂、余嘉錫皆已指出，見余氏《世說新語箋疏》該條箋。

78 《世說新語．文學》八三條，但《晉書．九三．王濛傳》附〈脩傳〉作：「年十二，作〈賢全論〉」，見《晉書》，頁二四一九。按〈賢人論〉與〈賢全論〉當是一文，其中必有一誤。

79 《世說新語．賞譽》一二三條。

僧意問得啞口無言。也許畢竟是太年輕了，清談的修養和歷練都還不夠吧。

㈦王羲之

王羲之（三二一—三七九）⑳字逸少，王導之姪。他是中國歷史上最負盛名的書法家，在東晉中期貴族知識分子中也是大名鼎鼎的人物。殷浩曾給他寫信說：「悠悠者以足下出處足觀政之隆替，如吾等亦謂為然。」㉑可見他聲望之高。

王羲之雖然有過不滿當時清談太盛的言論，但他自己其實也是很喜歡清談的。他早年在庾亮幕府，曾與殷浩、王胡之等人清談，我們在論庾亮時已看到了。他後來做會稽內史，當時著名文人雅士，如許詢、孫綽、李充、支遁、謝安，包括年長一點的阮裕等人都住在會稽附近。他曾經在清明時大會同志，「羣賢畢至，少長咸集」。大家飲酒賦詩，高談濶論，最後把各人的作品彙成一冊，他親自執筆寫了那篇傳誦千古的〈蘭亭集序〉（又稱〈臨河敘〉，見〈企羨〉三條孝標注）。

---

⑳ 翼明按：《晉書·八〇·王羲之傳》但云：「年五十九卒。」（頁二一〇二）其生卒年各家說法不同，《辭源》取三〇三—三六一，《辭海》取三二一—三七九，姜亮夫〈右軍疑年〉作三〇三—三七九。今從《辭海》。

㉑ 《晉書》，頁二〇九四。

《晉書・八〇・王羲之傳》說他「雅好服食養性，不樂在京師，初渡浙江，便有終焉之志」[82]，所以他不像謝安、許詢等人常去京師，我們在京師談坐上似乎看不到他的影子。但是當時會稽文人雅士之多，也足以構成一個實力強大的談坐了，尤其是東晉最出色的清談家支遁那時就在會稽，更使得會稽談坐可以與建康談坐匹敵。《世說新語・雅量》二八條注引《中興書》曰：「(謝)安元居會稽，與支道林、王羲之、許詢共游處，出則漁弋山水，入則談說屬文，未嘗有處世意也。」此處「談說」即指清談無疑。

王羲之和支遁是好朋友，但是王羲之做會稽內史之前二人並不相識，初次見面是因孫綽的介紹，氣氛非常冷淡，王羲之素來高傲慣了，哪裏瞧得起一個「沙門」？但第二次見面情形卻全然改觀，王羲之甚至有相見恨晚之感。其中的催化劑就是清談。《世說新語・文學》三六條敘述這個經過非常生動有趣：

王逸少作會稽，初至，支道林在焉。孫興公謂王曰：「支道林拔新領異，胸懷所及乃自佳，卿欲見不？」王本自有一往雋氣，殊自輕之。後孫與支共載往王許，王都領域，不與交言。須臾支退。後正值王當行，車已在門，支語王曰：「君未可去，貧道與君小語。」因論《莊子・逍遙遊》。支作數千言，才藻新奇，花爛映發。王遂披襟解帶，留連不能已。

[82] 《晉書》，頁二〇九八。

讀到此，我們不難想像以後會有什麼樣的事情發生，那就是：王羲之的會稽內史府必會與京城司馬昱的相王府一樣，變成清談名士們的聚會中心了。說到這裏，我想特別強調一句，事實上，在東晉的清談熱潮中，我們至少看到兩個中心，一個在京師，一個在會稽，可能還有第三個，即在武昌。庾亮與桓溫先後駐節武昌，他們的幕僚中清談好手雲集，清談活動也一定不少。

㈧王胡之

王胡之（？－三七一）[83]字脩齡，羲之堂兄弟。曾做過郡守、侍中、丹楊尹，後拜司州刺史，未行而卒。他也是當時清談活躍分子，《世說新語・賞譽》一二九條注引〈宋明帝文章志〉曰：「胡之性簡，好達玄言也。」支遁對他評價不錯，說：「見司州，警悟交至，使人不得住，亦終日忘疲。」[84]又把他和謝安、謝萬兄弟相比，說王胡之「攀安提萬」[85]，即在二謝之間。

---

[83] 《晉書・七六・王廙傳》附子〈胡之傳〉不載其生卒年，但文中有「石季龍死，朝廷欲綏輯河洛，以胡之為西中郎將、司州刺史、假節，以疾固辭，未行而卒」之語，考石季龍卒於三七一年，故姜亮夫《歷代人物年里碑傳綜表》次於是年（頁五八）。

[84] 《世說新語・賞譽》一三六條。

[85] 《世說新語・品藻》六〇條。

王胡之曾和殷浩清談，對他佩服之至，已見前文。《世說新語・企羨》四條也寫他對殷浩的欽佩，讀來令人感動：

王司州先為庾公記室參軍，後取殷浩為長史，始到，庾公欲遣王使下都，王自啟求住，曰：「下官希見盛德，淵源始至，猶貪與少日周旋。」

我們在前文談庾亮時曾引《世說新語・容止》二四條，說庾亮與幕僚們在南樓「詠謔」，看來就是發生在殷浩已來而王胡之尚未離開的時候。

(九)張　憑

張憑（三四八年前後在世）字長宗，留下事跡不多，但《世說新語・文學》五三條（前已引）那個故事已足以使我們相信他從那次以後必是京師談坐上的常客之一。

除以上諸人之外，在咸康至永和間活躍於談坐上的重要人物中，還有以支遁為代表的一批高僧，他們是魏晉清談中的一股生力軍，我將在下面專節敘述。此外，還有一些著名文人，如孫綽、袁宏、伏滔等，也是談坐上的常客，但他們主要以文章而非清談出名，所以就略去不講了。

四、名僧之加入談坐，和佛理之進入清談

我在上文論殷浩時曾經說過，殷浩晚年大讀佛經，一方面同他被廢之後的心情有關，另一方面，恐怕也是為了保持他的首席清談家的地位而不得不然。為什麼為了保持首席清談家的地位，就不得不大讀佛經呢？這就同魏晉學術思潮的發展有關了。質言之，就是恰當殷浩生活的那個時代，佛教已經打進學術領域，逐漸成為清談中必不可少的話題，一個清談家從前只要熟悉中國傳統的典籍（佛徒稱之為「外典」），尤其是「三玄」就夠了，但現在還得熟悉新從外國傳入的佛教典籍（佛徒稱之為「內典」），否則就不能算是一個好的清談家了。殷浩早年未讀佛經並沒有妨礙他成為一流清談家，晚年不苦讀佛經則無法保持首席清談家的地位，這個事實告訴我們從殷浩的青年到晚年，亦即咸康至永和前後，或說公元四世紀三〇年代到六〇年代，正是這一變化急速進行的時代。

佛經自東漢初年傳入中國，開始時傳播的速度相當慢，西晉乃稍稍流行，至東晉突然蓬蓬勃勃地發展起來。同時期的北方，也大建廟宇，廣修佛像，佛教成為一個大勢力。但東晉時中國南北佛教的發展在許多方面都有明顯的差異。北方佛教主要在中下層人民中發展，偏重於迷信儀式、崇拜偶像，直接與政治、經濟及普通人的生活發生關係，反對者也往往採取毀寺廟、

殺僧徒之類的實際行動。而南方的佛教卻主要是在上層人士尤其是知識分子中流傳，偏重於思想、哲理的研味與探討，因而迅速進入學術領域，同玄學與清談結合起來，在中國思想史上放一異彩。

南北佛教發展方向之不同，原因當然很多，最根本的原因應當是南北社會文化的差異。而引起南北佛教向不同方向發展的最初契機則是晉室的南渡和士族的南遷。蓋當晉室及士族紛紛南奔之時，佛教徒中的上層分子，即原來出身於士族的僧人也隨之南渡，而佛徒中的中、下層分子則多半留在北方。留在北方的僧人大多沒有文化或文化程度不高，又有原來的寺廟可以依靠，於是便向宗教的外在形式這一面發展。而出身於士族的上層僧人文化程度高，他們年輕時即已接受中國傳統教育，熟悉外典，出家後又精研佛家之內典，南渡後一時沒有寺廟可以依靠，大多出入達官貴人之家成為食客，同時又因為熟悉內外典而成為談坐上的談客。或者反過來，以談客而為食客，藉此解決生計問題。《世說新語．假譎》一一條云：

> 愍度道人始欲過江，與一傖道人為侶。謀曰：「用舊義往江東，恐不辦得食。」便共立心無義。既而此道人不成渡。愍度果講義積年。後有傖人來，先道人寄語云：「為我致意愍度，無義那可立？治此計權救饑爾，無為遂負如來也！」

「講義」也者，即談理，亦即清談也，治此救饑，可見二者之關係為何如。又前述殷浩時曾引康僧淵的故事亦屬此類。康始過江，既無寺廟可依，又不認識當時名流，只好「恆周旋市肆，乞索以自營」，後來實在沒有辦法，乃去找殷浩，也無非是去解決「生計」問題，結果卻因為清談表現好而成為上賓，從此知名，生計問題當然也就不愁了。《高僧傳》謂康僧淵於「晉成之世」過江86，亦即在東晉建立一、二十年後，可見這樣的情形在東晉初期頗持續了一段時間。

支愍度的例子還告訴我們，佛學與玄學之結合，第一階段實是佛學的玄學化，亦即佛學以與玄學相近的面目出現。因為佛學為外來的宗教與學術，在中國固有文化中本沒有根基，必須借中國原有、且在當時流行的學術來詮釋來傳播，才易為時流所理解所接受。支愍度與傖道人謀曰：「用舊義往江東，恐不辦得食。」「舊義」即佛家原義，而當時「江東」流行的是玄學，是清談，若不把舊義改頭換面地打扮成玄學的樣子，則不能進入清談，不能受名流賞識；不能受名流賞識，則不能解決「得食」的問題。而當時流行的玄學也確有不少可與佛學相通之處，要把佛學打扮成玄學的樣子也並不太難。例如「心無義」的主旨是「無心於萬物，萬物未嘗無」，這與正始間王弼主張的「聖人應物而無累於物」，西晉時向秀、郭象主張的萬物「自生」，「獨化於玄冥之境」等理論就有許多共同點。及至腳根站定，大家都已接受了這種與玄學相近的外來學術，且發現此種外來學術還有比玄學更新穎更精緻的地方，正可借此新鮮血液注入漸

86 慧皎《高僧傳・四》云：康僧淵「晉成之世與康法暢、支敏度等俱過江。」見【叢書集成新編】，臺北，一九八五年，冊一〇〇，頁三八二。

顯老態的玄學，於是由好奇而至於讚賞，至於深研，這時佛學就漸漸把本來面目拂拭出來，不再「遂負如來」，且欲反賓為主，把玄學來佛學化了。

佛理由名僧帶入清談，逐漸成為清談中重要話題，非佛徒的清談家也逐漸對佛理產生濃厚的興趣，這是東晉清談中一個非常重要的方面。這個方面的凸顯亦是始於咸康至永和間。其時名僧中的確出了不少的清談高手，這些人不僅精通佛經，也熟悉外典、熟悉玄學，無論談佛談玄，都能談得頭頭是道。而且借佛釋玄，借玄釋佛，左右逢源，往往在理論上能拔新領異，超出舊窠，比那些只精其一、不精其二的「名士」們更有建樹。例如《世說新語》中出現很多的支遁，就是這些名僧中最傑出的一位。

支遁（三一四—三六六），字道林，《世說新語》中又稱林公，林法師，也稱支公、支法師。〈言語〉六三條注引《高逸沙門傳》曰：

> 支遁字道林，河內林慮人，或曰陳留人，本姓關氏。少而任心獨往，風期高亮。家世奉法，嘗於餘杭山沉思道行，泠然獨暢。年二十五，始釋形入道。年五十三，終於洛陽。[87]

這裏說的「法」、「道」都是指佛教，魏晉時用法如此。所以「道人」、「法師」亦皆與「沙門」、

---

87 按《世說新語・傷逝》一三條注引〈支遁傳〉曰：「遁太和元年終於剡之石城山，因葬焉。」由此可以推知支遁生於三一四年，而卒於三六六年，卒地則有洛陽與剡縣兩說，恐以剡縣的可能性為大。

「僧徒」同義。支遁二十五歲「始釋形入道」，那麼二十五歲以前已有良好的外典修養是可以想見的。我們雖無直接資料證明林慮關氏或陳留關氏是士族，但他既能「於餘杭山沉思道行」，當然不可能是農家子弟。支遁於外典中最熟悉最擅長的是《莊子》，《世說新語．文學》中記支遁談《莊子》共三條，都非常精彩。一次是與謝安、王濛、許詢等共論〈漁父〉，「支道林先通，作七百許語，敘致精麗，才藻奇拔，眾咸稱善」（五五條）。其餘兩次則是論〈逍遙遊〉。一次與王羲之，「支作數千言，才藻新奇，花爛映發」（三六條）。另一次與馮懷，「支卓然標新理於二家之表，立異義於眾賢之外，皆是諸名賢尋味之所不得」（三二條）。

支遁於內典則最精《小品》，〈文學〉提到他與《小品》有關的故事亦有三條。一條說他在瓦官寺講《小品》，有「北來道人」「屢設疑難」，而他「辯答清析，辭氣俱爽」（三〇條）。另一次則說當他講《小品》時于法開派弟子來挑戰（四五條）。還有一條是殷浩讀《小品》有不通之處，想與他辯之而不得。此外，〈文學〉中還提到他講《維摩詰經》（四〇條正文及注），及「三乘義」（三七條）。

支遁無疑是非常高明、非常雄辯、非常有才華的演說家，看《世說新語》屢次用「敘致精麗」、「才藻新奇」、「花爛映發」這樣的詞語來形容他的談論，可以想見他言語之妙和詞藻之豐。但是使支遁卓然超出於東晉其他清談家之上的，主要的還不是因為他的舌燦蓮花，而是他的「拔新領異」，即思想上的創造力。

例如東晉最重《莊子》，名士中談《莊》的風氣極盛，但大家談來談去，卻鮮有超出向、郭之外者，而支遁於〈逍遙遊〉卻能獨標新義，超越向、郭，結果大家「遂用支理」。在佛理方面，支遁亦有重要的創造，他提出的「即色論」（見〈文學〉三五條）為東晉佛學理論四大家之一88。

支遁於東晉清談諸家中之所以獨具創造力，其實也沒有什麼特別奧妙。如果一定要說有什麼秘訣的話，那秘訣就是借佛釋玄，借玄釋佛。陳寅恪先生在〈逍遙遊向郭義及支遁義探源〉一文中推測支遁的獨標異義不過是取佛家《道行經》旨意以釋《莊子》，而湯用彤先生在〈魏晉玄學流別略論〉一文中則認為支遁的「即色論」乃受向、郭注《莊》之「獨化論」之影響。如二氏之言可信，則知支遁之成就蓋得力於同時精通內典與外典耳。這情形頗與近代學者之留學異國，因而博通中西，遂能有所創建同類。

支遁的拔新領異在當時已為時流所重，王濛讚他：「尋微之功，不減輔嗣。」又說他「自是鉢釪後王、何人也。」89謝安也說他在「超拔」方面勝過殷浩90。

88 其餘三家為本無、心無、不真空，參看湯用彤〈魏晉玄學流別略論〉，《湯用彤學術論文集》，北京，一九八三年，頁二三三—二四四。

89 參考《世說新語．賞譽》九八條及一一〇條。

90 《世說新語．品藻》六七條。

支遁由於擅長清談，迎合當時貴族知識分子的口味，所以一生得以周旋於達官貴人之間，在會稽則與謝安、王羲之遊處，在京城則與王濛、劉惔、司馬昱等人交往。晚年又受到晉哀帝司馬丕的禮重，特別迎往京邑。他在京城住了一陣，還是懷念會稽山水，又回去了。臨別時，「時賢並送於征虜亭」91，可謂榮寵之至矣。竺法深譏其「買山而隱」92，蓋亦有據而云然。他支遁一生，行事在名僧與名士之間，足跡在名山與名都之間，治學在佛學與玄學之間。他無疑是那時代一個最聰明的人，也是一個最能體現時代色彩的人。

類似支遁這樣的名僧，當時頗有一批，只是名氣有大小之異，學術造就有高下之分而已。現僅將出現於《世說新語》中的略述於後。

(一)竺法深

慧皎《高僧傳》云：「竺道潛字法深，姓王，琅邪人，晉丞相武昌郡公敦之弟也。」這恐怕出於傅會，不大可信93。劉孝標則只說：「僧法深，不知其俗姓，蓋衣冠之胤也。」見《世

91 《世說新語．雅量》三一條。

92 《世說新語．排調》二八條。

93 余嘉錫云：「考之諸家晉史，並不言王敦有此弟。疑因孝武詔中『棄宰相之榮』語附會之。實則深公本衣冠之胤，所謂宰相，蓋別有所指，不必是王敦也。」見余氏《世說新語箋疏．德行》三〇條箋。

說新語・德行》三〇條注。劉孝標又說他永嘉時避亂渡江，先居京邑，後居會稽剡縣之岬山[94]。

竺法深（二八六－三七四）[95]在東晉名僧中是年輩較早的一個，活得也很長。他自稱「嘗與元明二帝、王庾二公周旋」，見《世說新語・方正》四五條，又曾同劉惔、支遁、孫綽等人交往，見《世說新語・言語》四八條、〈文學〉三〇條、〈排調〉二八條，可見也是當時清談坐中的人。

(二)支愍度

支愍度又作支敏度，生卒年不可考，《高僧傳》說他在晉成帝（三二六－三四二年在位）的時候與康僧淵、康法暢等人一起南渡[96]，則其年輩或當稍後於竺法深[97]。

---

[94] 《世說新語・德行》三〇條劉注。

[95] 關於竺法深的傳記資料可看《世說新語・德行》三〇條劉注和慧皎《高僧傳・四》，但二者略不同。劉注云：「年七十有九，終於山中也。」《高僧傳》云：「以晉寧康二年卒於山館，春秋八十有九。」【叢書集成新編】，冊一〇〇，頁三八三，今取《高僧傳》說，寧康二年為三七四年。

[96] 參注[86]。

[97] 但陳寅恪〈支愍度學說考〉引僧祐《出三藏記集・二》云：「右二部凡十三卷，晉惠帝世沙門支敏度所集。」（【陳寅恪先生文集】之二，頁一四二）若僧祐不誤，則支愍度當更早於竺法深，而其渡江時已是五十左右了。

《世說新語》載支愍度事只一條，即他與一傖道人共立「心無義」，已見前文所引。但「心無義」很重要，為東晉四大佛學理論之一（陳寅恪先生〈支愍度學說考〉有詳細剖析，湯用彤先生〈魏晉玄學流別略論〉亦有論述，茲不贅說），所以支愍度也是對於東晉玄學與清談甚有貢獻之人。孫綽作〈支愍度贊〉亦云：「支度彬彬，好是拔新，俱稟昭見，而能越人。世重秀異，咸競爾珍。孤桐嶧陽，浮磬泗濱。」98「拔新」、「越人」、「秀異」等評語說明支愍度在理論上的創見已為時人所共許矣。

(三)康僧淵

《高僧傳》說康僧淵是生在長安的西域胡人99，《世說新語・排調》二一條也說他「目深而鼻高」。他見殷浩，因清談出色而一舉知名，前文已經說過了。《世說新語・棲逸》一一條還載有他隱居讀書，兼練氣功的一則故事，很有趣味：

康僧淵在豫章，去郭數十里立精舍，旁連嶺，帶長川，芳林列於軒庭，清流激於堂宇。

98 《世說新語・假譎》一一條注引。

99 《高僧傳・四》云：「康僧淵本西域人，生於長安。貌雖梵人，語實中國。」參余嘉錫《世說新語箋疏・文學》四七條箋注(二)。

乃閒居研講，希心理味。庾公諸人多往看之，觀其運用吐納，風流轉佳，加已處之怡然，亦有以自得，聲名乃興。後不堪，遂出。

「閒居研講，希心理味」，可見其所用心者仍是玄佛與清談。「吐納」即氣功，「風流」在此指氣色。這樣風景絕佳之地，最後都待不住了，還是要「出」到紅塵中來，亦可見當時之所謂「名僧」終究不能忘懷於「朱門」也[100]。

(四)康法暢

康法暢見於《世說新語》的也只有一條，但這一條卻非常明白地點出了他同清談的關係：

康法暢造庾太尉，握麈尾至佳。公曰：「此至佳，那得在？」法暢曰：「廉者不求，貪者不與，故得在耳。」[101]

康法暢、康僧淵、支愍度三人大約在晉成帝咸和年間（三二六—三三四）或咸康（三三五—

[100] 《世說新語・言語》四八條：「竺法深在簡文坐，劉尹問：『道人何以游朱門？』答曰：『君自見其朱門，貧道如游蓬戶。』或云卞令。」

[101] 「康法暢」，《世說新語・言語》五二條原文誤作「庾法暢」，據《高僧傳》改。

三四二）初年過江[102]，並得以和王導、庾亮等人周旋，則其為咸康至永和清談熱潮中的人物，可無疑也。

(五)竺法汰

竺法汰（三二〇—三八七）[103]或稱汰法師，見於《世說新語》凡兩條。〈文學〉五四條記其語云：「六通三明同歸，正異名耳。」可惜內容不詳。按「六通三明」也是當日佛學中討論之大題目，楊衒之《洛陽伽藍記》自序云：「至於一乘二諦之原，三明六通之旨，西域備詳，東土靡記。」[104]另一條為〈賞譽〉一一四條，記他與王洽的關係，頗可印證我在本節開頭所說東晉名僧南渡後多依達官貴人為食客的話，特錄之如下：

初，法汰北來，未知名，王領軍供養之。每與周旋，行來往名勝許，輒與俱；不得汰，則停車不行。因此名遂重。

[102] 見注[86]。

[103] 此據《高僧傳・五》：「法汰……以晉太元十二年卒，春秋六十有八。」見【叢書集成新編】，冊一〇〇，頁三八九。太元十二年為三八七年。

[104] 見《洛陽伽藍記校注》，范祥雍校注，上海，一九五八年，正文頁一。

他與簡文、謝安同年，且與簡文、謝安、王洽、王珣等人交往甚深，自然也是談坐中人。

(六)于法開

于法開（三一〇左右—三七〇左右）[105]與支道林同時，且與支道林爭名，《世說新語・文學》四五條記他派弟子去向支道林挑戰，居然贏了（參看上篇第三章第三節所引）。這個故事之有趣，還在於它說明了當時清談中爭勝的風氣之普遍，連方外之和尚亦不能免。當許詢與王脩爭勝時，支遁還能心平氣和地勸許詢不要「相苦」（〈文學〉三八條，論形式章已引），這次輪到自己，卻也有點老羞成怒了。

此外，見於《世說新語》而與清談多少有關的僧徒尚有僧意（〈文學〉五七條）、法岡、提婆（〈文學〉六四條）、惠遠（〈文學〉六一條）、竺道壹（〈言語〉九三條）及高坐道人（〈言語〉三九條）等，因為不重要，就不再費辭了。

---

[105] 《高僧傳・四》曰：「于法開不知何許人，事蘭公為弟子。深思孤發，獨見言表。……每與支道林爭即色空義。……年六十卒於山寺。」見【叢書集成新編】，冊一〇〇，頁三八五。于法開與支道林大約同時，支生於三一四年，故于的生活年代應大致在三一〇—三七〇年左右。

五、太和以後清談的逐漸式微

永和年間，幾位清談高手相繼去世，先是王濛、劉惔於永和初年去世，後來是殷浩於永和末去世，次年謝尚又卒，京師談坐很快就顯得有點冷清了。大概正是因為如此，哀帝（三六一－三六五年在位）才要把支遁從會稽請來。至於會稽那邊呢，謝安於三六〇年或稍後出山，做桓溫的司馬，阮裕、許詢也在這前後辭世，支遁不久又被皇帝請走，只剩下一個王羲之。至太和初（三六六年）支遁也去世，東晉清談就真正呈現出一幅衰落的景象來。

當然，此時貴族的生活依舊，社會也沒有什麼大變化，除了桓溫的幾次北伐弄得有點騷動不安外，其餘尚可算是平靜，且其時司馬昱、謝安仍在，先後主政，上有所好，下必甚焉，可以推測當時清談的風氣應當還是一如往昔的，前面論謝安時所引《世說新語・言語》七〇條就是一個證明。說它衰落，不是說沒有清談，只是說熱潮不再，光輝不再。這主要表現在以下幾個方面：第一，沒有後起的清談高手出現，較年輕一輩中以清談聞名的如謝朗、庾和、韓伯、王坦之，到更晚一點的如殷仲堪，沒有一個可以同從前殷、支、王、劉相提並論的；第二，沒有新的理論出現，如有，也只是在佛學之中，如僧肇的不真空論及道生的學說，但那多多少少有點離開玄學與清談的正軌了；第三，沒有大的論爭，其中王坦之著〈廢莊論〉，算是掀起一些波浪，但也沒有看到在清談中正式討論，正始、元康、咸康都曾出現過的那種辯論激烈的清談盛會，在永和以後似乎就再也沒有出現過。

但既然清談的風氣依舊，我們就有必要把這一段清談也作一個回顧。下面我就仍以人物為中心把東晉永和以後的清談面貌簡單鈎勒一下。

(一)庾　龢

庾龢（三二九—三六六）[106]字道季，是庾亮的兒子。《晉書》本傳說他「好學，有文章。」[107]徐廣《晉紀》則說他「以文談致稱於時」[108]。他和謝朗、韓伯、王坦之年齡差不多，是常在一起清談的好朋友。《世說新語．言語》七九條云：

> 謝胡兒語庾道季：「諸人莫當就卿談，可堅城壘。」庾曰：「若文度來，我以偏師待之；康伯來，濟河焚舟。」

---

[106]《晉書．七三．庾亮傳》附〈龢傳〉云：「叔父翼將遷鎮襄陽，龢年十五」（頁一九二五），考翼之遷鎮襄陽在建元元年，即公元三四三年，見《晉書．七．康帝紀》（頁一八五），故知庾龢生於三二九年。又〈龢傳〉云：「太和初，代王恪為中領軍，卒於官」（頁一九二六），故知龢卒於三六六年。

[107]《晉書》，頁一六二五。

[108]《世說新語．言語》七九條注引。

如此看來，庾龢自認其清談本事超過王坦之而次於韓康伯。他是很自負的人，但頗敬重王、韓，〈品藻〉六三條云：「思理倫和，吾愧康伯；志力彊正，吾愧文度。自此以還，吾皆百之。」他敬王坦之的是「志力」，至於清談，則坦之似乎還不是他的對手。

(二)王坦之

王坦之（三三〇—三七五）[109]字文度，王述之子，父子都有名當時。桓溫死後，他與謝安共輔幼主（孝武帝司馬曜），是東晉中期最重要的政治家之一，可惜死得太早了（桓溫卒後兩年坦之亦卒），故不如謝安有名。

王坦之的確是一個「志力彊正」的人，看他屢諫謝安之縱情聲色及著〈公謙論〉、〈廢莊論〉，可以知之。尤其是那篇〈廢莊論〉，與清談頗有關係，值得一談。

清談「三玄」中，《莊子》最後起，但渡江以後卻最盛，大有駕《易》、《老》而上之之勢。考《莊》學之始興，乃在竹林七賢之時，本意是借莊子放蕩的生活態度作外表以掩飾（同時也表達）其對當時政局的不滿與不安。後來向、郭作注，大暢玄風，一方面把《莊子》引向深入、玄奧的學理探討，使之成為清談中比《易》、《老》更流行的話題；另一方面則漸漸抹滅了嵇、阮當年的牢騷態度而發展了其中的放蕩成分。頹廢放任、縱情酒色一時成了名士們的時髦作風。

[109] 《晉書》本傳只云卒年四十六，〈孝武紀〉則云坦之卒於寧康三年（即三七五年）五月，見頁二二七。

這樣，玄學清談就通過《莊子》而與放蕩的生活態度結下不解之緣。但這二者並不一定有必然的連繫，玄學清談完全可以離開放蕩而發展。要離此二者，其關鍵就在於廢《莊》。王坦之〈廢莊論〉的出發點和用意就在這裏。懂得了這一點，我們就懂得了王坦之何以廢《莊》而不反《老》的原因，也就知道了王坦之的態度並不是站在玄學與清談的對立面上。下面我從王坦之〈廢莊論〉中摘引兩段，從第一段我們可以看出他反的是因莊子而帶來的風俗放蕩，從第二段我們可以看出他並不反對玄學與清談，玄學清談所提倡的哲理態度（道）他是很贊成的，但他認為那已完全包含在孔、老的著作中了，莊子講的並沒有超過孔、老，因而是可廢的。

1. 若夫莊生者，望大庭而撫契，仰彌高於不足，寄積想於三篇，恨我懷之未盡。其言詭譎，其義恢誕。君子內應，從我游方之外，眾人因藉之，以為弊薄之資。然則天下之善人少，不善人多，《莊子》之利天下也少，害天下也多。故曰魯酒薄而邯鄲圍，莊生作而風俗頹。禮與浮雲俱征，偽與利蕩並肆，人以克己為恥，士以無措為通，時無履德之譽，俗有蹈義之愆。驟語賞罰不可以造次，屢稱無為不可與適變。雖可用於天下，不足以用天下人。

2. 若夫利而不害，天之道也；為而不爭，聖之德也。羣芳所資而莫知誰氏，在儒而非儒，非道而有道，彌貫九流，玄同彼我，萬物用之而不既，亹亹日新而不朽，昔吾孔老固已言之矣。110

不難看出，王坦之堅持的正是正始間王、何一系的玄學正宗，即援道入儒、孔老並尊，他反對的是玄學末流的放蕩之風——他認為是從《莊子》而起。顯然，這個問題是很可以爭論的，可惜我們並沒有看到有關這個問題的論爭的記載，例如元康間王衍與裴頠，或永和初殷浩與孫盛的辯論那樣。

世傳王坦之與支道林「絕不相得」，王謂支非高士，又批評他的清談是「詭辯」，支則說王不解風雅，罵他是「塵垢囊」111。支、王之不相得，恐怕與一擅莊，一廢莊多少有些關係。他們之間倒是曾經有過清談交鋒，但令人奇怪的是，清談聲名籍籍的支道林那天卻居下風：

王文度在西州，與林法師講，韓、孫諸人並在坐，林公理每欲小屈。孫興公曰：「法師今日如著弊絮在荊棘中，觸地掛閡。」（《世說新語・排調》五二條）

西州即揚州，王坦之並沒有做過揚州刺史，但他的父親王述從三五四年二月到三六四年五月則一直是揚州刺史，而東晉時揚州治所在京城建康112，所以這次清談多半是發生在支遁為哀帝迎

110 《晉書》，頁一九六六。

111 《世說新語・輕詆》二一條及二五條。

至都而王述尚在揚州刺史任上的時候，即三六二年至三六四年前後[113]。文中「韓」應是韓伯，「孫」是孫綽。如此說來，王坦之的清談本事應當還是不錯的。

㈢韓　伯

韓伯（三三二—三八〇）[114]字康伯，是殷浩的外甥，官至丹楊尹、吏部尚書，領軍將軍，後改授太常，未拜而卒。他小時候就表現得很有清談天才，殷浩誇獎他，說：「康伯未得我牙後慧。」（見《世說新語・文學》二七條）就是說，他有他的見解，並不只是跟著舅舅學舌。殷浩又說：「康伯少自標置，居然是出羣器；及其發言遣辭，往往有情致。」（見《世說新語・賞

---

[112] 《宋書・三五・州郡志》云：「揚州刺史，……晉平吳，治建業。」建業即後來的建康。《宋書》，頁一〇二九。

[113] 程炎震曰：「坦之未嘗為揚州，支遁下都在哀帝時，王述方刺揚州，蓋就其父官廨中設講耳。」見余嘉錫《世說新語箋疏・排調》五二條箋㈠引。翼明按：程氏之言是，然其時支遁從會稽來，不應曰「下都」。又王述初為揚州在永和十年（三五四年），至興寧二年（三六四年）為桓溫所代，分別見《晉書・八・穆帝紀》（頁二〇〇）及〈哀帝紀〉（頁二〇九）。

[114] 《晉書》本傳云：「卒，時年四十九」（頁一九九四）；余嘉錫云：「據《建康實錄・九》，康伯即以五年（翼明按：太元五年）八月卒」，見余氏《世說新語箋疏・方正》五七條箋㈢。太元五年為三八〇年，故知韓伯生於三三二年。

譬》九〇條）《世說新語・夙惠》五條記他小時的一則故事，可見他推理的能力的確不錯：

韓康伯數歲，家酷貧，至大寒，止得襦，母殷夫人自成之，令康伯捉熨斗，謂康伯曰：「且著襦，尋作複褌。」兒云：「已足，不須複褌也。」母問其故，答曰：「火在熨斗中而柄熱，今既著襦，下亦當煖，故不須耳。」母甚異之，知為國器。

他長大後果然「善言理」[115]，司馬昱引他為談客[116]。王坦之作〈公謙論〉，袁宏難之，他作〈辯謙〉以折中，開頭說：

夫尋理辯疑，要先定其名分所存。所存既明，則彼我之趣可得而詳也。夫謙之為名，存乎降己者也。以高從卑，以賢同鄙，故謙名生焉。孤寡不穀，人之所惡，而侯王以自稱，降其貴者也。執御執射，眾之所賤，而君子以自目，降其賢者也。[117]

你看，他說辯論要先下定義，弄清概念，確定內涵；接著他就給「謙」下定義，然後又舉例以明之。這的確是思想清晰的辯論文字，即以今天的邏輯學來要求，也是很嚴密的。我特地

[115] 《世說新語・德行》三八條注引《續晉陽秋》。
[116] 《晉書》本傳，頁一九九三。
[117] 同注[116]。

錄出這一節，以見當時清談說理之一斑。

韓伯又注《周易・繫辭》，折中儒道，思想體系接近王弼，是繼王弼《周易注》之後魏晉《易》學中又一重要著作。

(四)謝朗

謝朗字長度，小字胡兒，謝安的姪兒，仕至東陽太守。他的生卒年不可考，但他的幾個清談好友庾龢、王坦之、韓伯既都生於三二九年至三三二年之間，則他大概也生於這個前後。《晉書・七九・謝萬傳》又說他「早卒」[118]，則其卒年不會晚於三七〇年。

謝朗從小就知名，得叔父謝安的賞愛[119]。在他那一輩的謝家子弟中有四個人最出色，用小名叫起來，就是所謂的「封、胡、羯、末」[120]，他就是胡，羯是謝玄，後來以他們兩個名氣最大。《晉書》本傳說：

> 朗善言玄理，文義豔發，名亞於玄。[121]

---

[118] 《晉書》，頁二〇八七。

[119] 《世說新語・言語》七一條注引《續晉陽秋》云：「朗字長度，安次兄據之長子。安蚤知之，文義豔發，名亞於玄。」

[120] 見《晉書・七九・謝萬傳》，頁二〇八七。

《世說新語・文學》三九條記他兒時與支遁的一次清談很有意思：

林道人詣謝公，東陽時始總角，新病起，體未堪勞。與林公講論，遂至相苦。母王夫人在壁後聽之，再遣信令還，而太傅留之。王夫人因自出，云：「新婦少遭家難，一生所寄，唯在此兒。」因流涕抱兒以歸。謝公語同座曰：「家嫂辭情忼慨，致可傳述，恨不使朝士見！」

謝朗以一總角小兒而能與支遁相抗，真是難能可貴。而此則故事記述生動，也可使我們對當時的清談情景髣髴一二。

(五)謝　玄

謝玄（三四三－三八八）[122]字幼度，謝安之姪。他是東晉的名將，肥水之戰的主要功臣。他成年以後的主要精力和事業都在經國大事上，但他青年時卻也以清談聞名。《世說新語・文學》四一條注引〈玄別傳〉曰：

---

[121]《晉書》，頁二〇八七。

[122]《晉書》本傳云：「玄既輿疾之郡，十三年，卒於官，時年四十六。」（頁二〇八五）太元十三年為公元三八八年。

玄能清言，善名理。

那一條正文則記他與支遁的一次清談：

謝車騎在安西艱中，林道人往就語，將夕乃退。有人道上見者，問云：「公何處來？」答云：「今日與謝孝劇談一出來。」

據《建康實錄・八》，謝玄的父親謝奕卒於穆帝升平二年，即公元三五八年，時謝玄十六歲（足歲十五）。從支遁的答語之興高采烈看來，那次清談頗熱烈，而支遁對青年謝玄的表現也很滿意。

又〈文學〉五八條還載他與司馬道子的一段對話：

司馬太傅問謝車騎：「惠子其書五車，何以無一言入玄？」謝曰：「故當是其妙處不傳。」

從這一條看來，謝玄似乎在名家學說上很下過一番功夫，否則司馬道子不會這樣問他。他的叔叔謝安年輕時曾向阮裕請教〈白馬論〉，是否謝家有鑽研名家的傳統？魏晉玄學之興起，名家曾經扮演了重要角色，這是學術界所公認的；但是後來「三玄」迭興，名家思想似乎就失去吸引力了。但這一條記載告訴我們，至少在東晉中期，玄學清談家們對名家學說仍然保有相當的興趣。

以上五人，雖然有的活到四世紀的八〇年代，但他們的清談活動，卻似乎主要是在六、七〇年代，或者說得更具體一點，是在支遁逝世之前，即公元三六六年（庾龢亦死於是年）以前，至少從《世說新語》的記載來看是如此。所以我們可以說，以上五人的清談活動基本上可視為咸康至永和間清談熱潮的餘緒。事實上，他們在青少年時代有的是親身參與了那個熱潮，有的是那個熱潮的目擊者，總之，他們都可以說是那個熱潮薰蒸出來的幼苗。

自支遁卒後，東晉清談就更給人一種老成凋謝而後繼乏人的感覺。東晉後期幾十年中，真正比較出色一點的清談家似乎就只有一個殷仲堪。下面我們就來談談殷仲堪，連帶談談幾個與他同時的以談見稱的人。

(六)殷仲堪

殷仲堪（？—四九九）[123]是殷浩的侄兒，殷融的孫子，可說出身於一個清談世家。他是孝

---

[123]《晉書》本傳但言：「仲堪出奔酇城，為玄追兵所獲，逼令自殺，死於柞溪。」（頁二一九九）不載其生卒年。查《晉書・一〇・安帝紀》六：「（隆安三年）十二月，桓玄襲江陵，荊州刺史殷仲堪、南蠻校尉楊佺期並遇害。」（頁二五二）故知殷仲堪死於三九九年，生年無考。

武帝司馬曜的親信，由黃門郎擢遷荊州刺史，為東晉後期軍政要角之一。後與桓玄爭權，兵敗死。

殷仲堪「有思理，能清言」[124]，對「三玄」最有心得，尤好《老子》。他自己說：「三日不讀《道德經》，便覺舌本間強。」[125]當時人說他於玄論「莫不研究」[126]。《世說新語・文學》六一條載他與惠遠論《易》，六二條載他與羊孚論《莊子・齊物論》，六五條載他和桓玄清談。看來，他的確是當時修養最好而又相當活躍的清談家。有人把他與韓康伯相比，認為在玄學修養及清談方面兩人在伯仲之間[127]。

但就是這樣修養最好的清談家，也自稱不懂才性之辯。《世說新語・文學》六〇條云：

> 殷仲堪精覈玄論，人謂莫不研究。殷乃歎曰：「使我解四本，談不翅爾。」

這同他那位族叔殷浩比較起來，可就差得遠了。東晉後期清談之漸趨衰落，從此也可窺見一斑。

---

[124] 《世說新語・文學》六三條注引〈晉安帝紀〉。

[125] 《世說新語・文學》六三條。

[126] 《世說新語・文學》六〇條。

[127] 《世說新語・品藻》八一條云：「有人問袁侍中曰：『殷仲堪何如韓康伯？』答曰：『理義所得，優劣乃復未辨。……』」晉時凡言「理」、「義」或「理義」、「義理」等皆指清談和與清談有關之修養。

(七)羊孚

羊孚（約三七二—約四〇二）[128]字子道，泰山人，《晉書》無傳。根據《世說新語・言語》一〇四條、一〇五條，〈雅量〉四二條，〈傷逝〉一八條、一九條，〈寵禮〉六條等記載，可以知道他是桓玄的親信幕僚，是謝混、卞範之的好友，人非常聰明，應答敏捷，尤長於文，只活了三十一歲，在桓玄篡位前已經去世。

羊孚善清言，曾與殷仲堪論《莊子・齊物論》，居然贏了，使殷仲堪大為讚賞，「歎為新拔者久之」，見《世說新語・文學》六二條，前面論清談內容時已經引過並有分析，茲不重出。從「歎為新拔者久之」這句話也可以看出，當時善於清談的人的確不多了。

(八)桓玄

桓玄（三六九—四〇四）[129]字敬道，一名靈寶，桓溫少子，溫死時玄方四歲。桓玄頗肖乃

---

[128] 翼明按：《世說新語・傷逝》一八條說「羊孚年三十一卒」，一九條說羊孚卒在桓玄篡位（四〇三年）前，現假定羊孚卒於桓玄篡位之前一年，即公元四〇二年，則其生年應為三七二年。又《世說新語・言語》一〇四條注引〈羊氏譜〉云羊孚「年四十六卒」，二說不知孰是，錄此存疑。

[129] 桓玄死於元興三年，即公元四〇四年，見《晉書・一〇・安帝紀》；又本傳說他死「時年三十六」（頁

父，是一個梟雄式的人物，後來造反篡位，做了他父親想做而沒有做成的事。但只做了八十天皇帝，就被劉裕等人攻滅了。桓玄人極聰明，尤好文學，他的親信幕僚中有不少是當時知名的文士，像羊孚、卞範之、殷仲文等。桓玄也好清談，羊、卞等人大概同時是他的清談伙伴。殷仲堪做荊州刺史時，桓玄的封地在荊州境內，他從義興太守任上「棄官歸國」，「在荊楚積年，優游無事」[130]，便經常去仲堪府上清談。《世說新語・文學》六五條注引周祇《隆安記》曰：

玄善言理，棄郡還國，常與殷荊州仲堪終日談論不輟。

該條正文云：

桓南郡與殷荊州共談，每相攻難，年餘後但一兩番，桓自歎才思轉退，殷云：「此乃是君轉解。」

從這條記載看來，桓玄雖然也很能談，但大約還不是殷仲堪的對手。

除以上諸人外，還可以一提的是王珉與張天錫。

---

[130] 《晉書・九七・桓玄傳》，頁二五八六、二五八七。

二六〇一)，可知玄生於三六九年。

(九)王珉

王珉（三五一—三八八）[131]字季琰，小字僧彌，王導之孫。他與哥哥王珣（小字法護）都有名當時，而他的名聲還在哥哥之上，時人說：「法護非不佳，僧彌難為兄。」[132]王珣為東晉後期重要政治家，王珉也官至中書令，但他在書法與清談方面的成就似乎更值得我們注意。《晉書》本傳云：

（珉）少有才藝，善行書。

《續晉陽秋》云：

珉風情秀發，才辭富贍。

《世說新語・賞譽》一五二條云：

張天錫世雄涼州，以力弱詣京師，雖遠方殊類，亦邊人之桀也。聞皇京多才，欽羡彌至。

---

[131]《晉書・六五・王導傳》附〈珉傳〉云：「太元十三年卒，時年三十八。」（頁一七五八）

[132]《世說新語・規箴》二二條注引《續晉陽秋》。

猶在渚住，司馬著作往詣之，言容鄙陋，無可觀聽。天錫心甚悔來，以遐外可以自固。王彌有儁才美譽，當時聞而造焉。既至，天錫見其風神清令，言話如流，陳說古今，無不貫悉。又諳人物氏族，中來（表）皆有證據。天錫訝服。[133]

以上數條雖然沒有直接提到清談的字眼，但「才辭富贍」、「言話如流」這樣的考語在當時風氣下，幾乎可以確定是指清談，「陳說古今」也自非一般的聊天。順便可以注意的是，遠從涼州（今甘肅）而來的張天錫本以為「皇京多才」，期待甚高，結果竟至「心甚悔來」，幸虧有一王珉，否則不知要怎樣失望。這件事很足以說明當時清談人才之凋零寥落，試與咸康時的京師談坐比一比，就不免令人感歎東晉後期清談衰微之驟了。

㈩張天錫

張天錫（約三四四－約四〇四）[134]字純嘏，為前涼後主，三七六年降於苻堅，國亡。三八

[133] 李慈銘曰：「案『中來』當是『中表』之誤。魏晉以來，重婚姻門望。上『謝胡兒欲作王堪傳咨謝公』一條，謝公便歷舉其中外姻親，即此可證。」余嘉錫云：「《隋志》有齊永元《中表簿》五卷。可見六朝人之重中表。」均見余氏《世說新語箋疏》該條箋㈡。

[134] 《晉書・八六・張軌傳》附〈天錫傳〉云：「桓玄時，欲招懷四遠，乃用天錫為護羌校尉、涼州刺史。尋卒，年六十一。」（頁二二五二）按桓玄篡位在元興二年十二月，至次年五月死，故張天錫卒

三年淝水之戰時，張天錫為苻融征南司馬，於陣前奔歸東晉，孝武帝拜他為散騎常侍，並恢復他的西平公爵。後來做過廬江太守，桓玄當政時，又封他做護羌校尉、涼州刺史（當然只是一個空名），不久就死了[135]。

《晉書》本傳說張天錫「少有文才，流譽遠近」[136]，《世說新語》載他的故事凡三條，一條已見上文，是聽王珉清談，另外兩條見〈言語〉，都與清談有關。茲分別錄析如下。

〈言語〉九四條：

> 張天錫為涼州刺史，稱制西隅。既為苻堅所禽，用為侍中。後於壽陽俱敗，至都，為孝武所器，每入言論，無不竟日。頗有嫉己者，於坐問張：「北方何物可貴？」張曰：「桑椹甘香，鴟鴞革響；淳酪養性，人無嫉心。」

晉孝武帝司馬曜為簡文帝司馬昱之子，從小聰明，善言理，頗有父風，謝安曾稱歎說：「上理不減先帝。」[137]他所寵愛的人大都是會清談的人，例如殷仲堪。這裏說「為孝武所器，每入

於元興三年（四〇四年）的可能性最大，如是，則其生年應為三四四。

[135] 參看《晉書・八六・張軌傳》附〈天錫傳〉，頁二二五〇—二二五二。

[136] 同注[135]。

[137] 《世說新語・夙惠》六條。

言論，無不竟日」，無疑是與孝武清談，而不是論政對策。因為張天錫歸晉時，孝武不過是一個二十出頭的青年，政權掌握在謝安手裏，孝武並不真正過問大政；何況即使要討論國策，也決沒有要找一個剛從苻堅那邊投奔過來的人談論「竟日」的道理。張天錫答問者之語，則是隨口引用《詩經》上的典故[138]，巧妙地譏諷了對方，可見其對傳統典籍之精熟及口才之敏給，這都是一個好的清談家所應當具備的天分與修養。

〈言語〉九九條：

> 王中郎甚愛張天錫，問之曰：「卿觀過江諸人，經緯江左軌轍，有何偉異？後來之彥，復何如中原？」張曰：「研求幽邃，自王、何以還；因時脩制，荀、樂之風。」王曰：「卿知見有餘，何故為苻堅所制？」答曰：「陽消陰息，故天步屯蹇，否剝成象，豈足多譏？」

這裏張天錫答王中郎[139]的兩段話都非常精彩。第一段，王中郎問他對於渡江以來制度人物

---

[138] 該條劉注引《詩・魯頌》曰：「翩彼飛鴞，集於泮林。食我桑椹，懷我好音。」

[139] 翼明按：王中郎不知何人，劉孝標未注。程炎震云：「坦之卒於寧康三年，天錫以淝水敗來降，不及見矣。此王中郎，蓋別是一人。」見余嘉錫《世說新語箋疏》該條箋(一)。徐震堮注為王坦之，誤；楊勇注為王舒，更誤，王舒卒於咸和八年，見《晉書・七・成帝紀》，頁一七七。

的看法並與曹魏、西晉作一比較，他的答語可謂非常「簡至」。「研求幽邃，自王、何以還」，是說東晉的學術乃淵源於正始，但沒有超過王、何；「因時脩制，荀、樂之風」，是說東晉的制度乃承襲晉初而有所更益[140]。這裏討論的問題雖較實際，因而不能視為標準的清談，但其內容則再一次證明了張天錫的犀利眼光和學術素養。第二段，王中郎問他何以為苻堅所敗，張天錫答語不卑不亢，極純熟而恰當地運用《周易》的思想為自己辯護。「屯」、「蹇」、「否」、「剝」皆《周易》卦名，都有艱難困頓的意思[141]，用在這裏天衣無縫。張天錫對於傳統典籍，尤其是玄

---

140 「研求深邃，自王、何以還」，有兩層意思，一層是說從王、何來，一層是說不及王、何，「以還」有「以下」之意，如〈品藻〉六三條：「自此以還，吾皆百之。」「自此以還」，即「自此以下」也。「因時脩制，荀、樂之風」亦含兩層意思，一層是說其「制」蓋承荀、樂而來，第二層意思是說「因時而有增減造作，此亦荀、樂之風也。

141 屯䷂，震下坎上。彖曰：「屯，剛柔始交而難生，動乎險中。」
蹇䷦，艮下坎上。彖曰：「蹇，難也，險在前也。」
否䷋，坤下乾上。彖曰：「否之匪人，不利君子貞。大往小來，則是天地不交而萬物不通也，上下不交而天下無邦也。內陰而外陽，內柔而外剛，內小人而外君子，小人道長，君子道消也。」
剝䷖，坤下艮上。彖曰：「剝，剝也，柔變剛也。不利有攸往，小人長也。」
以上均見《周易》。【十三經注疏】，中華書局影印本，北京，一九八〇年，頁一九、五一、二九、三八。

學典籍之熟，至此再也沒有疑問了。

以上我對張天錫的幾則故事作了較為詳細的剖析，因為他的情況相當值得重視，我願意再作一點申論。前涼政權在東晉北方割據諸國中是唯一由漢人士族建立的政權。前涼創始人張軌是漢常山王張耳的十七世孫，「家世孝廉，以儒學顯」，張軌「少明敏好學，有器望，姿儀典則」，「中書監張華與軌論經義及政事損益，甚器之」，「乃美為之談，以為二品之精」[142]。張軌於永寧元年（公元三〇一年）被任命為護羌校尉、涼州刺史。他知道天下將亂，有意經營河西之地，乃興學行禮，建官旌賢，把涼州一帶搞得很有一點平安興旺的氣象。當時有識之士相與言曰：「天下方亂，避難之國唯涼土耳。」[143]永嘉之亂，天下鼎沸，中原淪為豺狼狐貉之野，當時士族可以投奔的地方，除江南建康一帶，便只有西北涼州一隅。故中原文化，包括魏晉以來之新學術，除在江南繼續發展外，在北方保存得最好的就是張氏統治下的涼州一帶了。張氏割據涼州凡九世七十六年，其間絕大部分時間仍存晉之年號，與東晉政權亦時有聯繫[144]。前涼

[142] 《晉書．八六．張軌傳》，頁二二二一。

[143] 《晉書》，頁二二二二。

[144] 前涼自二世張寔起有自己的年號，但仍存晉建興年號。一直到七世張祚稱帝，始廢去晉年號，但僅兩年即被殺。八世張玄靚又復晉建興年號，後又用東晉升平年號，直至前涼亡。參看《晉書．八六．張軌傳》。

各主中，亦不乏好學有文之士，除一世張軌及末世張天錫外，二世張寔（軌子）「學尚明察，敬賢愛士」[145]，三世張茂（寔弟）「虛靖好學，不以世利嬰心」[146]，四世張駿（寔子）「十歲能屬文，卓越不羈」[147]，七世張祚（駿子）「博學雄武，有政事之才」[148]。張氏各主既然多文，而涼州又為當時中原士族「避難之國」，則其文化、學術必有可觀者，可惜史料缺乏，我們今天已經無法詳考了。我特別把張天錫的故事提出來，即是想借此為前涼學術存一證，希望研究者能注意及此。張天錫的才智修養，決不遜於當時東晉名士、王謝子弟，於此亦可見前涼集團在亂世中保存中原文化之功實不可沒。

六、南朝的清談尾聲

作為一個有意義的歷史現象，清談實質上已隨晉亡而結束。但作為一個歷史事實，則此後一百六十年中，歷經宋、齊、梁、陳，清談仍然存在。直到隋朝統一，此風才漸漸消亡。我稱

[145] 《晉書》，頁二二二六。

[146] 《晉書》，頁二二三〇。

[147] 《晉書》，頁二二三三。

[148] 《晉書》，頁二二四六。

南朝的清談為「尾聲」，因為它的確只是強弩之末，已經很難從中找出有價值的新東西了。為敘述的完整起見，我將從南朝各史中摘錄若干涉及清談之史料，排比於下，以見此「尾聲」之存在，不再加分析與說明。至於同時期的北中國，雖亦偶有清談之事[149]，然微不足道，乃略去不錄。

1.《宋書・八・明帝紀》：

（明帝）好讀書，愛文義。……才學之士，多蒙引進，參侍文籍，應對左右。於華林園含芳堂講《周易》，常自臨聽。[150]

2.《宋書・四六・張敷傳》：

（敷）性整貴，風韻端雅，好玄言，善屬文。初，父邵使與南陽宗少文談「繫」、「象」，往復數番，少文每欲屈，握麈尾歎曰：「吾道東矣。」於是名價日重。[151]

---

[149] 例如《北史・四三・杜弼傳》稱「弼性好名理，探味玄宗，在軍恆帶經行，注老子《道德經》二卷」，又載其與邢卲共論名理之事，見《北史》，北京，一九七四年，頁一九八八－一九八九。

[150]《宋書》，中華書局標點本，北京，一九七四年，頁一七〇。

[151]《宋書》，頁一三九五。

3.《宋書・五九・何偃傳》：

時上長女山陰公主愛傾一時，配偃子戢。素好談玄，注《莊子・消搖》傳於世。[152]

4.《宋書・八五・王景文傳》：

（景文）美風姿，好言理，少與陳郡謝莊齊名。[153]

5.《宋書・八九・袁粲傳》：

愍孫（按即袁粲）幼慕荀奉倩之為人，白世祖，求改名為粲，不許。至是言於太宗，乃改為粲，字景倩焉。……六年，上於華林園茅堂講《周易》，粲為執經。[154]

6.《南齊書・二四・柳世隆傳》：

世隆少立功名，晚專以談義自業。善談琴，世稱柳公雙璅，為士品第一。常自云馬矟第

[152]《宋書》，頁一六〇九。「消搖」即「逍遙」。

[153]《宋書》，頁二一七八。

[154]《宋書》，頁二二三一。

一，清談第二，彈琴第三。[155]

7.《南齊書・二七・王玄載傳》：

玄載夷雅好玄言。[156]

8.《南齊書・三三・王僧虔傳》：

王僧虔〈誡子書〉談到當時清談風氣，前已引，茲不重出。[157]

9.《南齊書・三三・張緒傳》：

張緒字思曼，吳郡吳人也。……緒少知名，清簡寡欲，叔父鏡謂人曰：「此兒，今之樂

---

155 《南齊書》，頁四五二。

156 前書，頁五〇九。

157 前書，頁五九八。第二章已引。翼明按：傳中說此書作於宋世，書中「袁令」當指尚書令袁粲（四二〇—四七七），「謝中書」當指中書令謝莊（四二一—四六六），「張吳興」當指吳興太守張永（四一〇—四七五）。周一良《魏晉南北朝史札記》「王僧虔〈誡子書〉」條說「張吳興」指張劭（見該書二四五頁），恐誤。張劭，《南史》、《宋書》並作「張邵」，卒於其兄張茂度之前，即四四一年前（參看《宋書・五三・張茂度傳》及《宋書・六二・張敷傳》），其時王僧虔（四二六—四八五）尚未成年也。

廣也。」……吏部尚書袁粲言於帝曰：「臣觀張緒有正始遺風，宜為宮職。」……緒善言，素望甚重。……緒長於《周易》，言精理奧，見宗一時。常云何平叔所不解《易》中七事，諸卦中所有時義，是其一也。[158]

10.《南齊書・四一・張融傳》：

建武四年，病卒，年五十四。遺令建白旐無旒，不設祭，令人捉麈尾登屋復魂。曰：「吾生平所善，自當凌雲一笑。三千買棺，無製新衾。左手執《孝經》、《老子》，右手執《小品》、《法華經》。」……融玄義無師法，而神解過人，白黑談論，鮮能抗拒。[159]

11.《南齊書・四一・周顒傳》：

宋明帝頗好言理，以顒有辭義，引入殿內，親近宿直。……顒音辭辯麗，出言不窮，宮商朱紫，發口成句。汎涉百家，長於佛理。著〈三宗論〉。立空假名，立不空假名。設不空假名難空假名，設空假名難不空假名。假名空難二宗，又立假名空。……每賓友會同，顒虛席晤語，辭韻如流，聽者忘倦。兼善《老》、《易》，與張融相遇，輒以玄言相滯，彌

[158] 前書，頁六〇〇－六〇一。

[159] 前書，頁七二八－七二九。

日不解。[160]

12.《南齊書・四八・劉繪傳》：

永明末，京邑人士盛為文章談義，皆湊竟陵王西邸。繪為後進領袖，機悟多能。時張融、周顒並有言工，融音旨緩韻，顒辭致綺捷，繪之言吐，又頓挫有風氣。時人為之語曰：「劉繪貼宅，別開一門。」言在二家之中也。[161]

13.《梁書・二一・張充傳》：

張充字延符，吳郡人。父緒，齊特進、金紫光祿大夫，有名前代。……多所該覽，尤明《老》、《易》，能清言，與從叔稷俱有令譽。[162]

14.《梁書・二三・蕭伯游傳》：

伯游美風神，善言玄理。[163]

---

[160] 前書，頁七三〇—七三二。

[161] 前書，頁八四一。

[162] 《梁書》，中華書局標點本，北京，一九七三年，頁三二七—三二八。

15.《梁書・二五・周捨傳》：

周捨，……汝南安成人。……父顒，齊中書侍郎，有名於時。……既長，博學多通，尤精義理。164

16.《梁書・二七・到洽傳》：

天監初，沼、溉俱蒙擢用，洽尤見知賞，從弟沆亦相與齊名。高祖問待詔丘遲曰：「到洽何如沆、溉？」遲對曰：「正清過於沆，文章不減溉，加以清言，殆將難及。」165

17.《梁書・二七・明山賓傳》：

山賓七歲能言名理。166

18.《梁書・四一・王規傳》附子〈褒傳〉：

---

163 前書，頁三六三。

164 前書，頁三七五。

165 前書，頁四〇四。

166 前書，頁四〇五。

褒著《幼訓》，以誡諸子。其一章云：「……吾始乎幼學，及于知命，既崇周、孔之教，兼循老、釋之談，江左以來，斯業不墜，汝能脩之，吾之志也。」[167]

19.《梁書・四三・張嵊傳》：

（嵊）少方雅，有志操，能清言。[168]

20.《梁書・四八・儒林・伏曼容傳》：

（曼容）少篤學，善《老》、《易》，倜儻好大言。常云：「何晏疑《易》中九事，以吾觀之，晏了不學也，故知平叔有所短。」聚徒教授以自業。……宋明帝好《周易》，集朝臣於清暑殿講，詔曼容執經。[169]

21.《梁書・四八・儒林・范縝傳》：

初，縝在齊世，嘗侍竟陵王子良。子良精信釋教，而縝盛稱無佛。子良問曰：「君不信

---

167 前書，頁五八四。

168 前書，頁六〇九。

169 前書，頁六六二—六六三。

因果，世間何得有富貴，何得有貧賤？」縝答曰：「人之生譬如一樹花，同發一枝，俱開一蒂，隨風而墮，自有拂簾幌墜於茵席之上，自有關籬牆落於糞溷之側。墜茵席者，殿下是也；落糞溷者，下官是也。貴賤雖復殊途，因果竟在何處？」子良不能屈，深怪之。縝退論其理，著〈神滅論〉曰：「……。」此論出，朝野諠譁，子良集僧難之而不能屈。[170]

按：范縝〈神滅論〉全文載本傳中，太長，只好刪略。然此文是一篇最精彩最典型的清談文字，文中一問一答至三十一番。如要研究清談之說理論辯過程，本文無疑是最有價值的參考資料之一。

22.《梁書・四八・儒林・嚴植之傳》：

植之少善《莊》、《老》，能玄言，精解《喪服》、《孝經》、《論語》。[171]

23.《梁書・四八・儒林・太史叔明傳》：

少善《莊》、《老》，兼治《孝經》、《禮記》，其三玄尤精解，當世冠絕，每講說，聽者常

---

[170] 前書，頁六六五—六七〇。

[171] 前書，頁六七一。

五百餘人。(172)

24.《陳書・一九・馬樞傳》：

馬樞字要理，扶風郿人也。……六歲，能誦《孝經》、《論語》、《老子》。及長，博極經史，尤善佛經及《周易》、《老子》義。梁邵陵王綸為南徐州刺史，素聞其名，引為學士。綸時自講《大品經》，令樞講《維摩》、《老子》、《周易》，同日發題，道俗聽者二千人。王欲極觀優劣，乃謂眾曰：「與馬學士論義，必使屈伏，不得空立主客。」於是數家學者各起問端，樞乃依次剖判，開其宗旨，然後枝分流別，轉變無窮，論者拱默聽受而已。(173)

25.《陳書・二四・周弘正傳》：

弘正幼孤，及弟弘讓、弘直，俱為伯父侍中護軍捨所養。年十歲，通《老子》、《周易》，捨每與談論，輒異之，曰：「觀汝神情穎晤，清理警發，後世知名，當出吾右。」……十五，召補國子生，仍於國學講《周易》，諸生傳習其義。……累遷國子博士。時於城西

(172) 前書，頁六七九。

(173)《陳書》，中華書局標點本，北京，一九七三年，頁二六四。

立士林館，弘正居以講授，聽者傾朝野焉。……弘正特善玄言，兼明釋典，雖碩學名僧，莫不請質疑滯。[174]

26.《陳書・二四・袁憲傳》：

大同八年，（梁）武帝撰《孔子正言章句》，詔下國學，宣制旨義。憲時年十四，被召為國子《正言》生，謁祭酒到溉，溉目而送之，愛其神彩。在學一歲，國子博士周弘正謂憲父君正曰：「賢子今茲欲策試不？」君正曰：「經義猶淺，未敢令試。」居數日，君正遣門下客岑文豪與憲候弘正，會弘正將登講座，弟子畢坐，乃延憲入室，授之麈尾，令憲樹義。時謝岐、何妥在坐，弘正謂曰：「二賢雖窮奧賾，得無憚此後生耶！」何、謝於是遞起義端，深極理致，憲與往復數番，酬對閑敏。弘正謂妥曰：「恣卿所問，勿以童稚相期。」時學眾滿堂，觀者重沓，而憲神色自若，辯論有餘。弘正請起數難，終不能屈。[175]

按：這雖是在國學中講論經義，而其方式則完全是清談式的。魏晉之清談紹源於兩漢之

[174] 前書，頁三〇五—三〇九。

[175] 前書，頁三一二。

講經，而南朝之講經則又與清談不異。此類例尚多，讀者不妨留意及之。

27. 《陳書・二六・徐陵傳》：

徐陵字孝穆，……八歲，能屬文。十二，通《莊》、《老》義。既長，博涉史籍，縱橫有口辯。……少而崇信釋教，經論多所精解。後主在東宮，令陵講《大品經》，義學名僧，自遠雲集，每講筵商較，四座莫能與抗。[176]

28. 《陳書・三三・儒林・全緩傳》：

緩治《周易》、《老》、《莊》，時人言玄者咸推之。[177]

29. 《陳書・三三・儒林・張譏傳》：

譏幼聰俊，有思理，年十四，通《孝經》、《論語》。篤好玄言，受學於汝南周弘正，每有新意，為先輩推伏。……天嘉中，遷國子助教。是時周弘正在國學，發《周易》題，弘正第四弟弘直亦在講席。譏與弘正論議，弘正乃屈，弘直危坐厲聲，助其申理。譏乃正

---

[176] 前書，頁三二五—三三四。

[177] 前書，頁四四三。

色謂弘直曰：「今日義集，辯正名理，雖知兄弟急難，四公不得有助。」弘直曰：「僕助君師，何為不可？」舉座以為笑樂。……

後主在東宮，集官僚置宴，時造玉柄麈尾新成，後主親執之，曰：「當今雖復多士如林，至於堪捉此者，獨張譏耳。」即手授譏。仍令於溫文殿講《莊》、《老》，……後主嘗幸鍾山開善寺，召從臣坐於寺西南松林下，勑召譏豎義。時索麈尾未至，後主勑取松枝，手以屬譏，曰：「可代麈尾。」顧謂羣臣曰：「此即是張譏後事。」[178]

30.《陳書・三三・儒林・顧越傳》：

越少孤，以勤苦自立，聰慧有口辯。說《毛氏詩》，傍通異義，梁太子詹事周捨甚賞之。……越於義理精明，尤善持論，與會稽賀文發俱為梁南平王偉所重，引為賓客。……

時有東陽龔孟舒者，亦治《毛氏詩》，善談名理。[179]

以上摘自宋、齊、梁、陳各史中之記載共三十條，當然還會有些遺漏。其中較為重要的人物有張緒、張融、周顒、范縝、馬樞、周弘正、張譏等。

---

[178] 前書，頁四四三—四四四。

[179] 前書，頁四四五。

與魏晉相較，南朝清談有三個趨向頗可注意：⑴魏晉清談是從東漢之太學與講經中脫胎出來，南朝之清談則又逐漸往太學、國學[180]與講經中回復過去；⑵魏晉清談以「三玄」為主，南朝清談則在「三玄」之外，顯著增加了儒家的典籍，如《孝經》、《禮記》，乃至《毛詩》等；⑶魏晉清談後期盛談佛理，這個傾向在南朝清談中有增無減，這個時期中比較有價值有創見的清談成果都與佛理有關，如前述周顒的〈三宗論〉與范縝的〈神滅論〉。

[180] 晉武帝從咸寧四年（二七八年）開始，於太學之外又立「國子學」，簡稱「國學」，專為貴冑子弟而設。南朝沿襲此制不變。參看《晉書・二四・職官》及《南齊書・九・禮上》。

餘論

論中國學術者，有所謂漢學與宋學之分。考漢學之變為宋學，其關鍵正在魏晉。論中國學術之演變，而忽略或否定魏晉學術，是不可思議的。而討論魏晉學術，卻忽略或否定作為魏晉學術演進的重要手段之一的清談，也是不可思議的。

但事實上，魏晉清談的的確確沒有受到學術界足夠的重視，無論中文外文，至今沒有一本詳細討論魏晉清談的專書，即是明證。考其原因，一方面固由材料不足，因而研究不易；但更重要的恐怕還是對清談有一種根深柢固的輕視，這輕視又來源於一種由來已久的誤解，即所謂「清談誤國」。

「清談誤國」之說，最早見於王衍臨死前的自責，說：「嗚呼，吾曹雖不如古人，向若不祖尚浮虛，戮力以匡天下，猶可不至今日。」❶其後干寶在《晉紀・總論》中批評當時清談之風，說：「學者以《莊》、《老》為宗，而黜六經；談者以虛薄為辯，而賤名檢。」❷東晉王羲

❶《晉書》本傳。
❷《文選・四九》，中華書局影印本，北京，一九七七年，頁六九二。

之也曾經對謝安說：「虛談廢務，浮文妨要，恐非當今所宜。」❸這些批評都還不算十分嚴苛，也沒有直斥「誤國」。到明末清初的學者顧炎武的《日知錄》裏，則直言「劉、石亂華本於清談之流禍」，甚至以「亡天下」之罪歸之❹。從此以後，「清談誤國」、「清談亡國」便成為眾口一辭的鐵鑄公案了。

顧炎武的話未免太偏激了一點。他憤於明之亡於清，找不出原因，卻把它歸於當時學者們的高談心、性，於是追根溯源，乃怒斥魏晉人的高談《老》、《莊》。其實明之亡於清是政治與軍事沒搞好，同高談心、性有什麼大關係？西晉之亡於劉、石，也是政治與軍事沒搞好，同高談《老》、《莊》有什麼大關係？謝安之答王羲之，說：「秦任商鞅，二世而亡，豈清言致患邪？」初看似是強辯，細思甚有道理。政治、軍事出了問題，不清談照樣亡國；政治、軍事不出問題，清談照樣不會亡國。王導、謝安都雅善清談，不礙其為高明的政治家，鍾會、桓溫、謝玄也雅善清談，不礙其為高明的軍事家。王衍之亡國，真正的原因也不在清談，而是當時的衮衮諸公（王衍所說的「吾曹」）既無治國的才能又不努力辦事的緣故。清談與國事的關係正如同看書、下圍棋、看電影、打高爾夫球與國事的關係一樣，實在無所謂誤不誤的問題。當然，一個負重要責任的政治領袖如果丟下正事不幹，一味沉溺在這些愛好裏，那當然是要誤事的。但這種因

❸《世說新語・言語》七〇條。

❹《日知錄・七》「夫子之言性與天道」條及卷一三「正始」條。

沉溺而誤事的情況，任何一種嗜好都可導致，又豈止清談一端哉！

說「清談誤國」的人有不少是討厭清談的內容背離了傳統與正統，從而搞壞了社會風氣，如顧炎武說的「敗義傷教，至於率天下而無父。」❺其實，這種指責也是沒有道理的。我們的確在魏晉清談——或者一般地說，魏晉思潮或魏晉學術中看到一種權威陵替、中心散落、挑戰傳統、背離正統的性格，但那不過是當時中國社會在政治、經濟、文化、思想各方面的共同特點，不獨清談為然。清談中的這種現象只是整個時代的反映，如果要責怪，首先也輪不到清談。何況這種性格也不見得全是負面的，尤其從歷史的觀點看更是如此。一方面，它固然產生分裂與紛亂，但另一方面，它也產生解放與革新。在看來一無是處的表象背後，卻隱藏著積極而正面的歷史宿命。舊權威的陵替是重組更有號召力的新權威的前提，舊中心的散落是凝聚更有包容性的新中心的條件，傳統在遭遇挑戰後才會起而除舊布新，正統在受到否定後才會接納有生命力的異端。經過魏晉南北朝的痛苦熔煉，秦漢的中國乃轉型更博大、更文明的唐宋的中國。學術中的權威陵替、中心散落、挑戰傳統、背離正統的結果乃是獨尊儒術、以太學講經為主要形式、重視章句家法的兩漢學術逐漸變為廣納各家、以書院講學為主要形式、追求義理圓融貫通的唐宋學術。

總之，清談是學術，不是政治，它同社會、國家、政治都有關係，但不是「清談誤國」論

---

❺《日知錄・一三》「正始」條。

者所理解的那種關係。政治的歸政治，學術的歸學術，清談被誤解得太久了，我們今天應努力還它的本來面目。

清談在隋統一中國後就自然地消失了，這同當時社會的狀況有關。其中最重要的一個因素是科舉制度的建立。知識分子有了新的奮鬥目標、新的興趣中心、新的競爭方式和新的遊戲規則，本來就已經是強弩之末的清談乃於焉退出中國學術的舞臺。但它曾經在這個舞臺上扮演過一個相當重要的角色，起過相當積極的作用，是我們這些後世的研究者們所不當忽視的。

參考書目

(一)中 文

古代部分

《老子》，中華書局【諸子集成】本，一九三六年初版，一九五四年北京重刻。

《列子》，同右。

《莊子集釋》，郭慶藩集注本，北京，一九六一年。

《公孫龍子》，【四部備要】本。

劉義慶 《世說新語》

此書舊有三種刻本：(1)宋紹興八年董弅刻本。書後附汪藻《敘錄》兩卷（〈考異〉與〈人名譜〉各一卷），日本尊經閣藏。(2)宋淳熙十五年陸游刻本。明袁褧嘉趣堂重雕，清周心如紛欣閣重雕袁本，王先謙又據紛欣閣本傳刻。⑶宋淳熙十六年湘中刻本。又日本舊家曾藏有唐寫本《世說新書》殘卷，一九一六年羅振玉曾影印行世。近代重印之《世說新語》各本均據以上數種刻本而成。又近年頗有若干校箋本問世，其著者如：⑴楊勇《世說新語校箋》，香港，一九六九年；⑵余嘉錫《世說新語箋疏》，北京，一九八三年；⑶徐震堮《世說新語校箋》，北京，一九八四年。

班　固《漢書》，北京，中華書局標點本，一九七〇年。

范　曄《後漢書》，同右，一九七一年。

陳　壽《三國志》，同右，一九五九年。

房玄齡《晉書》，同右，一九七四年。

李延壽《南史》，同右，一九七五年。

《北史》，同右，一九七四年。

沈　約《宋書》，同右，一九七四年。

蕭子顯《南齊書》，同右，一九七二年。

姚思廉《梁書》，同右，一九七三年。

《陳書》，同右，一九七二年。

司馬光《資治通鑑》，胡三省注，同右，一九五六年。

袁　宏《後漢紀》，周天游校注，天津，一九八七年。

許嵩《建康實錄》，影印本，北京，一九八四年。
王充《論衡》，【諸子集成】本。
荀悅《申鑒》，同右。
劉劭《人物志》，影印【文淵閣四庫全書】冊八四八，臺北，一九八六年。
王弼《王弼集》，樓宇烈校注本，北京，一九八〇年。
嵇康《嵇康集》，戴明揚校注本，北京，一九六二年。
葛洪《抱朴子》，【諸子集成】本。
阮籍《阮籍集》，北京，一九六二年。
傅玄《傅子》，武英殿本。
陶潛《羣輔錄》，【叢書集成新編】冊一〇〇，臺北，一九八五年。
惠皎《高僧傳》，同右。
僧祐《弘明集》，影印【文淵閣四庫全書】冊八四八。
道宣《廣弘明集》，同右。
蕭統《文選》，北京，中華書局影印本，一九七七年。
劉勰《文心雕龍》，范文瀾注本，北京，一九六二年。
楊衒之《洛陽伽藍記》，范祥雍校注本，上海，一九五八年。

顏之推 《顏氏家訓》，【諸子集成】本。
虞世南 《北堂書鈔》，影印【文淵閣四庫全書】冊八八九。
歐陽詢 《藝文類聚》，同右。
唐　晏 《兩漢三國學案》，北京，一九八六年。
張　溥 《漢魏六朝百三家集》，光緒五年本。
顧炎武 《日知錄》，影印集釋本，上海，一九八五年。
趙　翼 《廿二史劄記》，北京，一九六三年重印本。
嚴可均 《全上古三代秦漢三國六朝文》，影印本，北京，一九五六年。

現代部分

陳寅恪 【陳寅恪先生文集】，臺北，一九八〇年。
杜國庠 《杜國庠文集》，北京，一九六二年。
范壽康 《中國哲學史通論》，北京，一九八三年。
《魏晉的清談》，《武大文哲季刊》，五卷二期，一九三六年。
馮友蘭 《中國哲學史》，一九三四年。
湯用彤 《湯用彤學術論文集》，北京，一九八三年。

《漢魏兩晉南北朝佛教史》，上海，一九三八年，一九五五年北京重印。
《魏晉玄學論稿》，北京，一九五七年。
《魏晉玄學中的社會政治思想略論》與任繼愈合著，北京，一九五六年。
〈王弼之周易論語新義〉，《圖書季刊》，復刊四卷，一九四三年。
唐長孺　《魏晉南北朝史論叢》，北京，一九五五年。
《魏晉南北朝史論叢續編》，北京，一九五九年。
《魏晉南北朝史論拾遺》，北京，一九八三年。
郭沫若　《十批判書》，收入【郭沫若全集】（歷史編），二卷，北京，一九八二年。
劉大杰　《魏晉思想論》，上海，一九三九年，收入【魏晉思想（甲編五種）】，臺北，一九八四年。
錢　穆　《國史新論》，臺北，一九八一年初版，一九八九年增訂。
侯外廬　《中國思想通史》，北京，一九六〇年。
〈魏晉思想之歷史背景與階級根源〉，《新建設》，二卷五期，一九五〇年。
韓國磐　《魏晉南北朝史稿》，北京，一九六二年。
姜亮夫　《歷代人物年里碑傳綜表》，香港重印，一九六一年。
呂思勉　《兩晉南北朝史》，上海，一九八三年。
《呂思勉讀史札記》，上海，一九八二年。

任繼愈　《中國哲學發展史（魏晉南北朝）》，北京，一九八八年。
　　　　《中國哲學史》，北京，一九六三年。
　　　　〈魏晉清談的實質和影響〉，《歷史教學》，一九五六年十月號。
王伊同　《五朝門第》，南京，一九四三年。
伍非百　《中國古名言家》，北京，一九八三年。
余嘉錫　《余嘉錫論學雜著》，北京，一九六三年。
周一良　《魏晉南北朝論集》，北京，一九六三年。
　　　　《魏晉南北朝史札記》，北京，一九八四年。
余英時　《中國知識階層史論（古代篇）》，臺北，一九八〇年。
牟潤孫　《論魏晉以來之崇尚談辯及其影響》，香港，一九六六年。
牟宗三　《才性與玄理》，香港，一九八五年。
　　　　〈魏晉名理正名〉，《新亞書院學術年刊》，二期，香港，一九六〇年。
　　　　〈魏晉名士及其玄學名理〉，《人生》，二一卷三期、四期，香港，一九六〇—六一年。
王葆玹　《正始玄學》，上海，一九八七年。
丁冠之　〈嵇康〉，收入《中國古代著名哲學家評傳》，山東，一九八〇年。
許抗生　〈王弼〉，同右。

余敦康　〈郭象〉，同右。

湯一介　《郭象與魏晉玄學》，北京，一九八二年。

李澤厚　《美的歷程》，北京，一九八一年。

　　　　《中國美學史》與劉綱紀主編，北京，一九八七年。

龐　樸　《沉思集》，上海，一九八二年。

吳文治　《中國文學史大事年表》，合肥，一九八七年。

萬繩南　《魏晉南北朝史論稿》，合肥，一九八三年。

詹秀惠　《世說新語語法探究》，臺北，一九七二年。

何啓民　《魏晉思想與談風》，臺北，一九六六年。

　　　　《竹林七賢研究》，臺北，一九六六年。

江建俊　《漢末人倫鑒識之總理則——劉劭「人物志」研究》，臺北，一九八三年。

林麗真　《魏晉清談主題之研究》，臺灣大學中文研究所博士論文，一九七八年。

林顯庭　《魏晉清談及其玄理究要》，臺灣東海大學中文研究所碩士論文，一九七四年。

魯　迅　〈魏晉風度及文章與藥及酒之關係〉，收入《而已集》，上海，一九二八年。

賀昌群　《魏晉清談思想初論》，《圖書季刊》，復刊六卷一、二期，一九四五年。

　　　　〈清談之起源〉，《文史哲季刊》，一卷一期，山東，一九四三年。

松　五　〈兩晉清談之研究〉，《北強》，二卷四期，一九三五年。
仲　侯　〈清談家之檢討〉，《仁愛月刊》，一卷五期，一九三五年。
陳萃芳　〈魏晉南朝的清談生活〉，《新光雜誌》，二卷三、四期，一九四一年。
李源澄　〈魏末北齊之清談名理〉，《責善半月刊》，二卷一九期，一九四一年。
　　　　〈東晉南朝之學風〉，《史學季刊》，一卷二期，一九四一年，頁一六—一八。
許世瑛　〈魏晉風流與老莊思想〉，《北平中學生》，一期，一九四六年，頁一五—二二。
孫道昇　〈清談起源考〉，《東方雜誌》，四二卷三期，上海，一九四六年。
無　畏　〈清談之分期及其領袖人物之年代〉，《中國文化》，二期，一九四六年，頁三四—三五。
隱　厂　〈魏晉談理名題之一——才性論〉，《史學會刊》，三期，一九四七年，頁三四—四四。
查猛濟　〈清談一夕談〉，《勝流》，三卷五期，一九四六年，頁一二—一五。
宗白華　〈清談與析理〉，《學識》，一卷一期，一九四七年，頁二五—二六。
朱廷槑　〈略述魏晉清談之社會背景及其淵源〉，《文會叢刊》，一期，一九四八年，頁四四—四八。
束世澂　〈魏晉清談略論〉，《歷史教學》，一九五七年，頁一〇—一五。
戴君仁　〈魏晉清談家評判〉，《幼獅學誌》，八卷三期，臺北，一九六九年九月。
劉果宗　〈支道林在玄學與盛時代之地位〉，《中華文化復興月刊》，五卷七期，一九七二年七月，頁二三—二八。

唐翼明　〈清談與清議考辨〉，《東方雜誌》，復刊二三卷四期，臺北，一九八九年十月，頁一八—二五。
〈魏晉清談之形式諸因素〉，同右二三卷六期，一九八九年十二月，頁一三—二二。
〈從世說看魏晉清談之內容〉，同右二三卷一一、一二期，一九九〇年五、六月，頁三三—四二、三一—三八。
〈魏晉清談的醞釀與成形〉，《九州學刊》，四卷一期，一九九一年四月，頁五三—七一。

(二)日　文

市村瓚次郎　〈清談源流考〉，《史學雜誌》，三〇卷四、五、六、九、一一號，一九一九年。
岡崎文夫　《魏晉南北朝通史》，東京，一九三二年。
青木正兒　〈清談〉，《東洋思潮》，四卷，一九三四年。
板野長八　〈清談の一解釈〉，《史學雜誌》，五〇卷三期，一九三九年。
宇都清宮吉　〈世說新語の時代〉，《東洋學報》，一〇卷二期，一九三九年。
此文經改寫後收入《漢代社會經濟史研究》，東京，一九五五年，頁四七三—五二一。
宮崎市定　〈清談〉，《史林》，三一號，一九四六年。
井貫軍二　〈所謂清談について〉，《史研紀論》，一九五〇年。

中島千秋〈後漢の談論について〉，《媛大紀要》，一卷二期，一九五一年。
斯波六郎〈後漢末期の談論について〉，《広大文紀》，八號，一九五五年。
森野繁夫〈讀世說新語札記文學篇〉，《中國中世文學研究》，二號，一九六二年。
岡村繁〈清談の系譜と意義〉，《日中會報》，一五號，一九六三年。
福井文雄〈清談の概念とその解釋について〉，《日中會報》，二〇號，一九六八年。
古田敬一《世說新語校勘表附佚文》，東京，一九七七年。

(三)英 文

Balazs, Etienne. *Chinese Civilization and Bureaucracy*, tr. by H. M. Wrightand, ed. by Arthur F. Wright, Yale University Press, 1964.

Bauer, Wolfgang. *China and the Search for Happiness*, tr. by Michael Shaw, New York, 1976.

Chan, Wing-tsit, tr. and compiled. *A Source Book in Chinese Philosophy*, Princeton University Press, 1963.

Chen, Chi-yun. "A Confucian Magnate's Idea of Political Violence: Hsün Shuang's (A. D. 128–190) Interpretation of the Book of Changes," *T'oung-pao* 54 (1968), pp. 73–115.

———. *Hsün Yüeh (A. D. 148–209): The Life and Reflections of an Early Medieval Confucian*, Cambridge

University Press, 1975.

__________. *Hsün Yüeh and the Mind of Late Han China: A Translation of the Shen-Chien with Introduction and Annotations*, Princeton University Press, 1980.

De Bary, Wm. Theodore, et al., ed. *Sources of Chinese Tradition*, Columbia University Press, 1960.

Fairbank, John, K., ed. *Chinese Thought and Institutions*, University of Chicago Press, 1957.

Graham, A. C. "Kung-sun Lung's Essay on Meaning and Things." *Journal of Oriental Studies* 2: 2 (1955), pp. 282–301.

__________. "Two Dialogues in *Kung-sun Lung Tzu*: 'White Horse' and 'Left and Right,'" *Asia Major* (N. S.) 11: 2 (1965), pp. 128–152.

Holzman, Donald. *Poetry and Politics: The Life and Works of Juan Chi, A.D. 210–263*, Cambridge University Press, 1976.

Hu, Shih. *The Development of the Logical Method in Ancient China*. Second edition, New York, 1968.

Hucker, Charles O. *A Dictionary of Official Titles in Imperial China*, Stanford, 1985.

Mather, Richard B. "Some Examples of 'Pure Conversation' in the Shishuo Xinyu," *Transactions of the International Conference of Orientalists in Japan*, No. 9 (1964), pp. 58–70.

__________. "Chinese Letters and Scholarship in the Third and Fourth Centuries: The Wenxue pian of the Shishuo

Xinyu," *Journal of the American Oriental Society* 84. 4 (1964), pp. 348–391.

__________. "The Fine Art of Conversation: The Yanyu pian of the Shishuo Xinyu," *Journal of the American Oriental Society* 91. 2 (1971), pp. 222–275.

__________. "The Controversy over Conformity and Naturalness During the Six Dynasties," *History of Religions*, 9. 2, 3 (Nov. and Feb. 1969–70), pp. 159–180.

Metzger, Thomas A. *Escape from Predicament. Neo-Confucianism and China's Evolving Political Culture*, Columbia University Press, 1977.

Mote, Frederick W. *Intellectual Foundations of China*, New York, 1971.

Paper, Jordan D. *The Fu-tzu: A post-Han Confucian Text. T'oung Pao*, Monographie, No. 13, 1987.

Solomon, Bernard. S. "The Assumptions of Hui-Tzu," *Monumenta Serica: Journal of Oriental Studies*, vol. XXVIII, 1969, pp. 1–40.

Shyock, J. R. *The Study of Human Abilities: The 'Jen wu chih' of Liu Shao, American Oriental Series*, II. New Haven, 1937.

Tanigawa Michio. *Medieval Chinese Society and the Local "Community"*, translated, with an introduction, by Joshua A. Fogel, Los Angeles, 1985.

Uno, Seiichi. "Some Observations on Ancient Chinese Logic," *Philosophical Studies of Japan*, 6 (1965), pp. 31–42.

Wieger, Leo. *A History of the Religious Beliefs and Philosophical Opinions in China*, tr. by E. C. Werner, New York, 1969. A reprint.

Wright, Arthur F. *Buddhism in Chinese History*, Stanford University Press, 1959.

Yu, Ying-shih. "Individualism and the Neo-Taoist Movement in Wei-Chin China," in *Individualism and Holism: Studies in Confucian and Taoist Values*, ed. by Donald Munro, University of Michigan Press, 1985, pp. 121–155.

Zurcher, Erik. *The Buddhist Conquest of China*, Leiden, 1959.

後記

本書能夠在短時間內順利出版，首先要感謝三民書局兼東大圖書公司董事長劉振強先生。他在去年剛為我出版了《古典今論》一書後，很快就決定出版本書，在學術，尤其是有關中國傳統的學術並不吃香的今天，這實在是需要眼光與勇氣的。東大圖書公司編輯部具體審校本書，花去不少時間與精力，我也在此一併致上我深深的謝意。

令我特別感動的是余英時先生在百忙之中為本書作了一篇六千字的長序，使這本簡陋的小書突然增加了耀眼的光彩。余先生博通古今、淹貫中外，是我最敬佩的一位大師。他在序言中所昭示我們的謹嚴的治學態度、科學的研究方法、民主的學術精神、謙遜的長者風範，我相信不僅對我，也對所有的後進學者，都具有榜樣與典範的意義。

唐翼明

一九九二年八月三十日

莊子的生命哲學

葉海煙／著

莊子哲學不是鯤鵬的哲學，不是神仙的哲學，而是屬於天地間至真之人的哲學。莊子哲學兼攝多種思維向度的不凡成就，作者則運用詮釋手法提振起莊子的概念系統，進而將理性與生命緊密結合，以見莊子俊逸的生命風采。

莊子集解

王先謙／著

研究莊子最有參考價值的注本，由清代經學家、訓詁學家王先謙，博覽群書，並擇采諸家注本進行考訂，取眾家之長，輯莊子為八卷而完成。透過王注，使讀者更親近莊子洸洋自肆的文字、沉浸於逍遙自在的哲思，得到深層而豐沛的體悟。

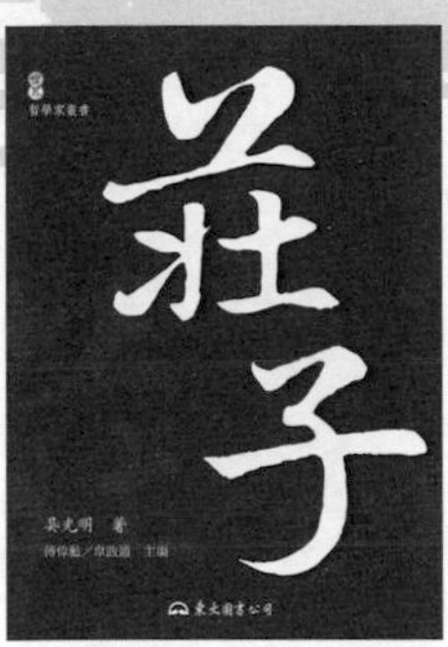

莊子

吳光明／著

本書分為十章。前五章闡明莊子掀起的方法論上的革新，後五章則曉示莊書開宗明義的重心兩篇——〈逍遙遊〉及〈齊物論〉。本書以「人蝶互夢」、「夢晤路髑」等具體故事喻明此理，又與孔子、孟子、老子，及蘇格拉底、魯克雷雕斯等東西賢哲對話，而襯出莊子又玄奧又現實的特殊意境。

老子的哲學

王邦雄／著

老子的思想，不是被解得太虛玄高妙，就是被講得過於實用淺陋。《道德經》雖言簡意賅，不易把握；然它最玄妙，也最平實，每一個人都可以通過自身的生命反省，對老子作一哲理的詮釋，與存在的印證。

老子十八講

王　蒙／著

本書是中國知名作家王蒙，以其在北京電視臺「中華文明大講堂」之「老子的幫助」講座原稿為基礎，潤飾刪節，整理而成。王蒙以生動自然的語言和即興而談的方式，道出他對老子其人其書的個人理解，以現實人生印證老子對今人的啟發與幫助。

老子：年代新考與思想新詮

劉笑敢／著

作者認為老子哲學體系是以自然為中心價值，以無為為實現價值的原則性方法，以辯證法和道分別為自然和無為提供經驗性和超越性的論證。本書以概念的深層剖析和體系的有機重構為主要方法，力求逼近老子哲學的本來面目，同時探討老子哲學的現代應用或意義。

周易縱橫談

黃慶萱／著

本書為作者多年研究與講授《周易》學思所得的部分成果。所述從《周易》之名義、內容、要素的基礎解說，至象數義理、時間觀、人生哲學、文學價值、易學演進等的探討，面向寬廣，行文則深入淺出，於讀者了解《周易》頗有助益。

C理論：易經管理哲學

成中英／著

作者以《易經》哲學為基礎，對現代管理問題進行了深入的探討，從而提出了一套命名為「C理論」的新型管理哲學，包含了道、法、兵、墨、儒的哲學，又強調易、禪在管理中的功能，閱讀本書，能得到實踐的指南，更是一種智慧的享受。

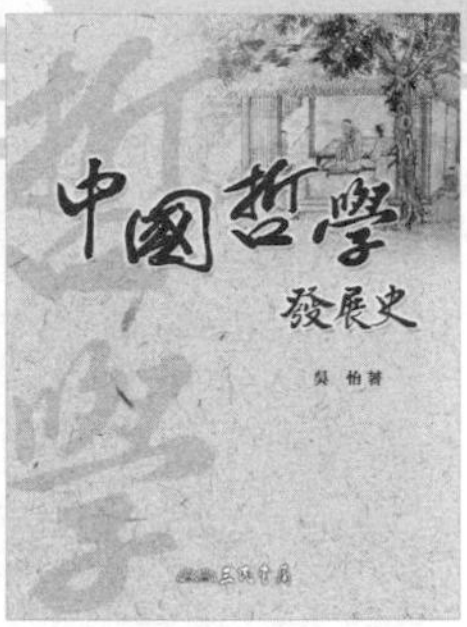

中國哲學發展史

吳　怡／著

本書嘗試揭露中國哲人們的思想精神，由每位哲人思想的中心觀念入手，由此貫串其哲學體系，探索其思想的發展和影響，看看先哲們是如何前後相承地傳續智慧的聖火。希望讀者們能藉此更進一步去研讀原典，直承前哲們的思想精神，繼續往前邁進。